21 世纪全国高职高专汽车系列技能型规划教材

汽车故障诊断技术

主　编　明光星　刘凤波
副主编　李俊玲　刘映凯
主　审　沈　沉　高洪一

北京大学出版社
PEKING UNIVERSITY PRESS

内 容 简 介

本书以培养学生动手能力为核心，以常见车型为教学案例，本书主要内容包括汽车故障诊断概述、汽车发动机故障诊断、汽车底盘故障诊断、汽车电器故障诊断和汽车检测站检测等。

本书内容紧密围绕汽车相关专业，理论与实践相结合，强化案例式教学，注重相关课程的关联性，帮助学生拓展知识面、加强汽车专业关联知识的融合，让学生学而有用、学而能用。本书可以作为高职高专汽车维修与检测专业教材，也可以作为汽车维修培训及中职、技校汽车专业教材。

图书在版编目(CIP)数据

汽车故障诊断技术/明光星，刘凤波主编. —北京：北京大学出版社，2011.6
(21世纪全国高职高专汽车系列技能型规划教材)
ISBN 978-7-301-19027-2

Ⅰ.①汽… Ⅱ.①明…②刘… Ⅲ.①汽车—故障诊断—高等职业教育—教材 Ⅳ.①U472.42

中国版本图书馆CIP数据核字(2011)第115525号

书　　名：汽车故障诊断技术
著作责任者：明光星　刘凤波　主编
责 任 编 辑：王红樱
标 准 书 号：ISBN 978-7-301-19027-2/TH・0243
出　版　者：北京大学出版社
地　　址：北京市海淀区成府路205号　100871
网　　址：http://www.pup.cn　http://www.pup6.com
电　　话：邮购部62752015　发行部62750672　编辑部62750667　出版部62754962
电 子 邮 箱：pup_6@163.com
印　刷　者：河北滦县鑫华书刊印刷厂
发　行　者：北京大学出版社
经　销　者：新华书店
787毫米×1092毫米　16开本　13印张　298千字
2011年6月第1版　2011年6月第1次印刷
定　　价：25.00元

前　言

“汽车故障诊断技术”是高职高专汽车维修与检测专业的一门必修课程。本书的编写以全国汽车高职高专专业指导委员会颁发的专业培养目标为依据，结合自身教学实践经验以及各种现代化检测诊断仪器、设备和新的维修技术，同时将汽车常见故障诊断思路编入书中，充分反映此书的时代性。

本书编者具有多年教学经验，长期从事汽车故障诊断和汽车维修，具有丰富的实践经验。另外，一些具有维修经验的人员参与了本书的编写，解决了教材与实际维修脱节的问题，本书本着思路清晰、方法实用、易学易用的思想进行编写，结合汽车新技术、先进的汽车检测仪器和设备，采取项目教学、任务驱动、理一实一体化的方法来组织编写。本书符合目前高职教育教学的特点，符合高职学生的认知习惯，注重技能方面的培养，启发学生举一反三，是一种全新模式的高职教材。

本书的突出特点是每个学习任务都是以客户报修为任务情境开始，学习任务结束之后，又设置模拟场景，由老师或学生扮演汽车故障报修客户，要求学生按照故障诊断和排除的流程进行故障分析并排除故障。书中明确指出在实际维修中学生应知应会的理论知识。同时，首先给出了非常典型的故障案例，指导教师可以根据实际情况设置故障；其次由学生独立完成任务；再次让学生把实训时的实际资料和信息填写在记录单中；最后由指导教师对每个学生实训的能力给出评语和成绩。通过这样的学习，学生会很快具备汽车故障诊断与维修的能力。

本书由明光星、刘凤波担任主编，李俊玲、刘映凯担任副主编，沈沉、高洪一主审，参与编写的人员有杨洪庆、李晗、陈建、孙连伟、杨智勇、张凤云、王立刚、黄宜坤、郭大民、曲昌辉、王丽梅、康爱琴、张义、张劲松、马成、李政、孙宝明等。

由于编者水平有限，书中会有疏漏和不足之处，恳请同行专家和广大读者批评指正。

编者

2011 年 6 月

目　录

项目1

汽车故障诊断概述

学习目标

通过本项目的学习，能够了解汽车故障的产生机理、故障分类、故障诊断原则等，为下面几个项目的学习打下基础。

能力要求

(1) 能够掌握汽车技术状况变化规律。

(2) 能够掌握汽车故障诊断原则。

(3) 能够掌握汽车故障常用诊断方法。

项目导入

汽车故障种类繁多，但分析其产生机理，还是有内在规律的。对于各种汽车故障，其诊断维修方法不尽相同，但诊断原则基本相同。要想正确诊断汽车故障，不仅要掌握汽车故障产生规律，还要掌握故障诊断原则及方法。为了完成本项目的学习目的，这里设置两个学习任务：汽车故障诊断基础知识和汽车故障诊断原则及方法。

学习任务 1.1 汽车故障诊断基础知识

1. 汽车技术状况变化规律

1）汽车技术状况的分类

表征汽车技术状况的参数分为两大类：一类是结构参数，另一类是技术状况参数。结构参数是表征汽车结构的各种特性的物理量，如几何尺寸、声学、电学和热学的参数等。技术状况参数是评价汽车使用性能的物理量和化学量，如发动机的输出功率、扭矩、油耗、声响、排放限值和踏板自由行程等。

（1）汽车完好技术状况。它是指汽车完全符合技术文件规定要求的状况，即技术状况的各种参数值，既包括主要使用性能的参数值，也包括外观、外形等次要参数值，都完全符合技术文件的规定。处于完好技术状况的汽车完全能正常地发挥汽车的全部功能。

（2）汽车不良技术状况。它是指汽车不符合技术文件规定的任一要求的状况。处于不良技术状况的汽车，可能是主要使用性能指标不符合技术文件的规定，不能完全发挥汽车应有的功能；也可能是主要使用性能指标完全符合技术文件的规定，仅外观、外形及其他次要性能的参数值不符合技术文件的规定，而又不致影响汽车完全发挥自身的功能，如前照灯的损坏并不影响汽车白昼的正常行驶。

2）汽车技术状况变化的外观症状

汽车技术状况变化往往是汽车处于工作能力状况又同时处在故障状况或者完全失去工作能力状况。按照 GB 7258—2004《机动车运行安全技术条件》，汽车技术状况变差的主要外观症状有如下几种情况。

（1）汽车动力性变差。如接近大修里程的汽车的加速时间将增加 25%～35%，发动机的功率不允许小于标牌标明的发动机功率的 75%。

（2）汽车燃料消耗量和润滑油耗量显著增加。

（3）汽车的制动性能变差。

（4）汽车的操纵稳定性能变差。

（5）汽车排放值和噪声超限。

（6）汽车在行驶中出现异响和异常振动，存在着引起交通事故或机械事故的隐患。

（7）汽车的可靠性变差，使汽车因故障停驶的时间增加。

2. 汽车故障的规律

汽车维修工作是依据汽车的可靠性程度结合汽车检测诊断技术而进行的。汽车磨损是以故障形式表现出来的，通过对汽车故障的统计分析，用可靠度、不可靠度、故障率、故障密度等指标来进行度量，用汽车的维修时机、维修周期、使用寿命、维修方法进行确定。

(1) 可靠度。它是指汽车产品在规定的条件下和规定时间内，完成规定功能的概率。

(2) 不可靠度。它也称失效度，是指产品在规定的条件下和规定时间内，不能完成规定功能的概率或发生故障的概率。

(3) 故障率。它是指工作到某时刻尚未失效的产品，在该时刻后单位时间内发生故障的概率。

(4) 故障密度。它是指产品出现故障的概率随时间变化的规律及单位时间的失效概率。

(5) 维修周期。它是指产品从开始使用到技术性能已不能满足要求，需要进行维修的这个时期。

(6) 使用寿命。它是指汽车从开始使用到不能使用时的整个时期，分为技术使用寿命、经济使用寿命和合理使用寿命3种。

3. 汽车故障“浴盆曲线”

汽车故障规律通常表现为“浴盆曲线”，它是以使用时间或行驶里程为横坐标，以故障率为纵坐标的一条曲线。因该曲线两头高，中间低，有些像浴盆，故称为“浴盆曲线”，如图1.1所示。

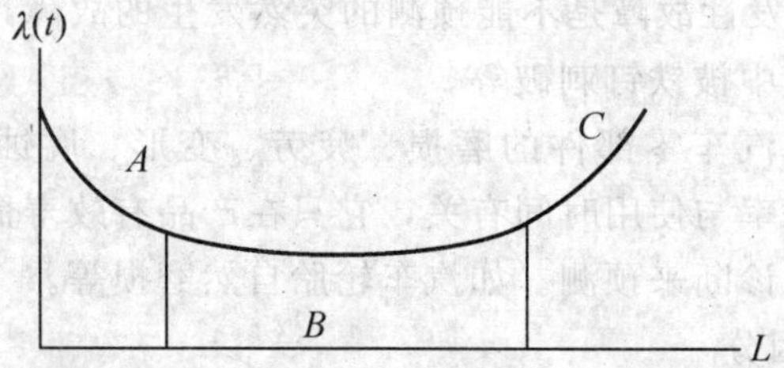

图1.1　汽车故障变化规律曲线

从图1.1可以看出，故障率随使用时间(或行驶里程)的变化分为3个阶段：*A*段早期故障期、*B*段随机故障期和*C*段耗损故障期。

1) 早期故障期

该故障期出现在汽车投入使用后的一段较短的时间内。其特点是故障率较高，且随使用时间（行驶里程）的延长而迅速下降。新车出现这种现象是由设计或制造上的缺陷等引起的，如材料有缺陷、工艺质量问题、装配不当、质量检查不认真等，这些故障在汽车磨合期内反应得特别明显；刚刚大修过的汽车出现这种现象，是由于装配不当、修理质量差。

2) 随机故障期

早期故障期之后是产生随机故障的时期，其特点是故障率低且稳定，与汽车使用时间(或行驶里程)的延长关系不大，即该阶段的故障并不随时间的增加而增加。这个时期的故障多是偶然因素引起的，所以无法预料，无法事先采取预防措施加以消除或控制。汽车在正常使用的过程中所出现的故障，多属于此类故障。

3) 耗损故障期

该故障期出现在随机故障期之后，其特点是故障随使用时间(或行驶里程)的延长而增加。它是由于汽车机件本身磨损、疲劳、腐蚀、老化等造成的。汽车一旦进入这个阶段，就很容易产生故障，所以防止产生耗损故障的唯一办法就是在汽车机件进入耗损故障期之前或之后进行及时的维修或更换。因此，确定汽车机件何时进入耗损故障期，对汽车维修具有很重要意义。汽车厂家规定定期更换易损件的理论根据就在于此。

4. 汽车故障的分类

汽车按技术文件规定的使用性能指标执行规定功能的能力称为汽车的工作能力或汽车的工作能力状况。

所谓汽车故障，是指汽车部分或完全丧失工作能力的现象。因此，只要汽车工作能力遭到破坏，汽车就处于故障状况。例如，汽车的油耗超过了技术文件的规定，虽然该汽车仍在运行，但该汽车又同时处于故障状况。汽车故障的分类方法包括以下几种。

1) 按故障存在的时间分

(1) 间断性故障。只在很短的时间出现并且在出现故障后很快又完全恢复其全部功能。如汽车在高温下行驶，供油系产生气阻现象，导致供油中断，发动机熄火，而待发动机冷却后，气阻现象自然消失，供油系恢复作用。

(2) 永久性故障。只有在更换或修复有故障的零件后才能恢复其全部功能。如曲轴轴瓦烧损而抱死。

2) 按故障发生的快慢分

(1) 突发性故障。突发性故障是不能预测的突然发生的故障，此类故障的特点是具有偶然性，如汽车轮胎行驶中被铁钉刺破等。

(2) 渐发性故障。由汽车零部件的磨损、疲劳、变形、腐蚀等现象逐渐发展而形成的。它的特点是发生的概率与使用时间有关，它只在产品有效寿命的后期才明显地显示出来，并能通过早期的检测诊断来预测。如汽车轮胎自然磨损等。

3) 按故障发生的原因分

(1) 人为故障。在制造或大修时由于使用了不合格的零件、装配调整不当、使用中违反操作规程等原因使汽车过早地丧失应有的使用功能。

(2) 自然故障。使用期间，由于不可抗拒的自然原因而引起的故障。如正常情况下的磨损、腐蚀、变形、老化等损坏形式造成的故障。

4) 按故障的危害程度分

(1) 致命故障。危及汽车行驶安全，导致人身死亡，引起主要总成报废，造成重大经济损失或对周围环境造成严重危害的故障。

(2) 严重故障。可能导致主要零件、总成严重损坏，或影响行车安全，且不能用易损备件和随车工具在较短时间(30min)内排除的故障。

(3) 一般故障。使汽车停驶或性能下降，但一般不导致主要零件、总成严重损坏，并可用易损备件和随车工具在短时间(30min)内排除的故障。

(4) 轻微故障。一般不会导致汽车停驶或性能下降，不需要更换零件，用随车工具能轻易(5min)排除的故障。

5. 汽车故障诊断的目的

汽车故障诊断的目的是在不解体的情况下，查明运行车辆的故障原因和故障部位，即通过检查、测量及综合分析，找出故障原因及故障部位，再通过调整或修理的方法予以排除，以确保车辆在良好的技术状况下运行。汽车故障诊断分为初步诊断和深入诊断。初步诊断是根据故障的现象判断出故障产生原因的大致范围；深入诊断是根据初步诊断的结果对故障原因进行分析、查找，直到找出产生故障的具体部位。

学习任务1.2　汽车故障诊断原则及方法

1. 汽车故障诊断基本原则

随着电控技术的发展，汽车电子化程度也越来越高，其故障的诊断也越来越困难。出现故障的可能是电子控制系统，也可能是电子控制系统外的其他部分，因此故障检查和判断的难易程度也不一样。为了能快速而准确地找出故障所在，应遵循以下基本原则。

(1) 代码优先。电子控制系统一般都有故障自诊断功能，当电子控制系统出现某种故障时，故障自诊断系统就会立刻监测到故障并通过故障警告灯提示给驾驶员，并同时以代码的方式储存该故障的信息。利用故障诊断仪读取故障代码，并检查和排除代码所指的故障部位。待故障代码所指的故障消除后，若故障现象还未消除，则应进行数据流读取分析，然后再对其他可能的故障部位进行检查。

(2) 先简后繁。能以简单方法检查的可能故障部位，应先予以检查。如直观检查最为简单，可以用看、摸、听等直观检查方法将一些较为明显的故障迅速地找出来。当直观检查未找出故障部位时，需借助于仪器仪表或其他专用工具来进行检查故障部位。

(3) 先熟后生。由于结构和使用环境等原因，发动机的某一故障现象可能总是由某些常见总成或部件的故障造成的，所以检查时应先对这些常见故障部位进行检查，若未找出故障，再对其他不常见的可能故障部位进行检查。

(4) 先外后内。在汽车出现故障时，先检查电子控制系统以外的可能故障部位，若故障未消除，再对电子控制系统的传感器、电脑、执行器及线路等进行仔细检查。

(5) 先思后行。对发动机的故障现象先进行故障分析，在了解了可能的故障原因有哪些的基础上再进行检查。这样可避免故障检查的盲目性，使故障排除迅速而准确。

(6) 先备后用。就是指在检修该型车辆时，应准备好维修车型的有关检修数据资料。除了从维修手册、专业书刊上收集整理这些检修数据资料外，另一有效的途径是利用无故障车辆对其系统的有关参数进行测量，并记录下来，作为日后检修同类型车辆的检测比较参数。如果平时注意做好这项工作，会给系统的故障检查带来方便。

总之，上述几点原则要灵活运用，才能对汽车故障现象进行综合分析、判断，才能准确确定故障的性质和可能的原因和范围；才能制定合理的诊断流程；才能使故障汽车快速恢复应有的性能和技术指标。

例如，某辆汽车出现一个涉及电控系统方面的故障，首先应判定该故障是否与电控系统有关。如果发现发动机有故障，而故障警告灯未亮(未显示故障代码)，大多数情况下，该故障可能与发动机电控系统无关，此时，就应该像发动机没有装电控系统那样，按照基本诊断程序进行故障检查。如果故障警告灯发亮，可能与电控系统有关，这时应读取故障代码，对电控系统的传感器、执行器和线路等进行检查。

2. 汽车故障诊断方法

故障诊断是故障排除的前提条件。汽车故障诊断的方法很多，但要“快而准”地诊断汽车故障，专业人员需要具有丰富的经验、扎实的专业知识，同时还必须选择正确的诊断方法。汽车故障诊断按采用的手段不同分为直观诊断、利用随车自诊断系统诊断、利用简单仪表诊断和利用专用诊断仪表诊断等。

1）直观诊断

直观诊断就是通过人的感觉器官对汽车故障现象进行看、问、听、试、嗅等，了解和掌握故障现象的特点，通过人的大脑进行分析、判断得出结论的诊断方法。

直观诊断方法要求维修人员要掌握被诊断系统的结构和工作原理，对其可能产生故障的现象、原因有一定的了解，并能掌握关键部件的检查方法。对于电控发动机，当发动机工作不正常，而自诊断系统没有故障代码输出时，尤其需要操作人员以直观诊断法进行检查、判断，以确定故障的性质和产生的部位。直观诊断方法根据诊断者的经验和对诊断车辆的熟悉程度，在运用的范围上有极大的差别。经验丰富的诊断专家可以利用直观诊断方法诊断出发动机可能出现的绝大多数故障，包括对确定故障性质的初步诊断和确定具体故障原因的深入诊断。直观诊断的主要内容包括以下几方面。

(1) 看。即目测检查，其目的是了解电控发动机的电控系统类型、车型，在进入更为细致的测试和诊断之前，能消除一些一般性的故障。

(2) 问。为了迅速地检查故障源，首先必须了解出现时的情形、条件、如何发生以及是否已检修过等与故障有关的情况和信息。为此，必须认真听客户对故障现象的描述，然后能对车辆故障做出初步诊断，同时认真填写客户调查表见表 1-1。

表 1-1　客户意见调查表

<table>
<tr><td colspan="2" rowspan="3">客户姓名</td><td rowspan="3"></td><td>登记号</td><td colspan="3"></td></tr>
<tr><td>登记日期</td><td colspan="3">/　/</td></tr>
<tr><td>车身代号</td><td colspan="3"></td></tr>
<tr><td colspan="2">接车日期</td><td>/　/</td><td>里程表读数</td><td colspan="3">km</td></tr>
<tr><td colspan="2">故障发生日期</td><td colspan="5">/　/</td></tr>
<tr><td colspan="2">故障发生频次</td><td>□经常</td><td>□有时</td><td>□仅一次</td><td colspan="2">□其他</td></tr>
<tr><td rowspan="7">故障发生的条件</td><td>天气</td><td>□晴天</td><td>□阴天</td><td>□雨天</td><td>□雪天</td><td>□其他</td></tr>
<tr><td>气温</td><td>□炎热天</td><td>□热天</td><td>□冷天</td><td colspan="2">□寒冷天(大约　℃)</td></tr>
<tr><td rowspan="2">地点</td><td>□高速公路</td><td>□一般公路</td><td>□市内</td><td colspan="2">□上坡</td></tr>
<tr><td>□下坡</td><td>□粗糙路面</td><td colspan="3">□其他</td></tr>
<tr><td>发动机水温</td><td>□冷机</td><td>□暖机时</td><td>□暖机后</td><td>□任何温度</td><td>□其他</td></tr>
<tr><td rowspan="2">发动机工况</td><td>□起动</td><td>□起动后</td><td>□怠速</td><td colspan="2">□无负载</td></tr>
<tr><td>□行驶</td><td>(□匀速</td><td>□加速</td><td>□减速)</td><td>□其他</td></tr>
</table>

续表

<table>
<tr><td colspan="2" rowspan="3">客户姓名</td><td></td><td>登 记 号</td><td></td></tr>
<tr><td></td><td>登记日期</td><td>/ /</td></tr>
<tr><td></td><td>车身代号</td><td></td></tr>
<tr><td rowspan="6">故障现象</td><td>发动机不能起动</td><td colspan="3">□不能起动 □无起动征兆 □有起动征兆</td></tr>
<tr><td>起动困难</td><td colspan="3">□起动时运转转速低 □其他</td></tr>
<tr><td>怠速不良</td><td colspan="3">□怠速不稳 □怠速高 □怠速低 □怠速粗暴 □其他</td></tr>
<tr><td>动力不足</td><td colspan="3">□加速迟缓 □回火 □放炮 □喘振 □敲缸 □其他</td></tr>
<tr><td>发动机熄火</td><td colspan="3">□起动后立即熄火 □踩加速踏板后 □松加速踏板后 □空调工作时
□挂挡时 □其他</td></tr>
<tr><td>其他</td><td colspan="3"></td></tr>
<tr><td colspan="2">故障指灯状态</td><td colspan="3">□常亮 □有时亮 □不亮</td></tr>
</table>

(3) 听。主要是听发动机工作时的声音：有无爆振、有无敲缸、有无失速、有无进气管或排气管放炮等。

(4) 试。主要是维修人员根据前述检查，有针对性地试车，以便进一步确认故障。

2) 利用随车自诊断系统诊断

随车诊断是利用汽车上电控系统所提供的故障自诊断功能对电控发动机故障进行诊断的方法，即利用故障自诊断系统调取发动机电控系统的有关故障代码，然后根据故障代码的提示，找出故障原因的方法。

随车自诊断系统通常只能提供与电控系统有关的电气装置或线路故障，一般只能做出初步诊断，具体故障原因还需要通过直观诊断和简单仪器进行深入诊断。在电控发动机故障诊断中随车自诊断只是一种简便快捷的诊断方法，其诊断的范围和深度远远满足不了实际使用中对故障诊断的要求，常常出现发动机运行不正常而故障自诊断系统，却又不能诊断出故障原因的现象。因此，在汽车故障诊断中不能完全依赖随车自诊断系统。

3) 利用简单仪表诊断

利用简单仪表诊断就是利用常见的仪器和设备，对电控发动机故障进行诊断的方法。这种诊断方法简单，但要求维修人员对系统的结构、线路及其工作原理有相当详细的了解，才可能取得满意的诊断效果。常用的设备包括试灯、万用表、测温计、电流钳、油压表、真空表、气缸压力表、示波器和发动机综合分析仪信号模拟器等。

(1) 试灯和万用表。测电源、搭铁、信号电压、元件电阻和线路等。

(2) 油压表、真空表和气缸压力表等。用于判断机械方面的故障。由于需要拆装操作，一般在确定电控系统正常，而且最常见的可能原因已经排除时才使用。

(3) 示波器。用于测量传感器波形、喷油波形、点火波形、其他电磁阀波形、发电机电压波形、电脑之间的信号波形等。通常情况下，只有在汽车出现了疑难故障，而且依靠常规的方法无法解决才选择示波器。

(4) 发动机综合分析仪。如EA－3000、FSA－740、VAS－5051/5052等综合分析仪，可以用来进行各缸功率平衡分析、各缸压缩压力平衡分析以及进行点火波形、进气管真空波形、柴油机高压油路波形、电控系统各信号波形等测试；与废气分析仪连接，还可以进行尾气排放与发动机工作情况的分析。

(5) 信号模拟器。可以用来进行曲轴与凸轮轴信号模拟、电压信号模拟、频率信号模拟、开关信号模拟等。在某些情况下确实能够提高诊断速度，不过使用时要注意模拟信号与原车信号之间的匹配，否则可能会引发原车电脑的故障。

4) 利用专用诊断仪器诊断

随着汽车电子化进程的加速，各种汽车专用诊断仪器应运而生。这些专用诊断仪器大多数为带有微处理器的电子计算机系统，对汽车故障的诊断十分有效。

专用诊断仪器根据其体积大小可分为：台式电脑分析仪、便携式电脑分析仪和袖珍型电脑分析仪。在对发动机电控系统进行的故障诊断中，使用最广的是便携式发动机电脑分析仪。采用电脑分析仪后，大大提高了对电子控制系统的诊断效率。但专用诊断仪器成本一般较高。

当汽车故障超出常规范围，且经验法又无能为力时，用读取故障码或数据流的方法是最佳选择，利用原车电脑信息来判断故障最具有科学性和准确性。

(1) 故障灯亮或存在故障代码。这种情况下，一般依照故障代码直接排除故障。在诊断排除时，还要借助万用表、试灯等工具进行辅助检测，来准确分析故障是由代码所指的元件本身引起，还是由相关线路或者电脑引起的。如故障代码显示混合气浓(稀)或混合比失常、氧传感器调节超限等，甚至同时出现混合气浓和混合气稀两个故障代码。在这种情况下，应分析故障代码产生的原因，并制定最佳的诊断方案。就混合比失常而言，故障诊断需考虑机械方面故障和电控系统方面。机械方面故障包括油压失常、燃油滴漏、漏气、氧传感器污染、失火、压缩压力不足等；电控系统方面故障包括空气流量计损坏、温度传感器失准、氧传感器损坏和电脑损坏等。只有这样，才能准确分析出故障原因，彻底排除故障。

(2) 故障灯不亮或没有故障代码。当发动机有明显故障现象，但没有故障代码时，要根据发动机故障现象对相应传感器进行检查。一般需要读取相关数据流，有时需要做匹配、编码之类的操作；然后根据故障现象选择相关的数据，如产生怠速不稳、动力不足的故障时，相关数据有喷油脉宽、空气流量、温度、节气门开度和氧传感器等；最后进行综合分析，找出数据产生偏差的原因。只有这样，才能准确分析出故障原因，彻底排除故障。

5) 零部件置换法

零部件置换法就是将认为损坏的零部件从系统中拆下，换上一个质量合格件代替怀疑部件进行工作，来判断机件是否有故障，如果故障现象消失，则认为原零部件有故障。这种方法要求维修人员应具有丰富的维修经验和准确诊断故障的能力，否则会直接影响汽车故障维修的时间和经济效益。

6) 模拟试验方法

在故障诊断中，对间歇性故障的诊断是比较困难的。间歇性故障受外界因素影响时而出现，时而又消失。所以诊断间歇性故障时，可以通过振动、高温和渗水(受潮)等方法，模拟故障产生时的外界因素，使故障再现，然后根据故障码及故障现象进行诊断。常见模拟试验方法有振动法、加热法、水淋法和电器全接通法等。

(1) 振动法。当故障现象可能是由振动引起时，为了使故障再现，一般是对连接器、配线、零件和传感器等零部件采用振动法进行试验如图 1.2 所示。其基本方法如下。

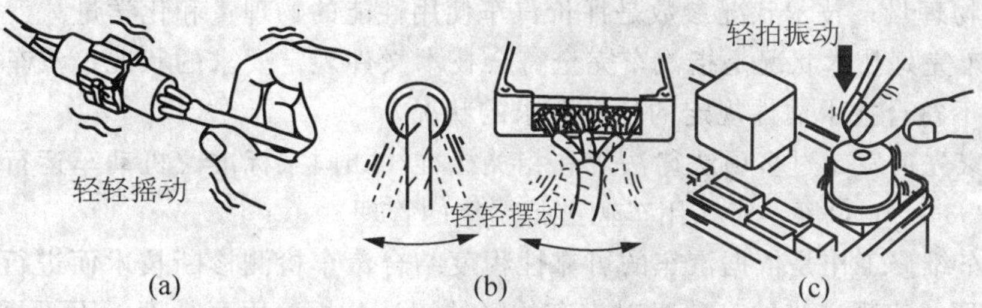

图 1.2　用振动法模拟故障

用振动法检查连接器时，应将连接器在垂直和水平方向轻轻摇动，然后观察故障现象，如图 1.2(a)所示，同时要注意连接器的接头，振动支架和穿过开口的连接器体都应是仔细检查的部位。

用振动法检查配线时，应将配线在垂直和水平方向轻轻地摆动，如图 1.2(b)所示，然后观察故障现象。

用振动法检查零件和传感器时，应用手指轻拍装有传感器的零件，如图 1.2(c)所示，观察故障现象。但是，切记千万不要用力拍打继电器，否则可能会使继电器损坏。

(2) 加热法。当故障只是在热车时出现，可能是因为有关零件或传感器受热引起的时，可用电吹风或类似加热工具加热可能引起故障的零部件或传感器，然后观察故障如图 1.3 所示。但应注意加热温度不得高于 60℃(温度过高会损坏电子元器件)；同时要注意不可直接加热电脑中的零件。

(3) 水淋法。当有些故障是在雨天或高湿度的环境下产生时，可用水喷淋在车辆上，观察故障情况如图 1.4 所示。但要注意不能将水直接喷淋在发动机电控零件上，而应喷淋在散热器前面间接改变湿度和温度；也不要将水直接喷在电子器件上，尤其是电脑内部，否则会人为引起电子器件的短路故障。

图 1.3　用加热法模拟故障

图 1.4　用水淋法模拟故障

(4) 电器全接通法。当怀疑某故障可能是因用电负荷过大而引起时，可接通车上全部电器设备，包括加热器鼓风机、前照灯和后窗除雾器等，观察故障现象是否再现。若故障再现，说明该故障是由于电负荷过大而引起的。

小　结

(1) 汽车技术状况的参数分为结构参数和技术状况参数。结构参数是表征汽车结构的各种特性的物理量；技术状况参数是评价汽车使用性能的物理量和化学量。

(2) 汽车完好技术状况是指汽车完全符合技术文件规定要求的状况；汽车不良技术状况是指汽车不符合技术文件规定的任一要求的状况。

(3) 国家先后发布过多项法律法规和相关标准，如国家标准《机动车运行安全技术条件》(GB 7258—2004)等，对在用车辆进行严格的管理。

(4) 汽车维修工作是依据汽车的可靠性程度结合汽车检测诊断技术而进行的。汽车磨损是以故障形式表现出来的，通过对汽车故障的统计分析，用可靠度、不可靠度、故障率和故障密度等指标来进行度量，用汽车的维修时机、维修周期、使用寿命和维修方法进行确定。

(5) 汽车故障规律通常表现为“浴盆曲线”，故障率随使用时间(或行驶里程)的变化分为3个阶段：早期故障期、随机故障期和耗损故障期。

(6) 汽车故障是指汽车部分或完全丧失工作能力的现象。按故障存在的时间分为间断性故障和永久性故障；按故障发生的快慢分为突发性故障和渐发性故障；根据故障发生的原因分为人为故障和自然故障；按故障的危害程度分为致命故障、严重故障、一般故障、轻微故障。

(7) 汽车故障诊断的目的是在不解体的情况下，对运行车辆查明故障原因和故障部位，即通过检查、测量及综合分析，找出故障原因及故障部位，再通过调整或修理的方法予以排除，以确保车辆在良好的技术状况下运行。

(8) 故障检查和判断应遵循的基本原则是：代码优先、先简后繁、先熟后生、先外后内、先思后行和先备后用。

(9) 汽车故障诊断常采用的手段有直观诊断；利用随车自诊断系统诊断；利用简单仪表诊断；利用专用诊断仪表诊断等。

习　题

1. 举例分析汽车不良技术状况现象。
2. 举例说明现代汽车故障诊断的基本方法有哪几种？
3. 根据汽车故障诊断的基本原则，设计一套检查起动机运转无力的检查流程。
4. 举例说明汽车加速不良时应读取的数据流有哪些？
5. 对于故障灯亮起的发动机故障首先采用哪种诊断方法？

项目2

汽车发动机故障诊断

学习目标

通过本项目的学习，能够掌握发动机常见故障的诊断方法。

能力要求

(1) 能够掌握发动机起动困难故障的检测流程及检测方法。
(2) 能够掌握发动机怠速不良故障的检测流程及检测方法。
(3) 能够掌握发动机加速不良故障的检测流程及检测方法。
(4) 能够掌握发动机机械异响故障的检测流程及检测方法。
(5) 能够掌握发动机水温异常故障的检测流程及检测方法。
(6) 能够掌握发动机机油报警故障的检测流程及检测方法。

项目导入

在日常维修中发动机起动困难、发动机怠速不良、发动机加速不良、发动机异响、发动机水温异常和机油压力报警等是非常常见的故障。要想诊断上述故障，不仅要掌握发动机控制原理，还要掌握故障诊断方法。本项目利用下面学习任务，学习发动机故障诊断技术。

学习任务 2.1　发动机起动困难故障诊断

2.2.1　任务描述

车主描述：近些天我的汽车经常出现起动困难现象。

维修人员：是冷车困难，还是热车困难？

车主回答：没有规律。

维修人员：起动机运转有力吗？

车主回答：运转有力。

2.2.2　任务分析

引起发动机起动困难及无法起动的原因主要有混合气浓度异常、点火能量异常和汽缸压缩压力异常等。引起混合气浓度异常的有水温传感器故障、燃油压力异常等因素；引起点火能量异常的有点火线圈故障、高压线故障和火花塞故障等；引起气缸压缩压力异常的有活塞环故障、气门故障等。为了便于分析并快速查找故障原因，本学习任务从电控系统、油路、点火系统和汽缸压力等 4 个方面，逐一分析可能引起发动机起动困难的各个原因。发动机起动困难的因果关系如图 2.1 所示。

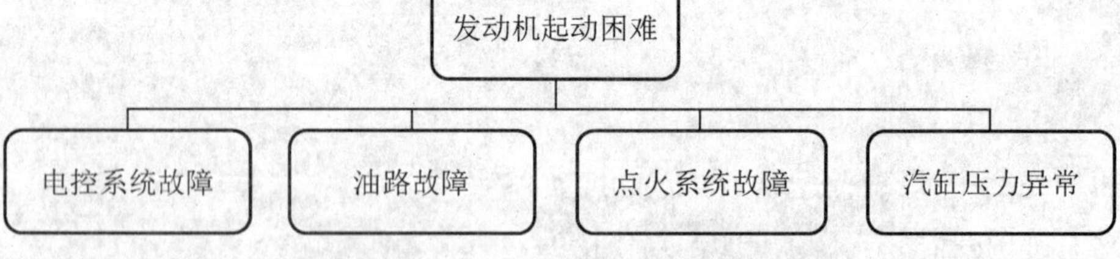

图 2.1　发动机起动困难的因果关系

2.2.3　任务实施

1. 电控系统故障诊断

当电控系统出现故障，可能会导致发动机起动困难，一般先用诊断仪调取故障码，若有故障码，应按照故障码提示进行检测；若没有故障码，应读取数据流，根据数据流进行分析。如果数据流正常，检查点火、机械等系统。电控系统导致发动机起动困难的元件有冷却液温度传感器、曲轴/凸轮轴位置传感器和怠速控制阀等，具体检查方法和步骤如下。

1）检查冷却液温度传感器

冷却液温度传感器是起动喷油量的主控信号。若冷却液温度传感器出现故障会导致发动机起动时喷油量异常，进而影响发动机顺利起动，有时果然能勉强起动，但是空燃比很异常，耗油量增加。对冷却液温度传感器的检查主要包括读取故障码和数据流、连接线路的检测及元件检测。

(1) 读取故障码和数据块。使用故障诊断仪读取故障码和数据块，方法和步骤如下。

① 连接诊断仪的方法如图 2.2 所示，起动发动机。

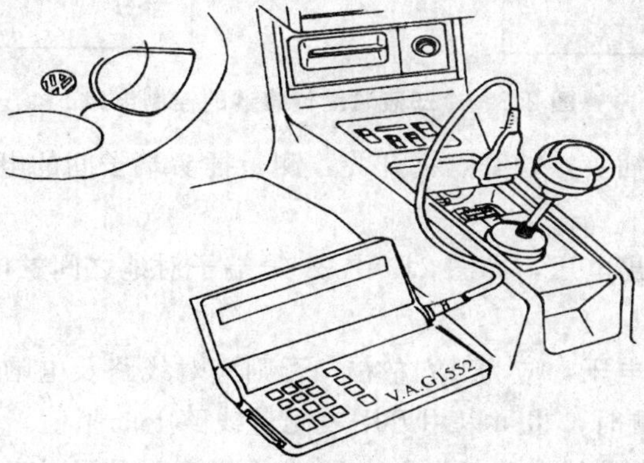

图 2.2　连接诊断仪的方法

② 读取故障码，若有故障码，按故障码提示进行分析；若没有故障码，应进行下一步。常见车型的冷却液温度传感器故障码见表 2-1。

表 2-1　常见车型的冷却液温度传感器故障码

发动机型号	故障码	故障码含义
桑塔纳 AFE 发动机	00522	冷却液温度传感器对正极断路/短路
广州本田 K20A7 发动机	P0117	冷却液温度传感器电路电压过低
	P0118	冷却液温度传感器电路电压过高
北京现代 FOR2.0 发动机	P0115	冷却液温度传感器线路故障
	P0116	冷却液温度传感器偏差
奥迪 A6 ANQ1.8L 发动机	16501	冷却液温度传感器信号太弱
	16502	冷却液温度传感器信号太强

③ 进入“读测量数据块”功能。

④ 选择相应显示组。

⑤ 读取冷却液温度传感器数据。

⑥ 对比实际温度进行分析，如果数值相符，应进行其他元件检测；如果数值不符，应对传感器本身、电脑及线路进行检测。

(2) 线路检测。冷却液温度传感器的控制电路如图 2.3 所示。当怀疑冷却液温度传感器有故障时，可以进行在线检测电压，也可以对线路电阻进行检测，方法和步骤如下。

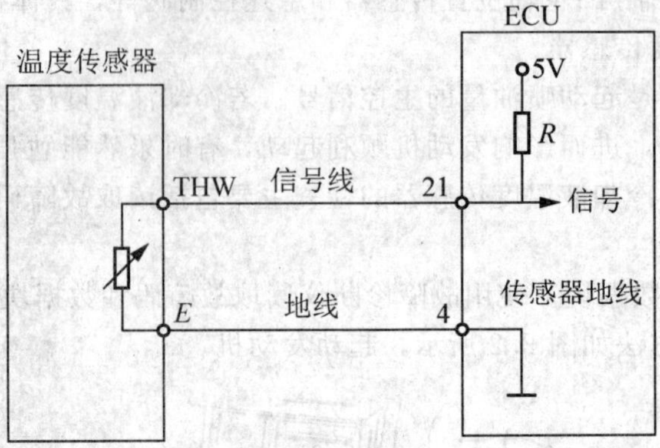

图 2.3　冷却液温度传感器的控制电路

① 拔下传感器线束插头，打开点火开关，测量插头端子间的电压，应为 5V 左右，否则进行下一步。

② 测量电脑端的输出电压，即图 2.3 中 21 号端子对地之间的电压为 5V，否则检查发动机电脑。

③ 测量地线端子的电压，应为 0V 左右，否则应对线路及电脑进行检测。

在对传感器线路检测时，也可以用万用表测量线路上的阻值，来判断故障部位。方法是先拆开冷却液温度传感器线束连接器及电脑端子，然后用万用表测量两个端子与电脑相应端子之间阻值，应小于 0.5Ω，否则有断路故障；对地阻值应为∞，否则有短路故障。当出现断路或短路故障时，应维修或更换相关线束。

(3) 元件检测。若怀疑冷却液温度传感器本身有故障时，可以对冷却液温度传感器本身的电阻值进行测量从而确认冷却液温度传感器是否损坏，具体方法和步骤如下。

① 断开点火开关，拔下冷却液温度传感器线束连接器，从发动机上拆下传感器。

② 将传感器放到盛水的烧杯中，用加热器加热烧杯中的水，如图 2.4 所示。

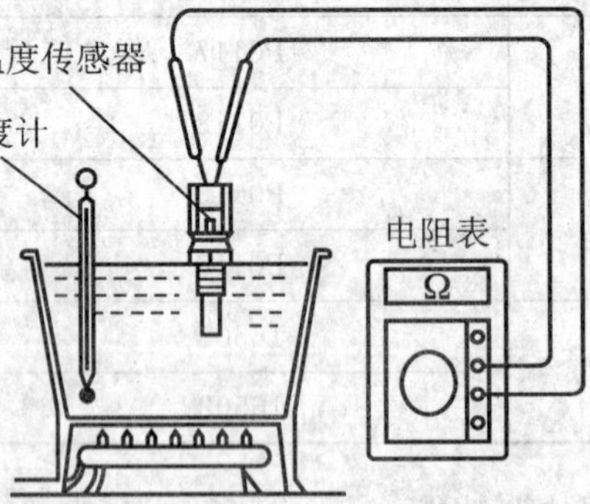

图 2.4　冷却液温度传感器的阻值检查

③ 用万用表测量传感器的两端子分别与传感器壳之间的电阻，其电阻应为无穷大。

④ 用万用表测量传感器两端子之间的电阻，其电阻值随温度而变化。桑塔纳 2000GSi 型轿车用温度传感器的阻值见表 2-2，如阻值偏差过大、过小或为∞，说明传感器失效，应更换。

表 2-2　桑塔纳 2000GSi 型轿车用温度传感器的标准阻值

温度/℃	阻值/Ω	温度/℃	阻值/Ω
−20	14000～20000	40	1000～1400
0	5000～6500	60	530～650
10	3300～4200	80	280～350
20	2200～2700	100	170～200

注意

- 千万不要用万用表测量电控发动机电脑端子之间的阻值，否则将损坏发动机电脑。

2）检查曲轴/凸轮轴位置传感器

（1）电磁式曲轴/凸轮轴位置传感器检测。曲轴/凸轮轴位置传感器出现故障将影响发动机的点火正时及喷油正时，进而造成发动机起动困难，即使是勉强能起动，起动后发动机会出现运转异常、耗油量增加、加速无力等现象。下面以桑塔纳 2000GSi 型轿车的电磁式曲轴位置传感器为例，介绍该检查项目及方法，线路连接如图 2.5 所示。

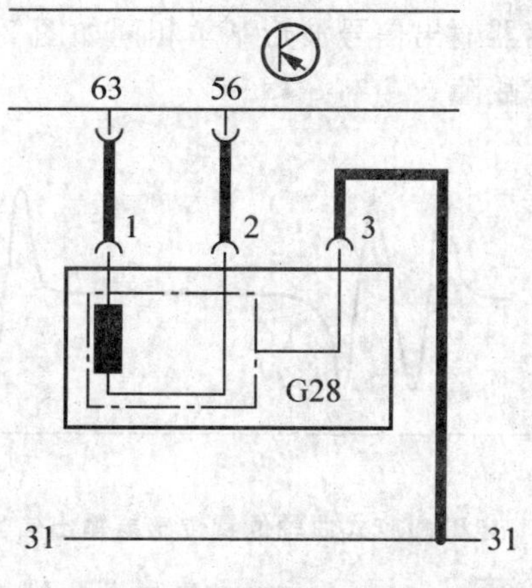

图 2.5　桑塔纳电磁式曲轴位置传感器

① 读取故障码和数据块。

a. 连接诊断仪，起动发动机。

b. 读取故障码，若有故障码 00513，故障码提示是传感器线路短路或断路或传感器损坏，应对线路和传感器进行检测。

c. 进入“读测量数据块”功能。

d. 选择相应显示组。

e. 读取发动机转数。

f. 如果显示的数据与实际转速不符，应检查线路和传感器。

② 测量传感器电阻值及线路电阻。

a. 拔下传感器线束插头。

b. 用万用表测量传感器各端子间的阻值应符合要求。桑塔纳 2000GSi 型轿车的电磁式曲轴位置传感器线圈的阻值见表 2-3，如果阻值不符合要求，应更换相应线束或传感器。

表 2-3　桑塔纳 2000GSi 型轿车的电磁式曲轴位置传感器线圈标准阻值

测试端子	电阻值/Ω
1 与 2	450～1000
2 与 3	∞
1 与 3	∞
3 与搭铁	不超过 1.5
2 与 56	不超过 1.5
1 与 63	不超过 1.5

③ 测量输出波形。

利用示波器捕捉故障瞬间的波形是检查间歇性故障最佳最有效的方法。

a. 正确连接示波器。

b. 起动发动机，使之怠速工作。

c. 观察并记录测量的波形。

d. 参照标准波形进行分析。

电磁感应式曲轴位置传感器输出信号波形基本相同如图 2.6 所示。若出现波形过于平缓或有间断时，说明传感器有故障。

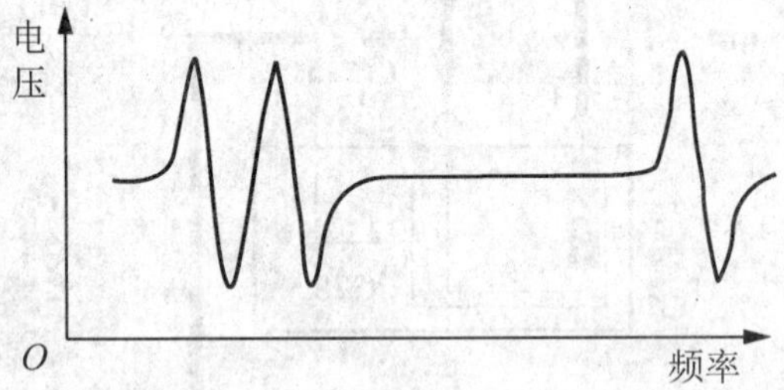

图 2.6　电磁感应式曲轴位置传感器输出信号波形

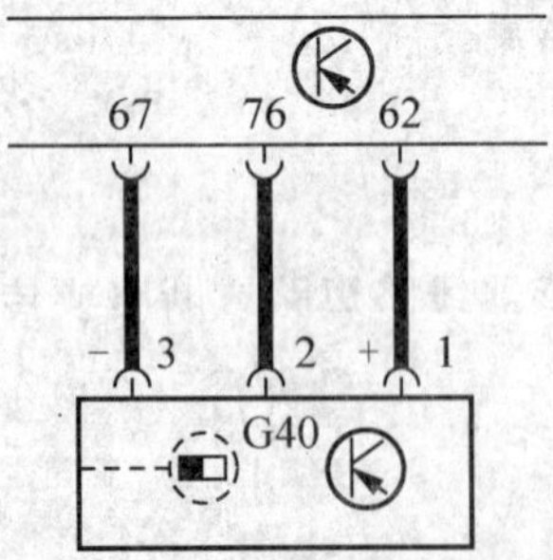

图 2.7　桑塔纳霍尔式凸轮轴位置传感器

1—供电端子；2—信号输出端子；3—搭铁端子

(2) 霍尔式曲轴/凸轮轴位置传感器检测。当霍尔式曲轴/凸轮轴位置传感器或相关线路出现故障而导致信号中断时，会造成发动机起动困难。下面以桑塔纳 2000GSi 型轿车的霍尔式凸轮轴位置传感器为例，介绍该检查项目及方法，线路连接如图 2.7 所示。

① 读取故障代码。维修人员可利用故障诊断仪，读取故障信息。如出现故障代码 00515，说明霍尔传感器对地短路或断路或传感器本身有故障。

② 检查传感器线路电压。

a. 拆下传感器插头。

b. 打开点火开关，用万用表测量传感器供电端子 1～3 间的电压，结果应符合表 2-4 的要求。

表 2-4　测试参考条件和数据

测试条件	测试端子	测试结果
点火开关 ON	1 与 3	4.5～5.0V，若过低或过高，说明线束断路、短路或控制单元 ECU 有故障
点火开关 OFF	1 与 62	应不大于 1.5Ω
	2 与 76	应不大于 1.5Ω
	3 与 67	应不大于 1.5Ω
	1(62)与 2	应为∞
	1(62)与 3	应为∞

c. 如果传感器供电端子 1～3 间的电压正常，打开点火开关，转动曲轴，用万用表测量传感器信号输出电压(端子 2 与接地之间)，应在 0～5V 之间变化，否则应更换传感器。

d. 如果传感器供电端子 1～3 间的电压不正常，检查传感器与电脑间的各个线路电阻应小于 0.5Ω；如果正常，应对发动机电脑进行检查。

e. 关闭点火开关，拆下传感器及电脑插头，用万用表测量传感器各端子间阻值应为∞，否则应检查相关线束。

③ 测量传感器输出波形。

对于偶发的故障，万用表、解码器不易检测出故障原因，但示波器能够实时显示传感器波形，有的还能自动捕捉故障波形，用示波器检查传感器故障流程包括以下几点。

a. 按要求正确连接示波器。

b. 起动发动机，使发动机怠速运转。

c. 观察并记录测量的波形。

d. 参照标准波形如图 2.8 所示，并分析所测波形，找出故障原因。

各种霍尔式传感器输出信号波形基本相同，为方波形。若波形不符，应检查传感器及相关线路是否有故障。

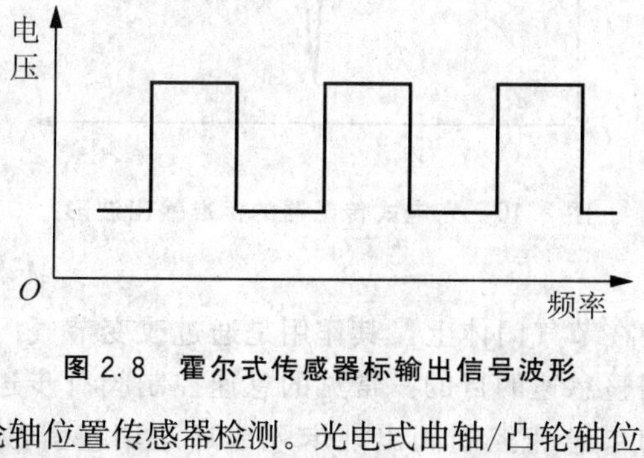

图 2.8　霍尔式传感器标输出信号波形

(3) 光电式曲轴/凸轮轴位置传感器检测。光电式曲轴/凸轮轴位置传感器一般封装在分电器内，是固体光电半导体传感器，不受磁电干扰影响，但若有油污和污物进入敏感区域，会引起发动机不能起动、起动困难、失速或断火等故障。当发动机出现起动困难时，可利用故障诊断仪读取故障信息，也可用万用表测量各个端子间的电压或用示波器测试波形等。下面以日本三菱光电式曲轴/凸轮轴位置传感器为例；线路连接如图 2.9 所示。介绍该检测内容及方法。

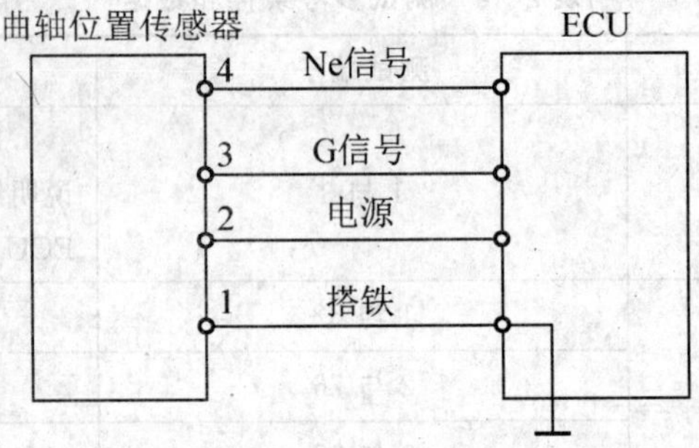

图 2.9 日本三菱曲轴/凸轮轴位置传感器检测电路

① 读取故障代码。维修人员可利用故障诊断仪读取故障信息。若有故障码，按故障码提示进行分析，若没有故障码，应进行下一步。

② 测量各端子间的电压。

a. 先拆下线束插头，将点火开关转至 ON 位置。

b. 测量电脑侧 1 与 2 端子之间电压应为 12V，否则说明线路或 ECU 有故障。

c. 给传感器侧的 1 与 2 端子之间直接施加 12V 电源电压，并分别在信号输出端子 3 和 4 与 1 之间接上电流表，转动转子一圈时，两个电流表应分别摆动 1 次和 4 次(与透光孔数量相等)，每次电流表指示电流应约为 lmA，否则应更换传感器。

③ 测量其输出波形。

a. 正确连接示波器。

b. 起动发动机并怠速运转。

c. 观察并记录测量的波形。

d. 参照标准波形如图 2.10 所示进行分析，若波形不符，说明传感器有故障。

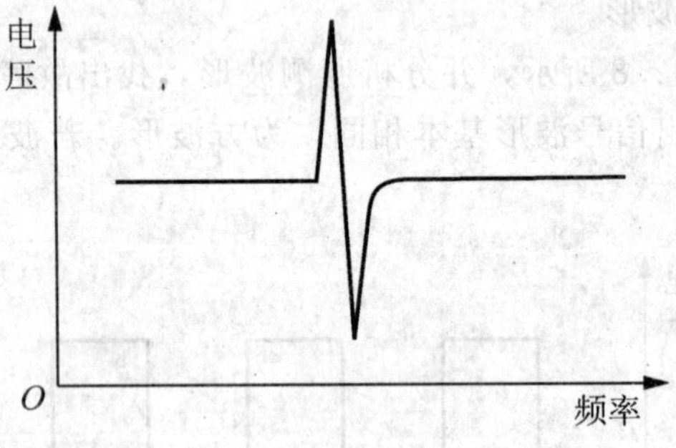

图 2.10 光电式传感器的标准输出波形

3）检查怠速控制阀

怠速控制阀通常安装在节气门体上，其作用是通过改变节气门旁通气道的大小来增加或减少怠速进气量达到调整怠速的目的。常见的怠速控制阀有步进电机式、旋转电磁阀式和脉冲电磁阀式 3 种。如果怠速控制阀出现卡死或通道堵塞等故障，会引起发动机起动困难。

(1) 步进电机式怠速控制阀检查。步进电动机式怠速控制阀发动机熄火后的 2～3s 内，在怠速控制阀附近若能听到内部发出“嗡嗡”的响声，说明怠速控制阀良好；或者在发动机起动前拔下怠速控制阀线束连接器，待发动机起动后再将怠速控制阀线束连接器插好，如果此时发动机转速发生变化，说明怠速控制阀良好。否则怠速控制阀或控制电路有故障。检查内容及方法如下。

① 拆开怠速控制阀线束连接器，将点火开关转至ON挡，但不起动发动机，在线束侧分别测量B1和B2端子与搭铁之间的电压如图2.11所示。均应为蓄电池电压9～14V，否则说明怠速控制阀电源电路有故障。

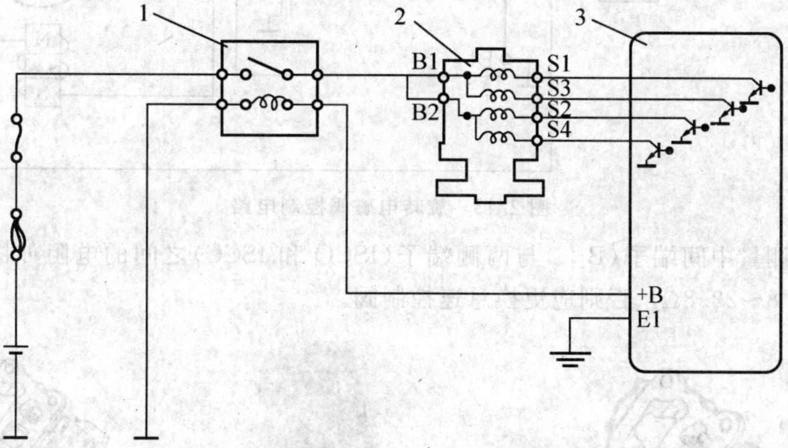

图2.11　怠速控制阀控制电路

1—主继电器；2—怠速控制阀；3—ECU

② 在控制阀侧分别测量端子B1与S1和S3、B2与S2和S4之间的电阻，阻值均应为10～30Ω，否则应更换怠速控制阀。

③ 拆下怠速控制阀后，将蓄电池正极接至B1和B2端子，负极按顺序依次接通S1→S2→S3→S4端子时，随着步进电机的旋转，控制阀应向外伸出，如图2.12(a)所示；蓄电池负极按相反顺序依次接通S4→S3→S2→S1时，控制阀应向内缩回，如图2.12(b)所示。

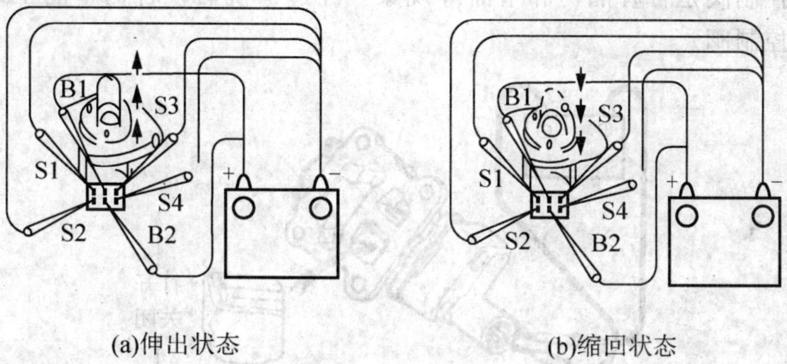

(a)伸出状态　　(b)缩回状态

图2.12　怠速控制阀

(2) 旋转电磁阀式怠速控制阀检测。旋转电磁阀式怠速控制阀的检测方法和步骤如下。

① 将点火开关转至ON挡，但不起动发动机，在线束侧测量电源端子B+与搭铁之间电压应为9～14V，否则说明怠速控制阀电源电路有故障。旋转电磁阀控制电路如图2.13所示。

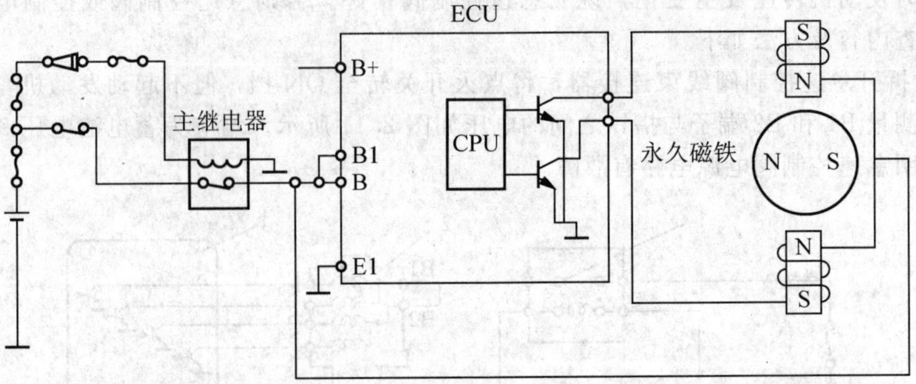

图 2.13　旋转电磁阀控制电路

② 分别测量中间端子(B+)与两侧端子(ISCO 和 ISCC)之间的电阻如图 2.14 所示。正常应为 18.8～22.8Ω，否则应更换怠速控制阀。

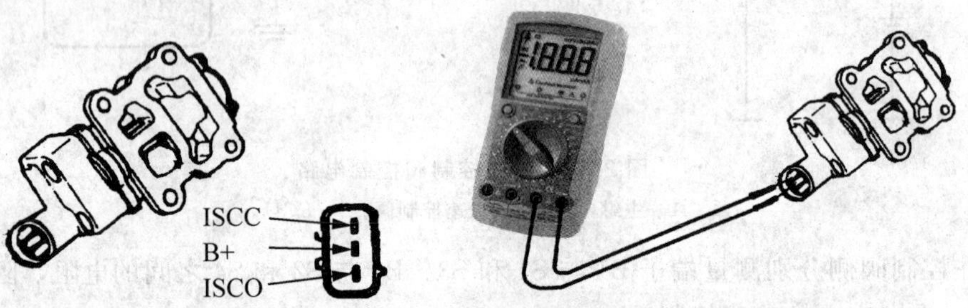

图 2.14　丰田车插接器端子布置

③ 将蓄电池的正负极分别接 B+和 ISCC 时，阀应旋转至全开位置；当蓄电池的正负极分别连接 B+和 ISCO 时，阀应旋转至关闭位置如图 2.15 所示。如果阀不能正常开启和关闭，应检查控制阀是否有油污和卡滞等现象，经过清洗后，若仍不能正常开启和关闭，则应更换怠速控制阀。

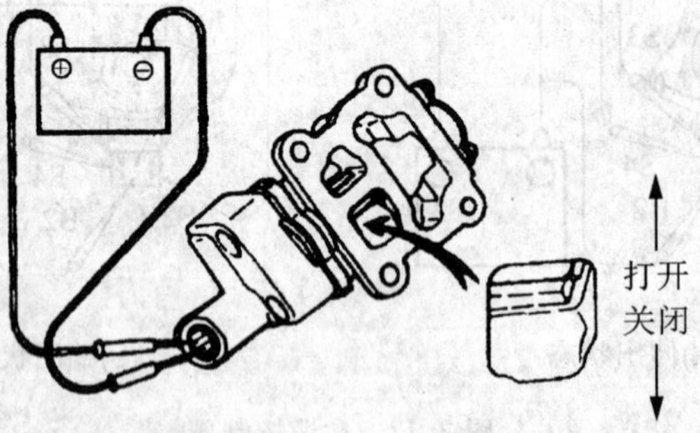

图 2.15　旋转电磁阀开启和关闭动作检查

(3) 脉冲电磁阀式怠速控制阀检测。以本田轿车脉冲电磁阀式怠速控制阀为例介绍该检测方法和步骤。

① 拆开怠速控制阀线束连接器，将点火开关转至 ON 挡，但不起动发动机，在线束侧测量电源端子与搭铁之间电压，应为蓄电池电压，否则说明怠速控制阀电源电路有故障，如图 2.16 所示。

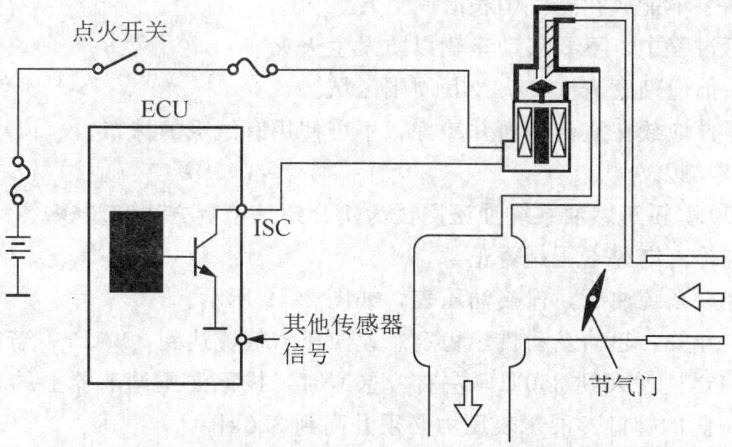

图 2.16　本田轿车脉冲电磁式怠速控制阀控制电路

② 拆开怠速控制阀上的两端子线束连接器，在控制阀侧分别测量两端子之间的电阻，正常应为 10～15Ω，否则应更换怠速控制阀。

③ 检查怠速控制阀的运动情况，方法与旋转电磁阀式怠速控制阀相似。

2. 油路故障检测

当供油系统出现故障或供油压力不足时，会引起混合气过稀或过浓，进而导致发动机起动困难，一般利用点火开关进行油泵预油压控制并在油箱口处倾听是否有油泵运转声音如图 2.17 所示。同时也可以用手感觉油管处是否有供油脉动，进而判断是否供油，如图 2.18所示。

通过初步检查确定油泵工作情况，随后进行系统油压测试，来分析油压是否正常。

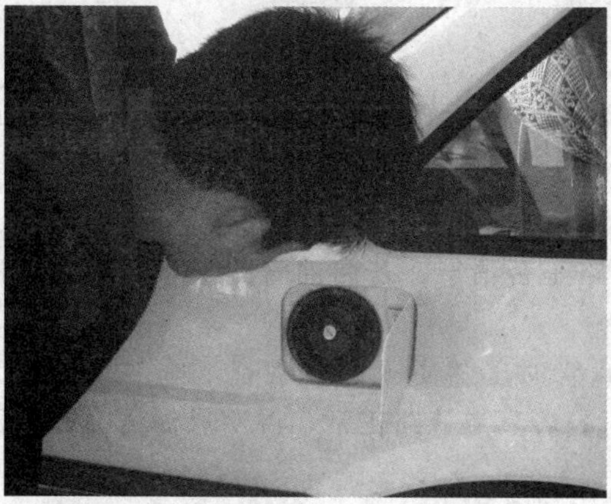

图 2.17　倾听油泵是否有运转声音

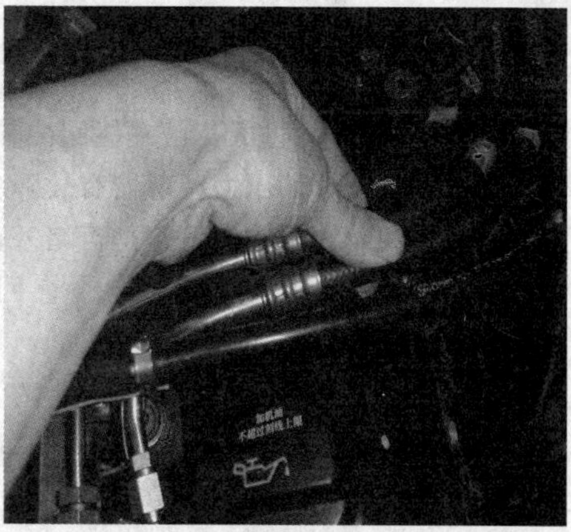

图 2.18　用手捏住油管感觉是否有供油脉动

1）注意事项

(1) 作业应在通风良好的环境下进行，避免烟火。

(2) 打开系统前，应断开油泵保险，起动发动机泄掉燃油压力。

(3) 拆装油箱部件时，车辆应水平停放，燃油箱内燃油量不可超过总容积的 3/4。如需要，排空燃油箱。

(4) 电动燃油泵不能放在空气中长时间空转。

(5) 作业进行过程中，不要移动车辆以防发生火灾。

(6) 断开接头前应彻底清洗接头及其周围区域。

(7) 拆下的零件应放在清洁表面并盖好，不可使用有绒毛的抹布。

2) 供油压力检测及分析

以桑塔纳 2000 型轿车燃油系统油压测试为例介绍该检测方法和步骤。

(1) 测试前应检查电源电压是否正常。

(2) 按要求释放系统油压，连接油压表，如图 2.19 所示。

(3) 接通点火开关，起动发动机，稳定怠速时压力值应达到 300kPa；若突然加大节气门开度时，压力应迅速增大到 350kPa 左右。怠速时，拔下油压调节器上的真空管，并用手指堵住进气管一侧的管口，油压表压力必须升高到 320kPa。

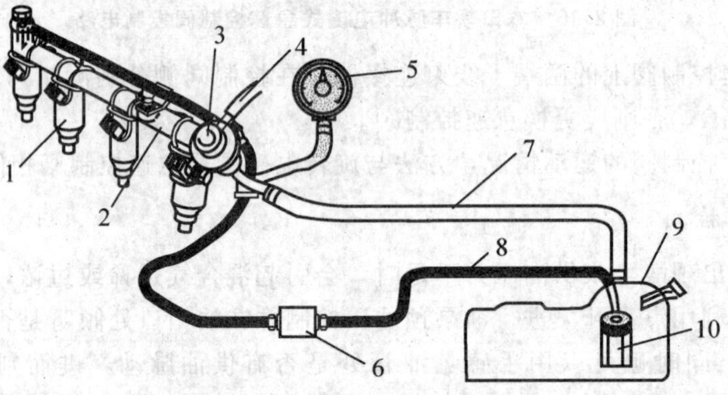

图 2.19　油压表的连接

1—喷油器；2—油轨(燃油管)；3—压力调节器；4—真空管；5—压力表；6—汽油滤清器；7—回油管；8—输油管；9—油箱；10—燃油泵

(4) 分析并诊断。

① 若燃油系统压力过低，可夹住回油软管以切断回油管路，再观察油压表指示压力，如果压力恢复正常，说明燃油压力调节器有故障；若压力仍过低，应检查燃油系统有无泄漏，检查燃油泵滤网、燃油滤清器和油管路是否堵塞，若无泄漏和堵塞故障，应更换燃油泵。

② 若油压表指示压力过高，应检查回油管路是否堵塞；若回油管路正常，说明燃油压力调节器有故障，应更换。

③ 当重新接上燃油压力调节器上的真空软管时，燃油压力应略有下降，一般约为 0.05MPa，否则应检查真空管路是否堵塞或漏气；若真空管路正常，说明燃油压力调节器有故障，应更换。

3) 残余压力检测及分析

(1) 保证电源电压正常。

(2) 接通点火开关，发动机怠速运转使油压表压力达到额定值。断开点火开关，等待 10min 后，油压必须高于 220kPa。

(3) 如果压力低于 220kPa 时，应再次起动发动机使油压达到额定值后，将发动机熄火并夹住回油管，等待 10min 后，如果表压力高于 200kPa，说明油压调节器失效，应更换。如果油压仍然低于 200kPa 时，说明输油管、喷油器有泄漏、燃油泵单向阀故障、喷油器进油口O形密封圈失效，需逐项进行检修。

注意

- 残余压力检测达不到标准的典型故障现象是车辆停驶时间较长后，要打2～3次启动机才能启动成功，一旦启动成功后，再次启动非常顺利。
- 此类故障应急处理是利用点火开关的开闭进行油压预置后，就能顺利启动成功。

3. 点火系统故障诊断

点火系统出现故障也会导致发动机起动困难，一般用试火法判断是否有点火高压。如果火花塞跳火能量不足(火花红、跳火响声较小)或无火，就要对点火系统元件进行详细检查，点火系统相关检查方法简介如下。

1) 点火线圈检测

(1) 点火线圈常规检查。

① 检查点火线圈是否有裂纹，如图2.20所示。

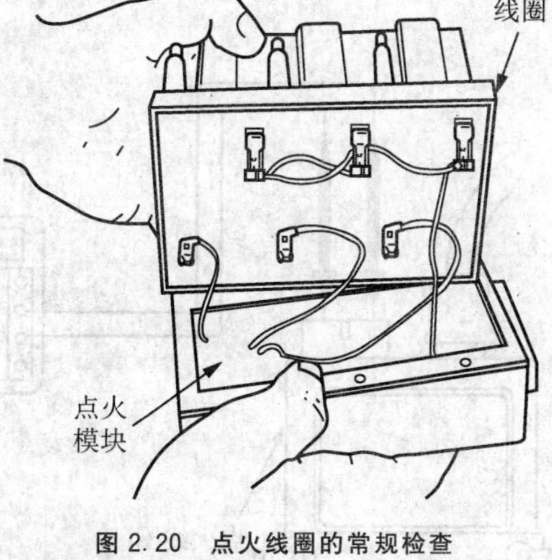

图2.20 点火线圈的常规检查

② 点火线圈盖的凸台内是否有漏电迹象。

③ 检查点火线圈壳体是否漏油。

④ 在无分电器系统中，检查各个点火线圈及点火模块处的导线接头是否牢固；检查接线端子是否有烧蚀现象。

⑤ 检查点火线圈初级绕组接线柱的连接情况，检查点火线圈的极性是否颠倒。

(2) 点火线圈高压性能检测。

① 关闭点火开关，打开分电器盖，转动曲轴使分电器转子缺口不在间隙中。

② 拔出分电器盖上的中央高压线，使其端部离气缸体为5～7mm。

③ 打开点火开关，用小旋具在霍尔传感器的间隙中轻轻地插入拔出，模拟转子在间隙中的动作，如图2.21所示。

④ 如果高压线端部有强烈的蓝色火花并有清脆的跳火声，说明点火线圈跳火性能良好。

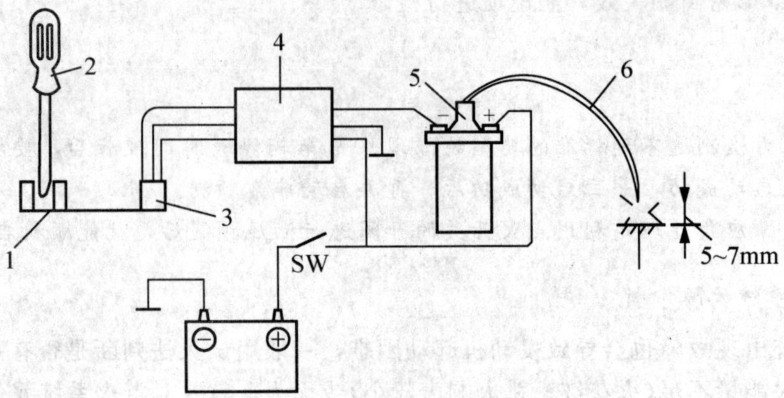

图 2.21 高压电路故障诊断

1—霍尔发生器；2—旋具；3—线束插接器；4—点火控制器；5—点火线圈；6—高压线

(3) 点火线圈电阻测试。

如果点火线圈的常规检查没有明显故障，但其跳火性能不良，应对其进行下面检查。

① 将万用表的两个表笔分别跨接到点火线圈的(＋)和(－)接线柱上，如图 2.22 所示。

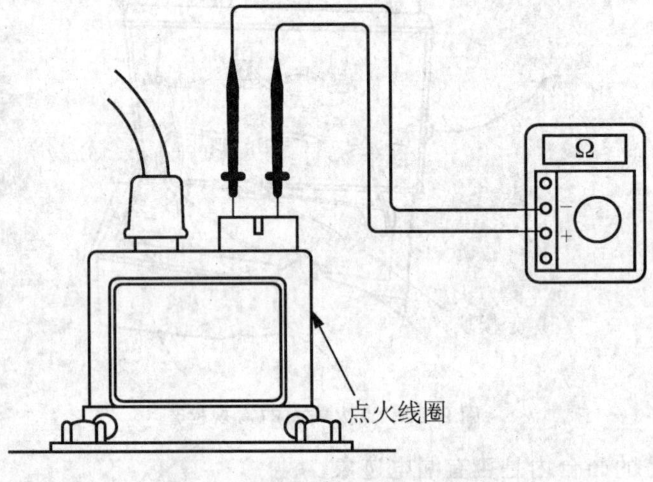

图 2.22 初级绕组阻值的测试

② 初级绕组的阻值一般在 0.5～2Ω 之间。若发生断路、短路或者高电阻时，应更换点火线圈。

③ 将万用表的两个表笔分别跨接到点火线圈的蓄电池(＋)和点火线圈的中央接线柱上，如图 2.23 所示。

④ 次级绕组的阻值一般在 8～20kΩ 之间。若发生断路、短路或者高电阻时，应更换点火线圈。

2) 点火模块检测

如果无火，要对低压电路及点火模块进行检查。下面以桑塔纳 2000 点火系统的点火模块为例进行检测。

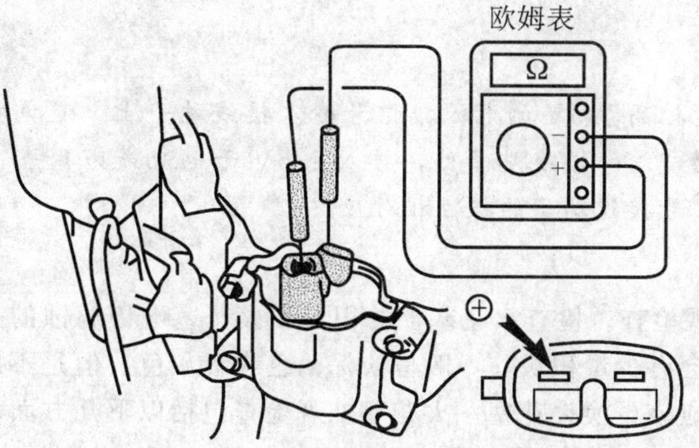

图 2.23　次级绕组阻值的测试

(1) 将 1.5V 干电池正极与分电器 S 端子连接，如图 2.24(a)所示。

(2) 干电池负极与分电器“－”端子连接，重复接触和分离，代替霍尔传感器向点火控制器输入触发信号。

(3) 保持高压线端部距气缸体 10mm 处，在接触、分离过程中，观察高压线跳火情况。如果有蓝色跳火，说明点火模块、点火线圈良好，霍尔传感器有故障；如果没有火花，要进行下一步检查。

(4) 将试灯连接到点火线圈负极与接地之间，重复信号触发动作，观察试灯是否闪亮。如果闪亮，说明点火模块良好，否则应检查点火模块。

(5) 将试灯连接到分电器 S 端子与接地之间，如图 2.24(b)所示。起动发动机，观察试灯是否闪亮，是说明霍尔元件良好，否则应检查霍尔元件供电电压是否正常，若供电正常，应更换分电器。

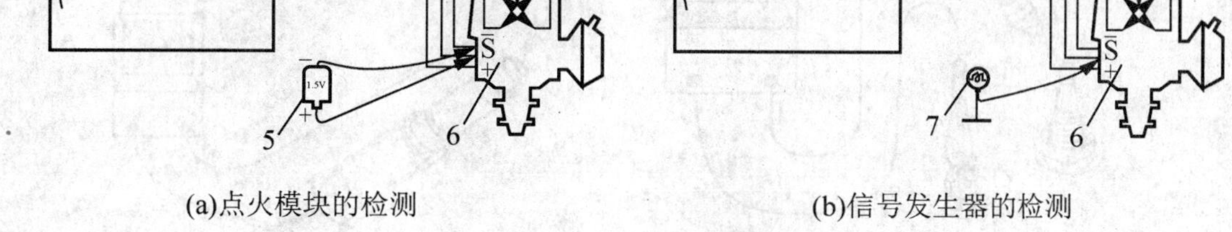

图 2.24　点火模块和信号发生器的检测

1——蓄电池；2—点火开关；3—点火线圈；

4—点火控制器；5—干电池；6—分电器；7—试灯

注意

- 在接线时不能把高于5V的电源接信号输入接线端子上，避免损坏点火控制器。也可以在分电器一端的接线端子处，接入1.5V干电池或万用表，要注意与点火控制器的3号和5号接线端子的极性相对应。

3）火花塞检查

（1）火花塞外观检查。检查火花塞上的积炭和火花塞电极腐蚀的程度。工作条件良好时在火花塞上面也会有少量积炭，一般呈淡棕褐色或者灰色，但是不应该出现火花塞电极烧毁的迹象，否则应该更换火花塞。火花塞外观检查包括以下几方面。

① 检查火花塞是否有油污或积炭。

② 检查火花塞电极间隙是否正常。

③ 检查火花塞绝缘体是否出现裂纹。

④ 检查电极是否有熔化或电极端部被削现象。

（2）火花塞的点火电压检查。火花塞的点火电压直接影响发动机工作状况，点火电压的高低与很多因素有关：火花塞或次级电路的状况、发动机温度、可燃混合气状况及气缸压缩压力等。点火电压可以用示波器测试次级电路波形时获取，波形中的最高线就是火花塞的点火电压。在测试和检查火花塞的点火电压时，要求以下几方面。

① 所有气缸的点火线的高度应一致。

② 点火电压的大小应该在7～13kV之间。

③ 各个气缸火花塞的点火电压之间的差值不超过3kV。

如果一个或者多个气缸的点火电压不一致，偏低或者偏高表示该缸存在故障，应进行进一步的检查。

（3）火花塞绝缘电阻检查。用万用表R×MΩ挡测量火花塞绝缘电阻如图2.25所示，电阻值应为10MΩ或更大。

用万用表检查火花塞插头的阻值如图2.26所示，无屏蔽的电阻值应为(1±0.4)kΩ，有屏蔽的电阻值应为(5±1.0)kΩ。

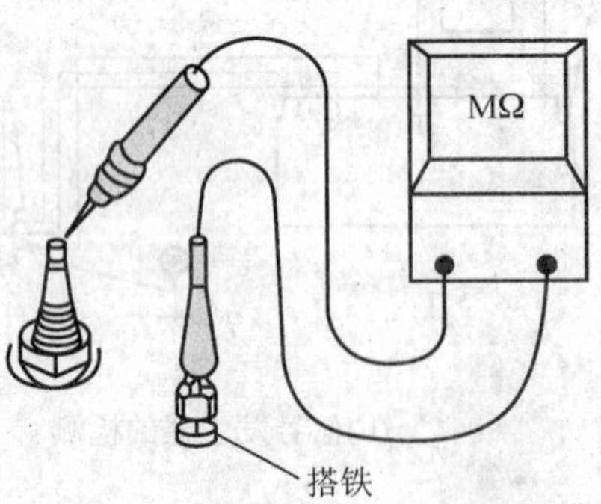

图2.25　检查火花塞绝缘情况

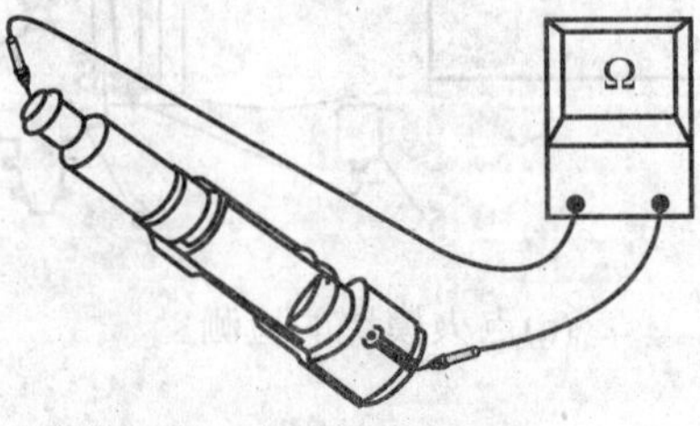

图2.26　检查火花塞插头的阻值

（4）火花塞间隙检查。无论是新的还是旧的火花塞，都要按发动机厂家说明书的要求调整其间隙。测量及调整工具有专用工具和锥形调整工具。

① 专用工具。如图2.27所示该工具由板规和弯座组成。板规可以调整火花塞间隙，

板规上面是一个铁砧用来压住火花塞侧电极。弯座固定火花塞壳体并将侧电极压向板规，从而设置间隙。

② 锥形调整工具。如图 2.28 所示该工具是一种简易工具，主要由几个尺寸不同的锥形钢片组成，板规上方的刻度表明任一给定位置处的厚度。当板规在电极间滑动时，当间隙大小等于板规的厚度时板规就会停止滑动。当需要调整间隙时，可采用调整槽弯曲侧电极，不同车型标准间隙略有不同，一般为 0.7～0.9mm。

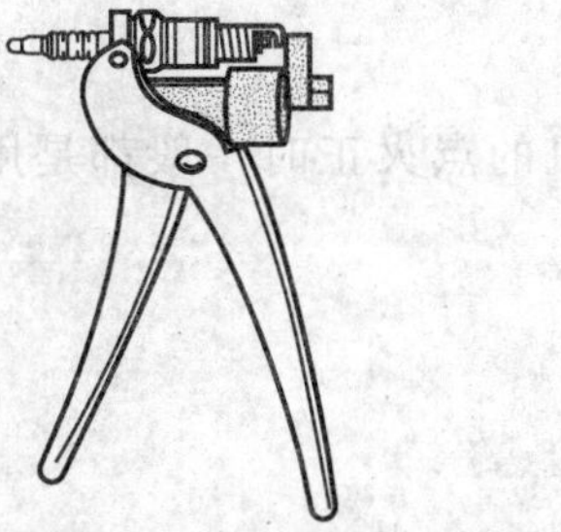

图 2.27　火花塞测量与调整专用工具

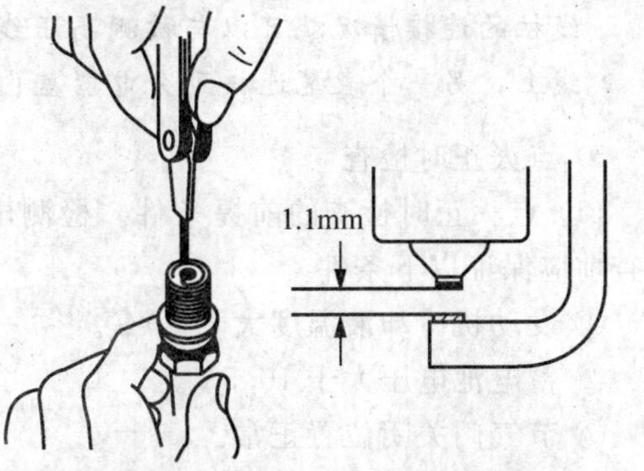

图 2.28　火花塞测量简易锥形工具

4）高压线检查

(1) 高压线外观检查。

① 将高压线从分电器、点火线圈及火花塞上取下(在拆下高压线时，应捏住高压线两头的橡胶护套，切不可直接拉伸高压线线体以免损坏线芯)。

② 将高压线围成一个圆形，检查绝缘层是否有开裂。

③ 若外表绝缘层破损严重会导致漏电，应更换。

④ 高压线两端端子应平整，无烧蚀和腐蚀现象，如果端子出现烧蚀应刮平或用砂纸打平，如果端子断裂或变形，应更换。

(2) 高压线阻值的检查。高压线电阻值是有一定要求的，若超过规定范围将影响高压火花的强度，表明高压线性能不良，应更换。高压线阻值检查如下。

① 取一组高压线总成，用万用表对高压线电阻值进行测量，测量时将万用表两表笔分别接到每条高压线的两端，如图 2.29 所示其阻值应在该车型规定范围内。桑塔纳 2000 轿车的点火系中央高压导线阻值不超过 2kΩ，高压分线不超过 6kΩ。

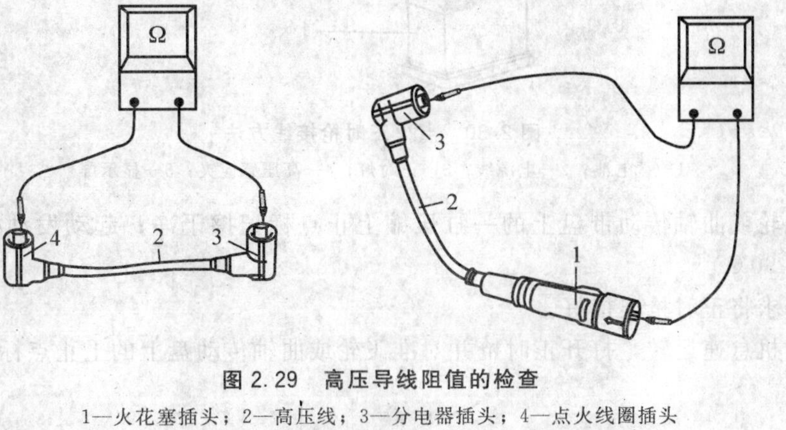

图 2.29　高压导线阻值的检查

1—火花塞插头；2—高压线；3—分电器插头；4—点火线圈插头

② 如果高压线的电阻值超过了规定值，则更换高压线。如果高压线的电阻值满足要求，就需要检查分电器盖上的侧电极是否发生腐蚀、高压线与分电器盖接触是否良好、是否有腐蚀等。

注意

- 测试高压线与分电器盖的接触情况需要把高压线留在分电器盖上，这样分电器盖接线柱的连接情况就可以与被测高压线一起检测。用欧姆表的一个表笔触到火花塞导线上，另一个表笔连接到分电器盖内侧的侧电极上。

5）点火正时检查

(1) 点火正时检查的前提条件。检测电控发动机的点火正时一般都是用点火正时枪，检查前应保证以下条件。

① 发动机冷却液温度大于 80℃。

② 蓄电池电压大于 10.5V。

③ 节气门关闭位置正常。

④ 关闭空调及其他所有用电设备，散热风扇停止运转。

⑤ 发动机无故障代码存储。

⑥ 进排气系统无泄漏、阻塞。

(2) 点火正时检查流程。点火正时枪的原理：如果照射转动零件的光束频率与旋转零件的转动频率相同，由于人视觉暂留，会觉得其零件似乎不转动。点火正时枪就是利用该原理检测点火正时，它主要由闪光灯、传感器和显示装置等组成。正时枪的连接方法如图 2.30所示。检查方法如下。

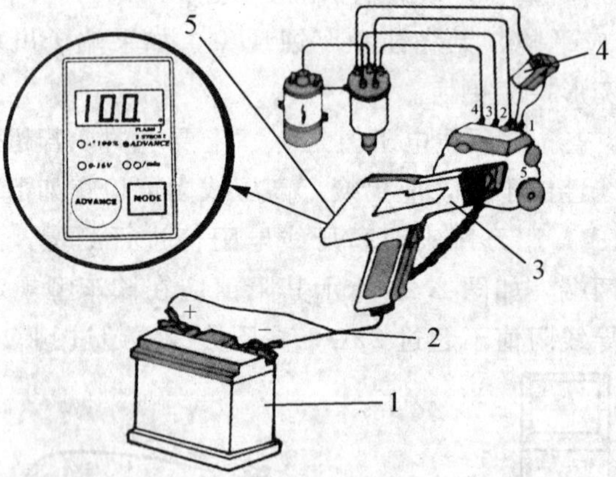

图 2.30　点火正时枪接线方法

1—蓄电池；2—电源线；3—正时灯；4—高压感应夹；5—显示屏

① 把飞轮或曲轴传动带盘上的一缸压缩上止点标记擦干净；起动发动机，运转到正常温度(80～90℃)。

② 按要求将正时枪连接好。

③ 发动机怠速运转，打开正时枪并对准飞轮或曲轴传动盘上的上止点标记。

④ 调整正时枪上的电位器，使飞轮或曲轴皮带盘上的上止点标记与缸体固定标记对齐，如图 2.31 所示，这时点火正时枪上的读数就是发动机怠速时的点火提前角。

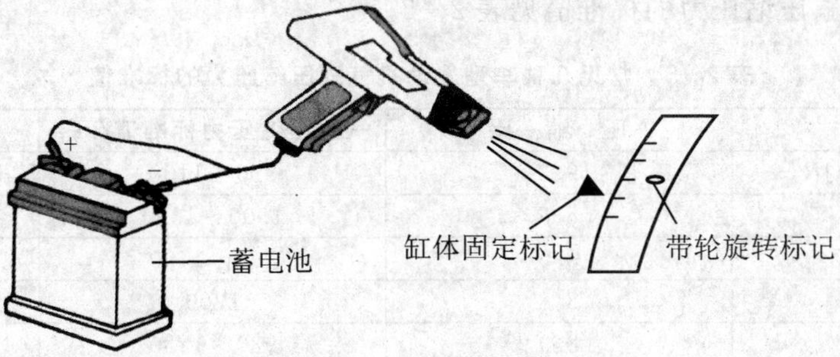

图 2.31 点火正时读取方法

4. 气缸压力异常诊断

气缸压缩压力过低是导致发动机起动困难的原因之一。气缸压缩压力是指活塞到达压缩行程上止点时燃烧室内的压力。测量气缸压缩压力的大小可以确定气缸的密封性如何。测量仪器常见有气缸压力表和压力测试仪两种。气缸压力表外观如图 2.32 所示。

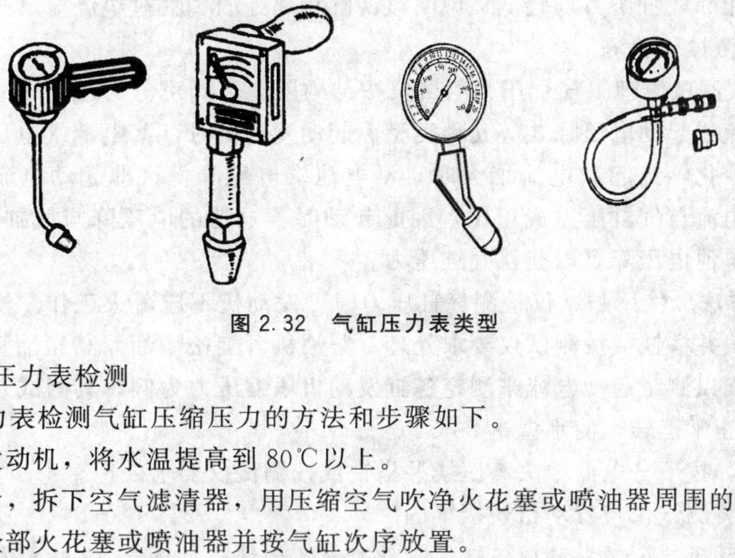

图 2.32 气缸压力表类型

1）用气缸压力表检测

用气缸压力表检测气缸压缩压力的方法和步骤如下。

(1) 起动发动机，将水温提高到 80℃以上。

(2) 停机后，拆下空气滤清器，用压缩空气吹净火花塞或喷油器周围的灰尘和脏物。

(3) 卸下全部火花塞或喷油器并按气缸次序放置。

(4) 把气缸压力表的橡胶接头插在被测缸的火花塞孔内，扶正压紧。

(5) 将节气门置于全开位置，用起动机转动曲轴 3～5s(不少于 4 个压缩行程)。

(6) 待压力表头指针指示并保持最大压力后停止转动，取下气缸压力表，记下读数。

(7) 按下单向阀使压力表指针回零。

(8) 按上述方法依次测量各缸，每缸测量次数不少于两次。

注意

- 对于汽油机，应把分电器中央高压线拔下并可靠搭铁防止电击和着火。车检测柴油机气缸压力时，应使用螺纹接头的气缸压力表，如果该机要求在较高转速下测量，此种情况除受检气缸外，其余气缸均应工作。其他检测条件和检测方法同于汽油机。

将测得结果与气缸压缩压力标准值进行对照。大修竣工发动机的气缸压力应符合原设计规定，每缸压力与各缸平均压力的差，汽油机不超过8%，柴油机不超过10%。常见几种车型发动机气缸压缩压力的标准值见表2-5。

表2-5 常见几种车型发动机气缸压缩压力的标准值

汽车型号	压 缩 比	气缸压缩压力标准值/kPa	测定转速/r/min
桑塔纳2000AJR	9.3	900～1100	200～250
奥迪100	8.5	1000～1350	200～250
捷达EA827	8.5	900～1100	200～250
富康TU3	8.8	1200	200～250
本田雅阁	8.9	930～1230	200～250
切诺基	8.6	1068～1275	200～250

通过对比分析，若测量值超出标准值允许范围时，可向该缸火花塞或喷油器孔内注入适量机油，然后用气缸压力表重测气缸压力并记录。如果第二次测出的压力比第一次高，说明是气缸、活塞环、活塞磨损过大或活塞环对口、卡死、断裂及缸壁拉伤等原因造成气缸不密封；如果第二次测出的压力与第一次相近，说明进、排气门或气缸衬垫不密封；如果两次检测某相邻两缸压力均较低，说明该两缸相邻处的气缸衬垫烧损窜气。

2）用压力测试仪检测

(1) 测试仪测试原理。气缸压力测试仪按结构原理不同可分为压力传感器式、电感放电式、起动电流或起动电压降式等几种类型。起动发动机时，蓄电池端电压的变化取决于起动机电流的变化，当起动电流增大时，蓄电池端电压降低，即起动电流与电压降成正比。由于起动电流与气缸压力成正比，因此起动时蓄电池的电压降与气缸压力也成正比，所以通过测蓄电池电压降可以获得气缸压力。

(2) 测试方法。使用测试仪检测气缸压力时，发动机不应着火工作。汽油机可拔下分电器中央高压线并搭铁或按测试仪要求处理；柴油机可旋松喷油器高压油管接头断油即可达到目的。下面以测量起动电流来测定各缸发动机压缩压力为例，其测试方法如下。

① 发动机正常运转，使水温达80℃以上。

② 停机后，拔下分电器中央高压线并搭铁或按测试仪要求处理。

③ 按要求将测试仪与发动机连接牢固。

④ 起动发动机，记录发动机各缸的起动时电流曲线。如图2.33所示发动机起动时各缸电流曲线。

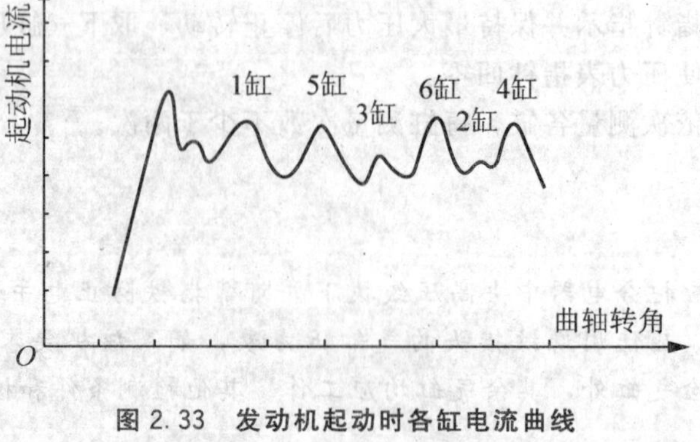

图2.33 发动机起动时各缸电流曲线

由于各段的峰值与各缸的最大压缩压力成正比，所以在确定某一电流峰值所对应的汽缸后，则可按点火次序确定各缸对应的起动电流峰值，其大小可表示相应气缸最大压缩压力值。若各缸电流波形振幅一致且峰值在允许范围内，说明各缸压缩压力符合要求；若各缸电流波形振幅不一致，对应某缸的电流峰值若低于允许范围，则说明该缸压缩压力不足，应进一步检查该缸缸体、活塞和气门等部件。

5. 典型案例分析

(1) 现象。某辆桑塔纳新秀发动机多次维修，换过电动油泵，检查过发动机电脑，但还是经常出现起动困难故障。经入厂检查发动机控制系统正常，检查点火系高压正常、供油系统没有油压，发动机无法起动是由于供油不正常所致。

(2) 检查。首先拔下电动油泵的插头，用万用表检查相应端子供电电压，打开点火开关至ON挡，油泵供电电压为12V为正常值。故障原因似乎在电动油泵，经过对油泵直接供电驱动，排除油泵故障。回到油泵供电线路检查，插上电动油泵的插头，打开点火开关至STA挡，用万用表电压挡检查相应端子供电电压，结果为8V。当用万用表检查油泵接地电阻时，阻值过大，所以将接地端子重新连接后，故障排除。

(3) 提示。检查相关线路时，不但要在空载状态下进行线路电压检查，还要在带载的状态下进行线路电压检查，这样才能准确找出故障部位。

2.1.4　能力测试

发动机起动困难故障原因包括电控系统故障、点火系统故障、供油系统故障和机械系统故障等。教师可根据本校实训条件设置上述相关故障。在实训教师的监督下，由学生独立完成故障的诊断与排除或者由教师充当客户模拟一个或几个场景，让学生分组完成故障排除。

场景一：某辆桑塔纳2000汽车突然熄火后，发动机无法起动了。客户现在要求维修人员进行维修。

1. 让学生分析并说出检查步骤和方法

(1) 检查怠速控制阀。
(2) 检查油泵控制电路。
(3) 检查点火电路。
(4) 检查故障码。

2. 学生根据下列问题，对教师进行解释并提出解决方案

(1) 根据检查情况，分析出可能导致以上故障的原因。
(2) 将上述检测方法进行排序。
(3) 对检查结果进行理论分析。

3. 测试内容

(1) 基本信息记录。

日期		地点			
车型		发动机型号			
VIN码		行驶里程		年款	

(2) 对于突然熄火后无法起动的故障现象，写出分析过程。

(3) 如果高压无火，如何确定是点火线圈故障？

(4) 如果分缸高压无火，如何确定是分火头故障？

(5) 如果高压无火，如何确定是分电器触发信号故障？

(6) 如果高压无火，如何确定是电脑故障？

(7) 本次实训中存在的疑问有哪些？最大的难点是什么？

教师评语：

场景二： 某辆桑塔纳2000汽车熄火后，发动机无法起动了。发动机故障灯已经亮起，客户现在要求维修人员进行维修。

1. 让学生分析并说出检查步骤和方法

(1) 检查汽缸压力。

(2) 检查油泵控制电路。

(3) 检查点火电路。

(4) 检查故障码。

2. 学生根据下列问题，对教师进行解释并提出解决方案

(1) 根据检查情况，分析出可能导致以上故障的原因。

(2) 将上述检测方法进行排序。

(3) 对检查结果进行理论分析。

3. 测试内容

(1) 基本信息记录。

日期		地点			
车型		发动机型号			
VIN码		行驶里程		年款	

(2) 故障描述的现象：＿＿＿＿＿＿＿＿

(3) 写出该故障的可能原因有：＿＿＿＿＿＿＿＿

(4) 故障码是：＿＿＿＿＿＿＿＿含义：＿＿＿＿

分析可能原因：＿＿＿＿＿＿＿＿

(5) 根据相应的诊断流程，记录重要数据流：＿＿＿＿

分析数据与故障的关系：＿＿＿＿

(6) 故障是否排除？　是□　否□

故障点是：＿＿＿＿＿＿＿＿

分析故障诊断流程：＿＿＿＿＿＿＿＿

(7) 本次实训中存在的疑问有哪些？最大的难点是什么？

＿＿＿＿＿＿＿＿

教师评语：＿＿＿＿＿＿＿＿

学习任务 2.2　发动机怠速不良故障诊断

2.2.1　任务描述

车主描述：近些天我的汽车经常出现怠速发抖现象。

维修人员：是冷车发抖，还是热车发抖？

车主回答：高怠速结束后就发抖。

2.2.2　任务分析

发动机怠速不良是发动机比较常见的故障现象，如怠速时抖动故障等。怠速不良的原因有进气系统中有漏气、油路压力过低、空气滤清器堵塞、喷油漆雾化不良或漏油或堵塞、怠速控制阀异常、空气流量计异常和气缸压力过低等。为了便于分析并快速查找故障原因，本学习任务从电控系统、油路、点火系统等方面，逐一分析可能引起发动机怠速不良的各个原因。发动机怠速不良的因果关系如图 2.34 所示。

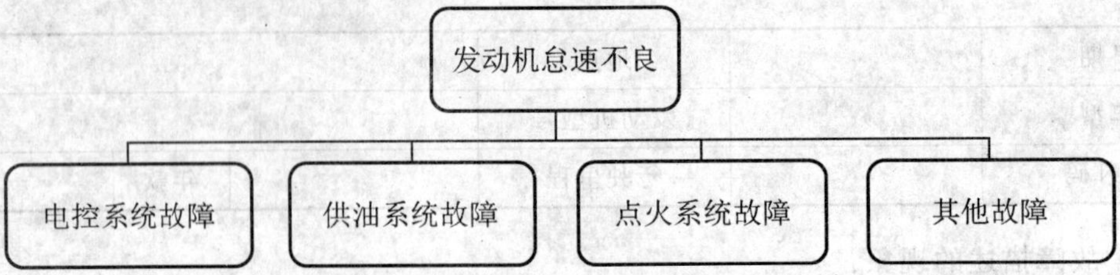

图 2.34　发动机怠速不良的因果关系

2.2.3　任务实施

1. 电控系统故障诊断

相关传感器或线路故障，导致控制单元发出错误指令，使喷油量不正确，造成混合气过浓或过稀使发动机怠速不稳。具体原因有：冷却液温度传感器故障；空气流量计(或进气歧管压力传感器)故障；节气门位置传感器故障；节气门怠速开关故障；进气温度传感器故障，氧传感器故障等。电控系统故障可通过故障码调取或数据流读取来确定故障部位。

1）冷却液温度传感器检查

如果冷却液温度传感器给发动机电脑的是错误信号，则发动机电脑按错误信号去控制喷油量，这样会使空燃比不正常而造成发动机运转不稳，因此要对冷却液温度传感器进行检查。主要检查内容和方法如下。

(1) 连接诊断仪，读取故障码；如果没有故障码，应读取数据流。

(2) 检查冷却液温度传感器输出信号。

将线束插头接好，起动发动机，发动机逐渐升温，测量传感器侧两端子之间的电压，应在 0.5～4.5V 之间变化，温度越低时电压越高；温度越高时电压越低见表 2-6。

表 2-6　冷却液温度传感器不同温度时的电压值

发动机处于冷态		发动机处于热态	
温度/℃	电压/V	温度/℃	电压/V
−29	4.7	43	4.2
−17	4.4	55	3.7
−7	4.1	65	3.4
5	3.6	76	3.0
15	3.0	82	2.8
27	2.4	93	2.4
49	1.25	115	1.62

2）空气流量计检查

怠速状态下空气流量计计量失准会引起喷油量失准，导致空燃比失准，引起怠速不稳。其检查内容及方法如下。

（1）读取故障代码和数据流。用故障阅读仪 V. A. G 1551（或 V. A. G 1552）与发动机控制单元连接，读取故障代码，如果没有故障代码，则继续进入 01—08—02 显示组，读取怠速时基本参数，与正常值比对，如果有差异检查空气流量计及相关电路。以帕萨特 1.8T 发动机为例读取怠速工况下基本数据流，显示组 02—怠速时基本参数见表 2-7。

表 2-7　显示组 02—怠速时基本参数（发动机已预热，冷却液温度不低于 85℃）

读取测量数据块 2　→				◢屏幕显示
760～960r/min	0.15～1.50ms	1.0～3.00ms	1.8～4.0g/s	
			进气量 1.8～4.0g/s：正常 小于 1.8g/s：则进气管漏气 大于 4.0g/s：发动机额外负荷	
		经校正的曲轴转两周的喷油时间 在 1.00～3.00ms：正常 小于 1.00ms：有大量的来自油箱换气系统的混合气 大于 3.00ms：发动机额外负荷		
	发动机负荷（曲轴转一周理论上的喷油时间） 0.50 到 1.50ms：正常 小于 0.5ms：空气流量计漏气或燃油压力太高 大于 1.50ms：发动机额外负荷，则关闭负荷源			
每 40 步显示一次怠速 760～960r/min：正常 超出公差范围：检测发动机怠速				

显示区 4 显示的进气量大小，正常范围 1.8～4.0g/s；若小于 1.8g/s，说明进气管漏气；若大于 4.0g/s，说明发动机有额外负荷。

（2）用示波器测试空气流量计的波形，通过波形分析，找出影响发动机怠速不良的原因。其波形测试及分析见学习任务 2.3。

3）进气歧管压力传感器检查

进气歧管压力传感器检查包括读取故障代码和数据流，输出电压波形测试，其方法参考学习任务 2.3。

4）节气门位置传感器检查

（1）机械式节气门位置传感器。怠速状态下如果怠速触点不能闭合，发动机控制电脑就不会按怠速工况喷油会引起喷油量失准，导致空燃比失准，引起怠速不稳。可在油门放松状态下利用万用表检查怠速触点能否闭合，如果不能闭合，应调整或更换节气门位置传感器。对于线性节气门位置传感器，清洗或更换节气门后要进行自学习过程，否则会引起怠速发抖。

(2) 节气门直动式。帕萨特 1.8T 采用节气门直动式控制方式，怠速稳定装置集成在节气门控制单元内，里面有节气门电位计 G6、节气门控制器电位计 G88、怠速开关 F60 和节气门控制器 V60(电机)。节气门电位计及怠速开关不能进行机械式调整，只能用故障阅读器 V. A. G 1551(或 V. A. G 1552)在基本设置过程中(功能 04)来完成调整。

① 节气门控制单元的自适应。为了使怠速稳定装置起作用，发动机控制单元必须知道节气门控制器 V60 的停止位置同时还要知道节气门控制器的传感器 G88 及节气门电位计 G69 的电位计特性。

如果换装了新的节气门控制单元或新的发动机控制单元，必须进行节气门控制单元的自学习过程(自适应过程)。

节气门控制单元的自适应的进行方法有如下两种：一是当打开点火开关 6s 以上同时不起动发动机以及没踩下油门踏板时自动地完成；二是在发动机没运转时，通过起动基本设置(功能 04)显示组 98 来完成。

节气门控制单元基本设置的步骤如下。

进行节气门控制单元基本设置时要求故障存储器内没有存储故障，有必要查询故障存储器并清除故障。

a. 连接故障阅读器 V. A. G 1551(或 V. A. G 1552)。用地址码 01 选择发动机电控单元。进行上述操作时要打开点火开关。屏幕显示如下。

快速数据传递	帮助
选择功能 XX	

b. 按 0 和 4 键选择“基本设置”并按 Q 键确认。屏幕显示如下。

基本设置	帮助
输入显示组号 XXX	

c. 按 0、9 及 8 键，选择显示组98，并按 Q 确认。屏幕显示如下。

系统在基本设置状态98	→
怠速自适应正在进行	

d. 按 Q 键之后，节气门控制器运转到最大、最小开度及几个中间位置，发动机控制单元在存储器内记下多个节气门角度值，节气门在关闭之前短时保持在起动位置。屏幕显示如下。

系统在基本设置状态98	→
怠速自适应已完成	

e. 节气门控制单元的自适应过程完成。按“→”键结束发动机基本设置，按 0 和 6 键选择“结束快速数据传递”功能并按 Q 键确认。

注意

● 如果节气门不能完全关闭（如节气门不清洁）、油门拉线调整不当、蓄电池电压太低、节气门控制单元或导线损坏或在自适应过程中发动机起动了或踏下了加速踏板（油门），节气门控制单元的基本设置将被中断。中断之后在故障存储器内将存储“基本设置没完成，基本设置出错”的故障信息，下一次打开点火开关时基本设置再次自动进行。

② 怠速开关的检测。

a. 打开点火开关，选择“读取测量数据块”（功能 08）和显示组 98。屏幕显示如下。

系统在基本设置状态98 →
X. XXXV X. XXXV 怠速 …

b. 显示区 3 应显示：“怠速”，渐渐地打开及关闭节气门。屏幕显示如下。

系统在基本设置状态98 →
X. XXXV X. XXXV 部分负荷 …

c. 显示区 3 的显示应由“部分负荷”变到“怠速”。屏幕显示如下。

系统在基本设置状态98 →
X. XXXV X. XXXV 怠速 …

d. 如果显示屏中没变成“怠速”，应关闭点火开关。先拔下节气门控制单元的导线插头，测量端子 3 和 7 之间的电阻，端子布置如图 2.35 所示。其规定值为导通（节气门关闭）。轻轻打开节气门，其规定值为不导通（怠速开关应打开）。

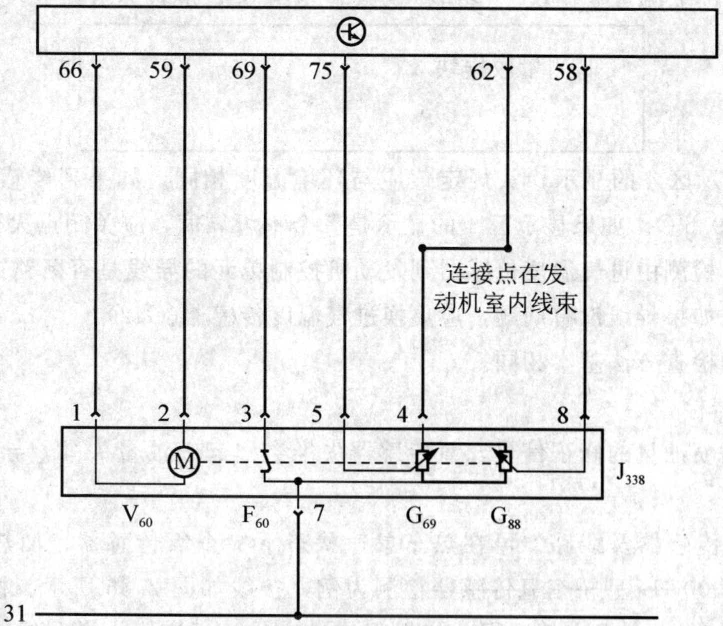

图 2.35 帕萨特 B5 节气门控制组件端子布置

V_{60}—节气门定位器；F_{60}—怠速开关；G_{69}—节气门电位计；G_{88}—节气门定位电位计

e. 如节气门控制单元怠速开关检查正常，但显示屏中没变成“怠速”，先拔下节气门控制单元的导线插头，再检查导线是否对正极或地短路或断路。需要时，排除导线的故障。

f. 如导线没有问题，应检查节气门是否不清洁或不灵活，若是则进行清洗，然后再次进行节气门控制单元的自适应。

g. 如节气门控制单元的自适应不能起动或不能成功地完成，应拆下油门，然后再次进行节气门控制单元的自适应。

h. 如果自适应不能起动或不能成功地完成，应更换节气门控制单元。

5）进气温度传感器检查

进气温度传感器是喷油量的修正信号，进气温度传感器失准，会引起喷油量失准，导致空燃比失准，引起怠速不稳。可在怠速状态下检查进气温度传感器，与正常值比对，如果有差异检查进气温度传感器及相关电路。下面以帕萨特 1.8T 为例介绍进气温度传感器的检查方法。

(1) 把故障阅读器 V. A. G 1551(或 V. A. G 15512)连上，用地址代码 01 选择发动机电子控制单元，进行上述操作时必须打开点火开关(连接故障阅读器和选择发动机电子控制单元)。屏幕显示如下。

快速数据传递	帮助
选择功能 XX	

(2) 选择“读取测量数据块”(功能 08)及显示组 03，屏幕显示如下。

读取测量数据块 3				→
1	2	3	4	

(3) 查看显示区 4 的显示，其规定值应与环境温度相同。如果到传感器的导线断路，将显示替代值 19.5℃。如果显示区 4 的显示是一个不可靠值，应关闭点火开关，拔下传感器的导线插头，检测由进气温度传感器到发动机控制单元的导线是否断路或短路，必要时排除导线故障。如果导线没有问题，应更换进气温度传感器(G42)。

其他车型的检查方法基本相同。

6）氧传感器检查

氧传感器是喷油量的修正信号，氧传感器失准会引起喷油量失准，导致空燃比失准，引起怠速不稳。

(1) 检查氧传感器及线路。可在热车怠速状态下检查氧传感器、加热电路及相关电路。以桑塔纳 2000GLi 型轿车氧传感器检测为例，接线如图 2.36 所示。检测各端子之间的阻值应符合表 2-8 中规定的数据。如果阻值过大或为无穷大，说明线束与端子接触不良或断路。

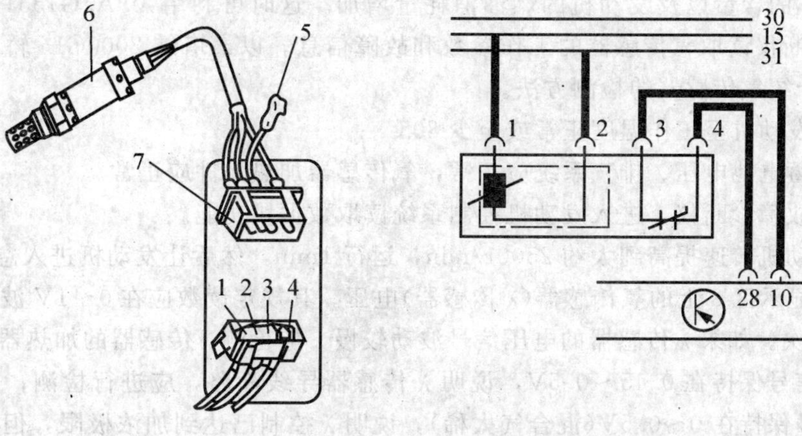

图 2.36　桑塔纳 2000GLi 型轿车氧传感器接线

1—加热元件正极；2—加热元件负极；3—信号线负极；
4—信号线正极；5—搭铁线；6—氧传感器；7—连接器

表 2-8　桑塔纳 2000GLi 型轿车氧传感器检测参考数据

检测项目	检测条件	检测部位	标　准　值
电源电压	发动机起动并怠速运行	检测传感器 1 与 2 端子间的电压	12～14V
信号电压	发动机起动并怠速运行	检测传感器 3 与 4 端子之间的电压	交替显示 0.1V 与 0.9V
模拟故障检测信号电压	1. 发动机起动并怠速运行 2. 拔下油压调节器真空软管并将调节器关口密封	检测传感器 3 与 4 端子之间的电压	显示 0.9V 短时稳定，然后开始摆动
加热元件电阻	拔下氧传感器传感器插头	传感器插座 1 与 2 端子间阻值	0.5～20Ω
信号正极线	拔下控制器、传感器插头	28 与 4 端子	<0.5Ω
信号负极线	拔下控制器、传感器插头	10 与 3 端子	<0.5Ω
加热元件正极导线	打开点火开关，拔下传感器插头	15 与 1 端子	<0.5Ω
加热元件负极导线	打开点火开关，拔下传感器插头	2 与 31 端子	<0.5Ω

(2) 读取氧传感器故障代码和数据流。怀疑氧传感器出现故障而发动机 ECU 又检测不到故障信息，发动机仍能以开环控制方式继续运转，只是发动机工作状态不是最佳，排

气中有害气体的含量以及发动机的燃油消耗量增加。这时可利用 V. A. G1551(或 V. A. G 1552)故障诊断仪读取氧传感器的工作参数和故障信息。以桑塔纳 2000GLi 轿车的氧传感器检测为例介绍氧传感器的检测方法。

① 起动发动机至工作温度正常或至少 80℃。

② 检查蓄电池电压、排气系统应正常，氧传感器加热元件应正常。

③ 连接故障诊断仪，进入发动机控制系统读取数据块功能。

④ 将发动机转速提高到大约 2500r/min，运行 1min，然后让发动机进入怠速运转。

⑤ 读取显示区 3 上的氧传感器(λ 传感器)电压。其规定读数应在 0～1V 波动，每分钟变化 15～30 次。如果 λ 传感器的电压信号波动较慢，应检测 λ 传感器的加热器。如果 λ 传感器的电压信号保持在 0.45～0.5V，说明 λ 传感器导线断路，应进行检测；如果 λ 传感器的电压信号保持在 0～0.5V(混合气太稀)，说明 λ 控制已达到加浓极限，但是 λ 控制还记忆"混合气太稀"；如果 λ 传感器的电压信号保持在 0.5～1.0V(混合气太浓)，说明 λ 控制已达到变稀的极限，但是 λ 控制还记忆"混合气太浓"。

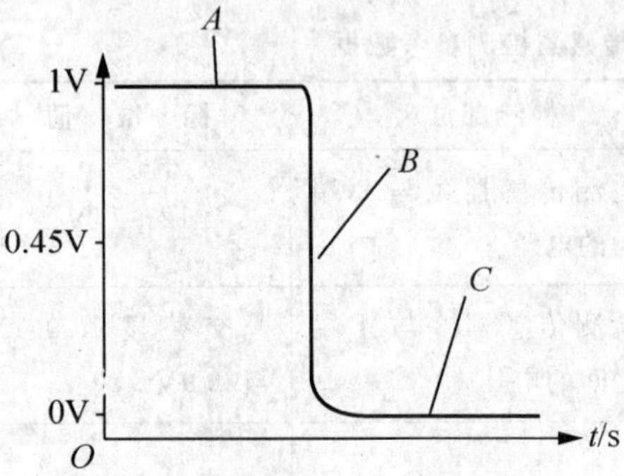

图 2.37 氧传感器标准波形

A—最高信号电压 1.1V；
B—信号的响应时间 40ms；
C—最低信号电压 0V

(3) 氧传感器波形测试。检修氧传感器主要是检查加热元件和信号电压变化频率是否正常。检测氧传感器信号电压变化的频率时，要求高、低电平之间变化应不低于 10 次/min。氧传感器标准波形如图 2.37 所示。测试氧传感器时，一般用手动真空泵施加真空度使进气压力保持稳定，然后再用急加速法来测试氧传感器，测试步骤如下。

① 使发动机以 2500r/min 的转速运转 2～6min，然后再让发动机正常怠速运转 20s。

② 在 2s 内将发动机节气门从全闭(怠速)至全开 1 次，共进行 5～6 次。注意发动机转速不能超过 4000r/min。

③ 锁定显示屏上的波形，参照标准波形，对比分析氧传感器的最高、最低信号电压值和信号的响应时间，最后判断氧传感器的好坏。在信号电压波形中，上升的部分是急加速造成的，下降的部分是减速造成的。检测时，注意查找该车型提供的氧传感器相关参数见表 2-9。

表 2-9 氧传感器信号波形参考标准

测量参数	允许范围
最高信号电压	>850mV
最低信号电压	75～175mV
从浓到稀的响应时间	100ms，波形在 300～600mV 的下降线应为垂线

2. 供油系统故障诊断

1) 喷油器基本检查

喷油器工作状态会影响该汽缸的混合气空燃比，进而影响各缸燃烧速度，会引起怠速不稳。检查方法包括以下几种。

(1) 用听诊法判断喷油器是否工作。发动机热车后怠速运转时，用旋具(螺丝刀)或听诊器(触杆式)接触喷油器检查喷油器工作如图 2.38 所示，通过测听各缸喷油器工作的声音来判断喷油器是否工作。在发动机运转时应能听到喷油器有节奏的“嗒嗒”声，说明喷油器在电脉冲作用下喷油的工作声。若各缸喷油器工作声音清脆均匀，则各喷油器工作正常；若某缸的喷油器工作声音很小，则该缸喷油器工作不正常，应做进一步的检查；若听不见某缸的喷油器工作声音，则该缸喷油器不工作，应检查喷油器及其控制线路。

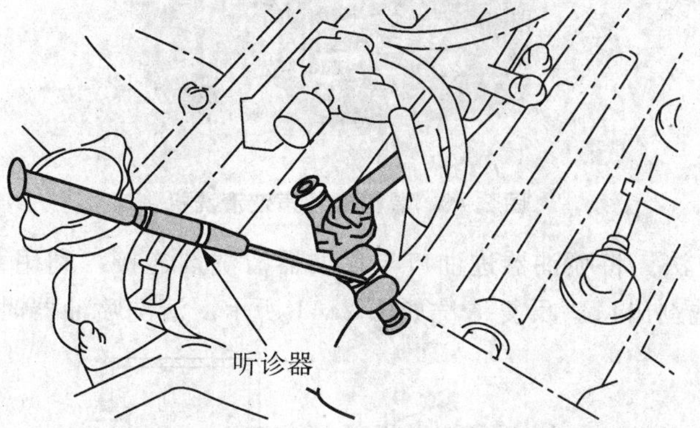

图 2.38　用听诊器检查喷油器工作

(2) 用万用表检查喷油器电阻值是否正常。如果确定某缸喷油器不工作，应用万用表检查喷油器电磁线圈电阻，可拔下喷油器的导线连接器，用万用表 Ω 挡测量喷油器上两个接线端子间(电磁线圈)的电阻值如图 2.39 所示。在 20℃时，高电阻型喷油器的电阻值应为 12～16Ω，低电阻型喷油器应为 2～5Ω。如果电阻值不符，应更换喷油器。如果电阻值正常，检查喷油器控制线路及控制电脑。

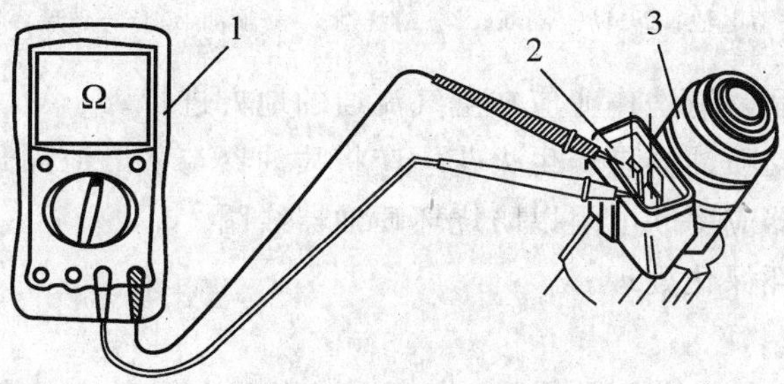

图 2.39　测量喷油器电阻

1—万用表；2—线束插头；3—喷油器

(3) 用目测法检查喷油器是否有阻塞。炭化物和胶质是喷油器阻塞的主要物质，循环供油量减少会造成怠速不稳、加速不良等故障。可拆卸喷油器检查表面积炭和胶质是否严重，应定期检查清洗或更换。

2) 喷油器清洗

喷油器的喷油量不均、雾状不好，造成各气缸发出的功率不平衡使发动机怠速不稳。常见原因有喷油器堵塞、密封不良、喷油器雾化不良等。阻塞的喷油器可通过化油器清洗剂进行简易清洗，也可利用超声波清洗机进行清洗。

(1) 超声波清洗方法。把喷油器放入超声波清洗仪中，调整好时间(大约 10～20mim)，按“开始”键进行清洗。常用超声波清洗机外观结构如图 2.40 所示。

图 2.40　单槽式超声波清洗机

(2) 简易清洗方法。将喷油器进油口与化油器清洗剂连接，利用蓄电池驱动喷油器开启，压开化油器清洗剂出口，反复清洗如图 2.41 所示。清洗喷油器时，应注意以下几点。

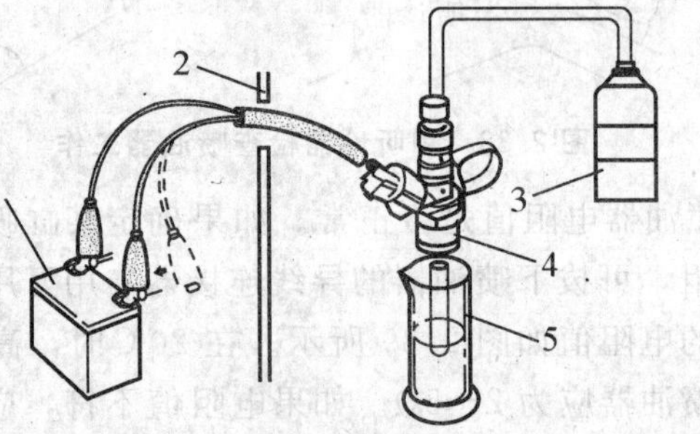

图 2.41　喷油器简易清洗方法

1—蓄电池；2—防火隔断；3—清洗剂；4—喷油器；5—玻璃容器

① 清洗剂是易燃品，清洗作业应在空气流通的地方进行。

② 利用蓄电池驱动喷油器易产生火花，应将喷油器与蓄电池隔开。

③ 低阻抗的喷油器应串联电阻以防烧坏喷油器线圈。

④ 废旧清洗液应环保化处理。

3) 燃油压力故障

油压过低从喷油器喷出的燃油雾化状态不良或者喷出的燃油成线状，严重时只喷出油滴，喷油量减少使混合气过稀；油压过高，实际喷油量增加使混合气过浓。常见原因有燃油滤清器堵塞，燃油泵滤网堵塞，燃油泵的泵油能力不足，燃油泵安全阀弹簧弹力过小，进油管变形，燃油压力调节器有故障，回油管压瘪而形成堵塞。油压检查方法参考学习任务 2.1。

3. 点火系统故障诊断

1) 点火模块与点火线圈

近些年各车型多将点火模块与点火线圈制成一体，即独立点火系统。点火模块或点火线圈有故障主要表现为高压火花弱或火花塞不点火。常见原因有点火模块有故障，点火模块供电或接地线的连接松动、接触不良，初级线圈或次级线圈有故障，绝缘漏电等。检查方法参考学习任务 2.1。

2）火花塞与高压线

火花塞、高压线故障导致火花能量下降或失火。常见原因有火花塞间隙不正确，火花塞电极烧蚀或损坏，火花塞电极有积炭，火花塞磁绝缘体有裂纹，高压线电阻过大，高压线绝缘外皮或插头漏电，分火头电极烧蚀或绝缘不良。检查方法参考学习任务 2.1。

3）点火提前角失准

点火提前角调整不正确或分电器点火提前装置故障造成点火提前角大范围波动，均是引起怠速不稳的间接原因，可利用正时灯检查点火正时。检查方法参考学习任务 2.1。

4）点火初级和次级波形测试及分析

利用示波器测试点火系初级和次级波形，通过波形分析可以找出影响发动机怠速不良的原因。其波形测试方法和分析参考学习任务 2.3。

4. 其他故障诊断

1）进气系统漏气

(1) 常见故障原因。当进气歧管有额外空气、汽油蒸汽、燃烧废气进入时会造成混合气过浓或过稀使发动机燃烧不正常。当漏气位置只影响个别气缸时，发动机会出现较剧烈的抖动，对冷车怠速影响更大。常见原因有进气总管卡子松动或胶管破裂，进气歧管衬垫漏气，进气歧管破损或其他机件将进气歧管磨出孔洞，喷油器 O 型密封圈漏气，真空管插头脱落、破裂，曲轴箱强制通风(PCV)阀开度大，活性炭罐阀常开，废气再循环(EGR)阀关闭不严等。

(2) 进气管真空度检查方法。在实际维修中通过检测发动机进气管真空度大小来确定进气管的密封性，查找怠速发抖的原因。真空表由表头和软管组成如图 2.42 所示。用真空表检查发动机进气管真空度的方法和步骤如下。

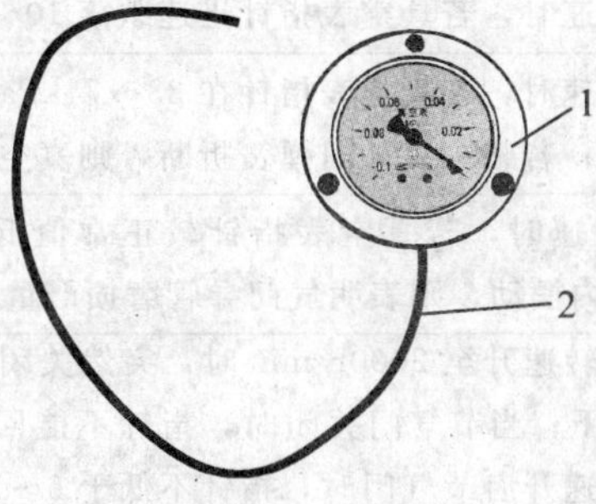

图 2.42 真空表

1—表头；2—真空软管

① 起动发动机，并使其以高于怠速的转速空转 30min 以上，使发动机达到正常工作温度(80℃)。

② 将真空表软管接到进气歧管的测压孔上。

③ 变速器挂空挡，发动机怠速运转。

④ 读取真空表上的读数如图 2.43 所示。

⑤ 结果分析见表 2－10。

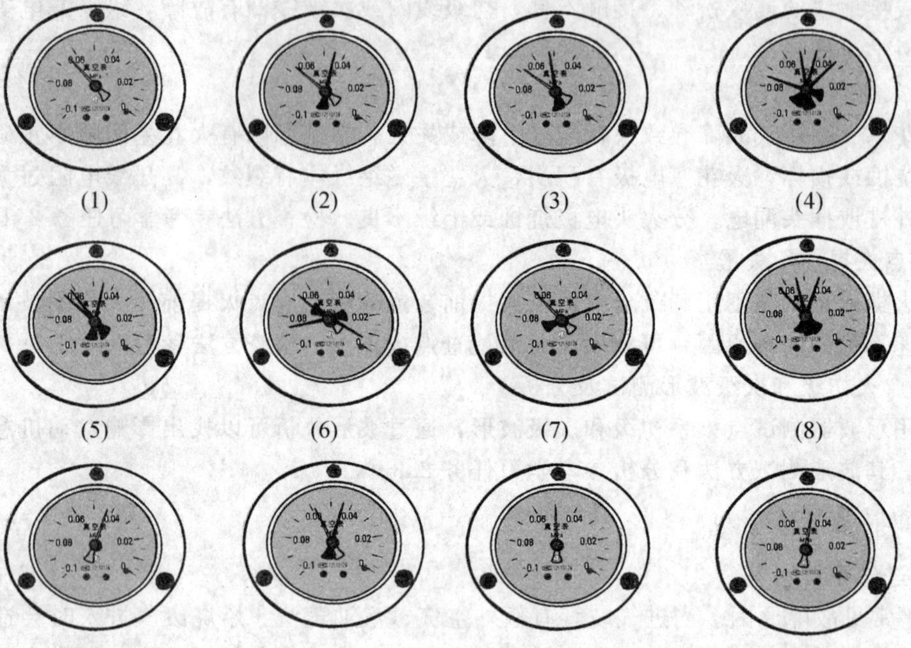

(1) (2) (3) (4) (5) (6) (7) (8) (9) (10) (11) (12)

图 2.43　真空表上的读数

表 2－10　真空表不同读数说明

图　号	图示说明
图 2.43(1)	发动机怠速时，若真空表指针稳定在 55～70kPa 之间，表明气缸密封性正常
图 2.43(2)	发动机怠速时，若真空表指针跌落 5～25kPa，并有规律地摆动，表明气门与气门座密封不良
图 2.43(3)	发动机怠速时，若真空表指针迅速跌落 10～20kPa，表明气门与导管卡滞
图 2.43(4)	发动机怠速时，若真空表指针在 33～74kPa 范围内迅速摆动，则表明气门弹簧弹力不足；若某一只气门弹簧折断，则真空表指针将相应的产生快速波动
图 2.43(5)	发动机怠速时，若真空表指针较正常值低 10～13kPa 并且缓慢地在 47～60kPa 范围内摆动，则表明气门导管磨损严重
图 2.43(6)	当发动机转速升至 2000r/min 时，突然关闭节气门，真空表指针迅速跌落至 6～16kPa以下；当节气门关闭时，指针不能回复到 83kPa，则表明活塞环磨损严重。当迅速开启节气门时，指针不低于 6～16kPa，则表明活塞环工作良好
图 2.43(7)	发动机怠速时，若真空表指针从正常值突然跌落至 33kPa，随后指针又恢复至正常值，在发动机运转过程中，真空表指针总是这样来回的波动，则表明气缸衬垫窜气
图 2.43(8)	发动机怠速时，若真空表指针不规则跌落，则表明发动机的混合气过稀；若真空表指针缓慢摆动，则表明发动机的混合气过浓
图 2.43(9)	发动机怠速时，若真空表指示值比正常值低 10～30kPa，则表明进气歧管衬垫漏气；若发动机转速升至 2000r/min，突然关闭节气门，真空表指针从 83kPa 跌落至 6kPa 以下并迅速回至正常，则表明排气系统堵塞

续表

图　　号	图示说明
图 2.43(10)	发动机怠速时，若真空表指针稳定地指示在 47～57kPa 之间，则表明发动机点火过迟
图 2.43(11)	发动机怠速时，若真空表指针稳定地指示在 27～50kPa 之间，则表明发动机气门开启过迟
图 2.43(12)	发动机怠速时，若真空表指针缓慢地摆动在 47～54kPa 之间，则表明火花塞电极间隙太小，断电器触点接触不良

GB/T 3799.1—2005《汽车发动机大修竣工技术条件》的规定发动机在正常工作温度和标准状态下，怠速运转时进气管负压应在 57.33～70.66kPa 范围内。波动范围：6 缸汽油机一般不超过 3kPa，4 缸汽油机一般不超过 5kPa。如果进气管真空度波动过大，要检查进气系统的密封性、各缸的压力。

注意

- 进气管负压随海拔升高而降低。海拔每升高 1000m，负压约减少 10kPa，检测应根据所在地的海拔高度进行折算。

(3) 漏气部位确认方法。如果发动机进气管真空度的检测结果为系统漏气，确认漏气部位的简易方法是目测或利用化油器清洗剂进行检漏。用化油器清洗剂检漏具体方法是首先将发动机怠速，然后将化油器清洗剂喷到怀疑泄漏的部位，如果怠速平稳，该部位即为漏点如图 2.44 所示。

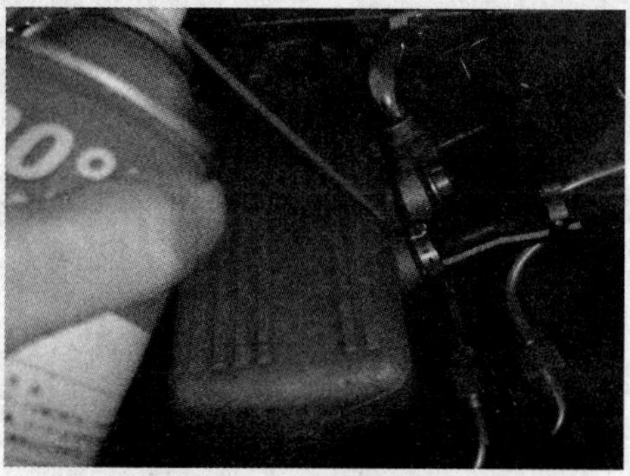

图 2.44　用化油器清洗剂确认漏气部位

注意

- 化油器清洗剂法确认漏气部位要注意防止火灾发生，必须配备灭火器。

2）活性炭罐阀或废气再循环(EGR)阀故障

活性炭罐阀常开或废气再循环(EGR)阀关闭不严时会引起发动机怠速不稳。检查方法是：用油管钳等工具将活性炭罐阀或废气再循环(EGR)阀的连接管路夹住如图 2.45 所示。观察怠速是否恢复稳定，如果发动机怠速稳定，说明活性炭罐控制阀或废气再循环(EGR)阀有故障。

图 2.45　用油管钳将碳罐阀连接管路临时封闭

3）气缸压力不均衡

当各缸气缸压力不均衡时，气缸内气体作用力变化较大则会引起各气缸功率不平衡，导致各活塞在做功行程时的水平方向分力不一致，使发动机横向摇动的力矩不平衡，从而产生抖动。造成气缸压力不均衡的原因主要包括配气机构和曲柄连杆机构。

（1）配气机构。当配气机构出现故障时，将导致个别气缸的功率下降过多从而使各气缸功率不平衡。常见原因有以下几种。

① 正时皮带安装位置错误使各缸气门的开闭时间发生变化，导致配气相位失准，各气缸燃烧不正常。

② 气门工作面与气门座圈积炭过多、气门密封不严，使各气缸压缩压力不一致。

③ 凸轮轴的凸轮磨损，各缸凸轮的磨损不一致导致各气缸进入空气量不一致。

④ 气门相关件有故障，如气门推杆磨损或弯曲、摇臂磨损、气门卡住或漏气和气门弹簧折断等。

（2）曲柄连杆机构。当曲柄连杆机构出现故障时也将会使个别气缸功率下降过多，从而使各气缸功率不平衡。常见原因有以下几种。

① 气缸衬垫烧蚀或损坏造成单缸漏气或两缸之间漏气。

② 活塞环端隙过大、活塞环对口或断裂、活塞环失去弹性。

③ 活塞环槽内积炭过多。

④ 活塞与气缸磨损，气缸圆度、圆柱度超差。

⑤ 连杆弯曲（如气缸进水后导致的）改变了压缩比。

⑥ 燃烧室有积炭会改变压缩比，积炭严重时会导致怠速不稳。

另外，曲轴、飞轮和离合器等转动部件动平衡不合格，平衡轴正时皮带记号对正错误，发动机支脚垫断裂损坏或松动等均是怠速不稳的原因。

4）节气门和进气道积垢过多

（1）常见故障原因。当节气门和周围进气道的积炭、污垢过多，空气通道截面积发生变化使得控制单元无法精确控制怠速进气量，造成混合气过浓或过稀使燃烧不正常。常见原因有以下几种。

① 节气门有油污或积炭。

② 节气门周围的进气道有油污、积炭。

③ 怠速步进电机、占空比电磁阀、旋转电磁阀有油污、积炭。

(2) 节气门体清洗。当节气门积污过多影响节气门轴的转动或者叶片边缘积污使节气门闭合不严时，就要对节气门进行清洗。节气门清洗的正确方法如下。

① 用棉布或棉签蘸清洁剂，在没有液滴状况下进行擦拭。

② 对电控节气门进行清洗、擦拭时应使节气门全开。操作方法如图 2.46 所示。

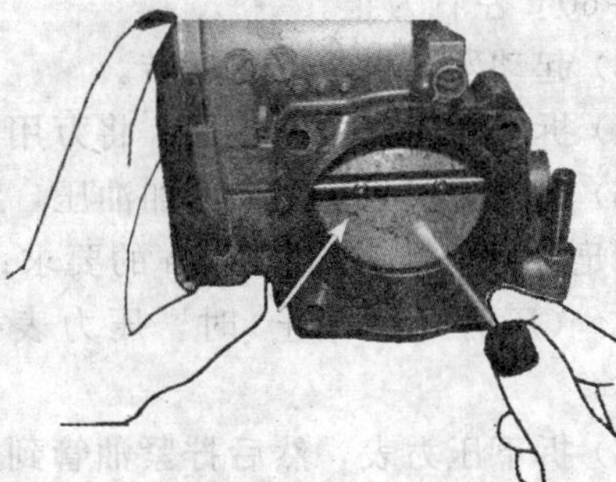

图 2.46　节气门体清洗

③ 用仪器对清洗后的节气门进行匹配，否则会出现怠速发抖。

注意

- 如果不拆下节气门体就猛喷化油器清洁剂，大量清洁剂就会流入节气门位置传感器，将损坏节气门体。

5) 有其他额外负荷

自动变速器、空调、转向助力器的起动会增加怠速额外负荷，当发动机控制单元收到相应信号就会控制相关执行元件提高发动机怠速。当空调开关、转向助力开关等信号出现异常，就会引起发动机怠速异常，如转向助力开关短路会引起发动机怠速过高等现象。以中华车转向助力开关为例，检查方法如图 2.47 所示。

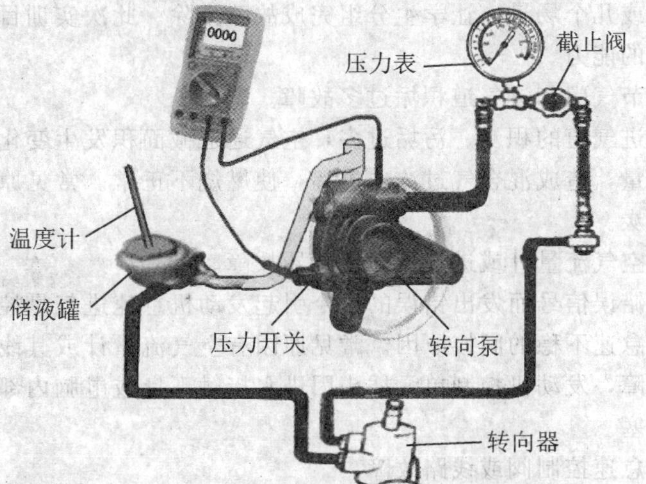

图 2.47　转向助力泵压力开关检查

(1) 自油泵脱开油管，然后接上压力表。

(2) 排除空气，然后在汽车不移动的情况下转动方向盘若干次，观察温度计，油温升到 50～60℃左右为止。

(3) 起动发动机并怠速运转。

(4) 拆下油压开关连接器，将万用表置于欧姆挡。

(5) 逐渐关闭截止阀来增加油压，观察万用表阻值为0Ω(压力开关导通)时，压力表指示应满足标准值 1.5～2.0MPa 的要求；然后再逐渐开启截止阀并降低液压，观察万用表阻值为∞(压力开关截止)时，压力表指示应满足标准值 0.7～1.2MPa。否则压力开关损坏。

(6) 拆下压力表，然后拧紧油管到规定的力矩。

(7) 排除系统中的空气。

5. 典型案例分析

(1) 现象。某辆捷达汽车因怠速间歇发抖进厂维修，经试车发现发动机加速时还伴随短时发抖，当车辆车速上升后发抖现象消失。

(2) 检查。检查进气系统没有阻塞现象；检查系统油压显示正常；使用 V. A. G 1551 或 V. A. G 1552 进入发动机系统读取故障码，提示为系统正常；连接真空表，检查进气系统密封状况，结果良好；检查高压线电阻，阻值正常；用示波器检查点火波形，发现第 3 缸高压异常偏高，分析该气缸高压线存在高阻，经更换高压线，故障消失。

(3) 提示。万用表检查高压线电阻不能彻底检查出所有故障，示波器进行点火波形测试，通过维修人员的波形分析、判断，最终解决相关问题。

2.2.4 能力测试

通过实训，使学生具备发动机怠速不良故障的诊断及排除能力。根据实训条件及学校实际情况设置故障，在实训教师的监督下，由学生独立完成故障的诊断与排除，或者由教师充当客户模拟一或几个场景，让学生分组完成故障排除。此次实训目的是检验学生对发动机故障综合诊断的能力。

场景一：设置节气门和进气道积垢过多故障。

节气门和周围进气道的积炭、污垢过多，空气通道截面积发生变化使得控制单元无法精确控制怠速进气量，造成混合气过浓或过稀，使燃烧不正常。常见原因有节气门周围的进气道有油污、积炭。

场景二：设置空气流量计或进气压力传感器故障。

控制单元接收错误信号而发出错误的指令引起发动机怠速进气量控制失准，使发动机燃烧不正常，属于怠速不稳的间接原因。常见原因有空气流量计或其线路故障，进气压力传感器或其线路故障，发动机控制单元插头因进水接触不良或电脑内部故障，进气压力传感器气路泄漏或阻塞。

场景三：设置怠速控制阀或线路故障。

怠速空气执行元件故障导致怠速空气控制不准确。常见原因有节气门电机损坏或发卡，怠速步进电机、占空比电磁阀、旋转电磁阀损坏或相关线路故障。

场景四：设置点火系统故障。

1. 设置点火模块与点火线圈故障

近些年各车型多将点火模块与点火线圈制成一体，点火模块或点火线圈有故障主要表现为高压火花弱或火花塞不点火。常见原因有点火触发信号缺失，点火模块有故障，点火模块供电或接地线的连接松动、接触不良，初级线圈或次级线圈有故障，等等。可根据实训条件设置上述相关故障，检验学生综合能力。

2. 设置火花塞与高压线故障

火花塞、高压线故障导致火花能量下降或失火。常见原因有火花塞间隙不正确，火花塞电极烧蚀或损坏，火花塞电极有积炭，火花塞绝缘体有裂纹，高压线电阻过大，高压线绝缘外皮或插头漏电，分火头电极烧蚀或绝缘不良，等等。可根据实训条件设置上述相关故障，检验学生示波器使用能力及综合分析能力。

3. 设置点火提前角失准故障

点火提前角失准会于引起怠速不稳，可设置点火过早、过晚等故障。检验学生利用正时枪校正点火正时的能力。

场景五： 设置空调、动力转向器压力开关故障。

自动变速器、空调、转向助力器的起动会增加怠速负荷，发动机控制单元与空调、自动变速器控制单元之间的怠速提升信号中断会引起怠速不稳；在安装 CAN－BUS 的车辆存在总线系统故障也会引起怠速不稳故障。随着新技术、新结构的增加，引起怠速不稳的因素会更多，维修人员必修加强新技术的学习。可根据实训条件设置上述相关故障，检验学生综合能力。

场景六： 设置燃油系统压力故障。

油压过低从喷油器喷出的燃油雾化状态不良或者喷出的燃油成线状，严重时只喷出油滴，喷油量减少使混合气过稀；油压过高，实际喷油量增加，使混合气过浓。常见原因有燃油滤清器堵塞，燃油泵滤网堵塞，燃油泵的泵油能力不足，燃油泵安全阀弹簧弹力过小，进油管变形，燃油压力调节器有故障，回油管压瘪堵塞。可根据实训条件设置上述相关故障，检验学生综合能力。

场景七： 设置喷油器故障。

喷油器的喷油量不均、雾化不好造成各气缸发出的功率不平衡。常见原因有喷油器堵塞、密封不良、喷出的燃油成线状等。可根据实训条件设置上述相关故障，检验学生综合能力。

场景八： 设置进气系统泄漏故障。

进气系统漏气造成混合气过稀，导致发动机怠速发抖。常见原因有喷油器密封不良、进气管漏气、刹车助力漏气等。可根据实训条件设置上述相关故障，检验学生综合能力。

影响怠速的因素较多，通过实训使学生掌握发动机怠速不良故障的诊断及排除方法。根据实训条件及学校实际情况设置故障，然后在实训教师的监督下，由学生独立完成故障的诊断与排除或者由教师充当客户模拟一或几个场景，让学生分组完成故障排除。可设置空气流量计或进气压力传感器故障，怠速控制阀或线路故障，点火系统故障，空调、动力转向器压力开关故障，燃油系统压力故障，喷油器故障；设置进气系统泄漏故障，碳罐故障等。完成下面记录单。

(1) 基本信息填写。

日期		同组人员	
车型		发动机型号	
VIN 码		行驶里程	
年款		故障现象	

(2) 描述发动机怠速不稳故障现象。

(3) 故障诊断所用的工具和仪器有。

(4) 根据故障现象，分析并写出检查步骤和方法。

(5) 安装一到两个漏油的喷油器，起动发动机，描述故障现象，记录氧传感器波形，并分析该故障。

(6) 请分析氧传感器波形。

(7) 将火花塞间隙加大并正确安装，起动发动机，调取点火波形，记录并分析波形。

(8) 开关点火开关，描述怠速机构的运转情况。

(9) 拔掉发动机某个真空管，起动发动机，描述故障现象，检测真空度，记录检测结果并分析。

(10) 断开空气流量计的信号线，起动发动机，检测故障码，记录检测结果并分析故障现象。

(11) 将转向助力开关短路，起动发动机观察发动机怠速并与正常怠速对比，分析原因。

(12) 本次实训中存在的疑问有哪些？最大的难点是什么？

教师评语：

学习任务 2.3　发动机加速不良故障诊断

2.3.1　任务描述

车主描述：我汽车突然加不上速了。
维修人员：加速时车发抖吗？
车主回答：发抖，但车速提高后就不发抖了。

2.3.2　任务分析

引起发动机加速不良的原因有很多，如燃油压力过低、高压火弱、缸压过低、进/排气阻塞等均会造成加速不良。为了便于分析并快速查找故障原因，本学习任务从电控系统、油路、点火系统等方面，逐一分析可能引起发动机加速不良的各个原因。发动机加速不良的因果关系如图 2.48 所示。

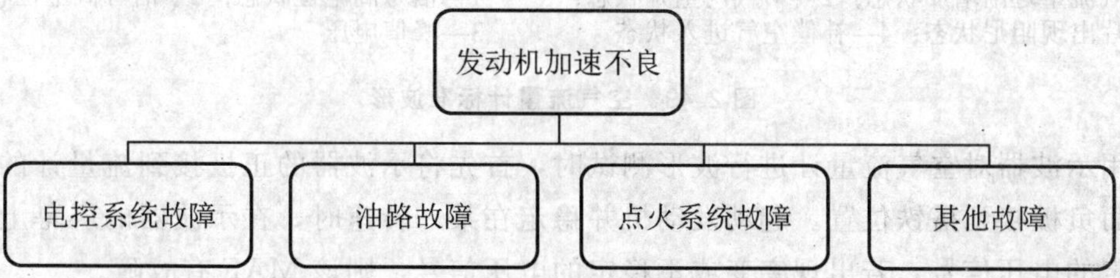

图 2.48　发动机加速不良的因果关系

2.3.3　任务实施

1. 电控系统故障诊断

电控系统出现故障会引起喷油量异常，导致燃烧速度降低，进而会引起发动机加速不良，其原因主要有空气流量计(或进气歧管压力传感器)故障、节气门位置传感器故障、冷却液温度传感器故障、进气温度传感器故障、氧传感器故障和爆燃传感器故障等。电控系统故障可通过调取故障码、读取数据流或测试输出波形来确定故障部位。

1）空气流量计故障

(1) 读取故障码和数据块。空气流量计信号是喷油量的主控信号，发动机加速时，如果不能给电脑提供正确的空气流量信号，则电脑控制的喷油量就会失准，发动机加速性能就会降低。用解码器读取故障码，看是否有空气流量计的故障码，如果有故障码，应按照故障码提示进行检查或在相应的数据块中读取 MAF 信号，改变发动机工况读取相应工况的空气流量信号，通过流量信号的数据分析判断相应的故障。例如在发动机怠速时，空气流量一般为 1.8～4g/s，当发动机转速增加时，这个数据也逐渐增加。发动机转速不变时，读数应基本保持不变，否则检查空气流量计及相关电路。

注意

- 读取发动机加速时进气量数据变化状态以及相对应的喷油量来判断发动机加速无力是否与空气流量计有关，加速时喷油量可达到10～15ms。

(2) 空气流量计的波形测试。对于间歇性故障，波形测试是较为有效的手段，可通过捕捉瞬间波形变化来判断故障是否与空气流量计有关。空气流量计类型不同时，其标准波形也不同。MAF标准波形有模拟型和频率型两种，标准波形如图2.49所示。

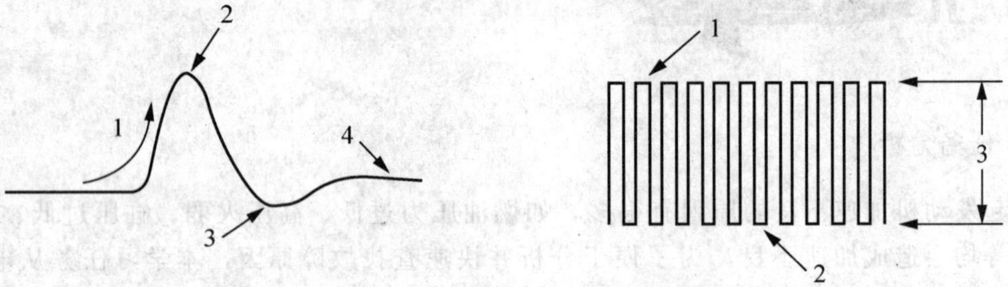

(a)模拟型空气流量计波形

1—空气流量逐渐增加状态；2—节气门全开状态；3—叶片出现阻尼状态；4—补偿空气进入状态

(b)频率型空气流量计波形

1—信号高电位状态；2—信号低电位状态；3—峰值电压

图2.49 空气流量计标准波形

利用示波器对空气流量计进行波形测试时，首先将示波器的正极接到流量计的信号端子上，而负极接到搭铁位置。起动发动机并稳定在某一转速时，在示波器的屏幕上应显示一个稳定的电压信号，若出现突变或不稳定的电压信号，则该MAF有故障。

模拟型空气流量计波形如图2.49(a)所示，1表示进入进气管的空气流量逐渐增加；2表示节气门全开并最大加速；3表示由测量叶片运动而造成的阻尼现象；4表示由怠速旁通气道补偿来的空气进入了进气管。怠速输出电压约为1V，油门全开时应超过4V，全减速时输出的电压并不是从全加速电压回到怠速电压，而是比怠速时低些。

频率型空气流量计波形如2.49(b)所示，1表示水平上线，指信号高电位；2表示水平下线，指信号低电位；3表示峰值电压，为信号电压，幅值应为5V，形状要一致，矩形拐角和垂直下降沿应一致。水平下线几乎为地电位，水平上线应为参考电压。频率型MAF波形应是一连串的方波，当发动机转速和进气量增加时，MAF信号频率应平滑的增加并且与发动机的转速变化成比例。如果MAF本身或连线有故障，则信号频率会出现不稳定的变化。部分频率型空气流量计(如三菱发动机采用的卡门旋涡式空气流量计)，其频率与脉冲宽度随发动机转数一同变化，这是为了加速时能够向ECU提供异步加浓信号，改善发动机加速性能。波形如图2.50所示。

2) 进气压力传感器故障

进气压力传感器作为燃油喷射和点火控制的主控制信号，其故障会大大影响发动机加速性能，诊断方法有故障码读取、数据流分析、波形分析等。

（1）进气压力传感器故障码读取。在发动机运行过程中，当进气压力传感器出现故障时，发动机电控单元能够检测到并能使发动机进入故障应急状态。利用诊断仪通过故障诊断插座可以读取此故障码等有关信息。表2-11常见几种车型MAP传感器的故障码。

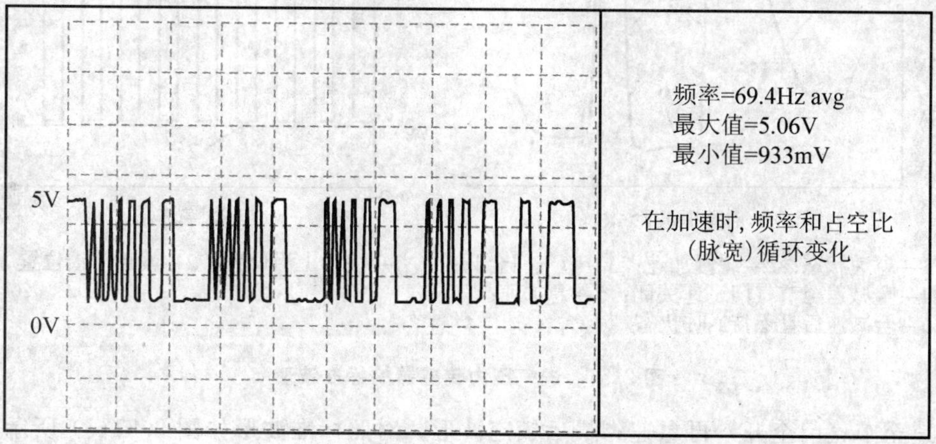

图2.50　卡门涡旋式空气流量计急加速波形

表2-11　常见几种车型MAP传感器的故障码

车　型	故　障　码	含　义	车　型	故　障　码	含　义
凯越	P0107	电压过低	雅阁	P0107	电压过低
	P0108	电压过高		P0108	电压过高
广州飞度	P0107	电压过低	现代	P0107	电压过低
	P0108	电压过高		P0108	电压过高

（2）进气压力传感器数据流读取。利用诊断仪的数据流监测功能读取进气压力值。在发动机不同运行工况下，读取进气压力传感器的压力值，桑塔纳2000GLi型轿车进气压力传感器几种工况的数据见表2-12。

表2-12　桑塔纳2000GLi型轿车进气压力传感器数据流

不同工况时进气压力传感器数据		
怠速	急加速	急减速
57.33～71.33kPa	最大84.66kPa	最小6.66kPa

注意

- 不同工况时进气压力传感器数据可能因车型、发动机转速不同略有不同。在进行进气压力传感器数据流读取时要确认传感器真空管是否完好。

（3）进气压力传感器波形测试。大多数汽车采用的进气压力传感器输出信号为模拟信号，如桑塔纳2000GLi型轿车的AFE发动机进气压力传感器；数字输出信号进气压力传感器广泛应用于20世纪80年代的福特、林肯等车型，两种进气压力传感器的标准波形如图2.51所示。

① 模拟型MAP的波形测试。正确连接示波器，起动发动机使其稳定怠速后，观察输出电压的信号波形；再将节气门逐渐开大至全开，保持约2s；回到怠速并保持2s；之后

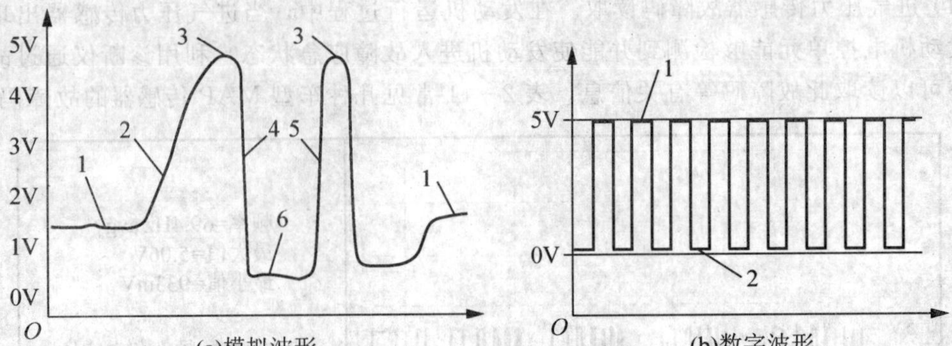

(a)模拟波形

1—怠速状态；2—缓慢加速；3—节气门全开；
4—全减速至节气门迅速关闭；5—急加速；
6—全减速后且保持2s时状态

(b)数字波形

1—波形上沿位置；2—波形下沿位置

图 2.51　进气压力传感器的标准波形

再急加速至节气门全开，再怠速；最后锁定波形，对照标准波形如图 2.51(a) 所示进行分析。图中标注 1 表示怠速状态；2 表示缓慢加速；3 表示节气门全开；4 表示全减速，节气门迅速关闭；5 表示急加速；6 表示全减速后，保持 2s 时的波形。

怠速时，输出电压应为 1.25V；当节气门全开时，应略低于 5V；全减速时应接近 0V。有些进气压力传感器设计成相反形式，即当真空度增高时，输出电压增高(怠速时，电压高)，真空度降低时，输出电压也降低(节气门全开时，电压低)。

② 数字型 MAP 的波形测试。正确连接示波器，接通点火开关但不起动发动机，用手动真空泵给进气压力传感器施加不同的真空度同时观察示波器的波形，标准波形如图 2.51(b) 所示。应满足幅值是 5V 的脉冲(波形上沿如图中标注 1 所示位置，下沿如图中标注 2 所示位置)，同时形状正确、波形稳定，矩形方角正确、上升沿垂直。当施加真空度时，频率随真空度而变化，但形状保持不变；当没有真空时，输出信号频率为 160Hz，而在真空度为 64kPa 时，输出信号频率约为 105Hz，检测时要参照维修资料给定的频率与对应真空度值。

3）节气门位置传感器故障

节气门位置传感器(Throttle Position Sensor，TPS)安装在节气门体轴上，其作用是检测节气门的开度及开度变化并转变成电信号输送给 ECU。ECU 根据 TPS 信号来判断发动机的工况，根据工况不同来控制喷油时间。在自动变速器车上，TPS 信号同时输入给变速器电脑，来控制变速器换挡时机和变矩器锁止时机。当节气门位置传感器出现故障时发动机会加速不良。当节气门在某一特定开度时出现加速故障，应重点检查节气门位置传感器。具体述检查方法为如下。

(1) 读取节气门位置传感器故障码。在发动机运行过程中，当节气门位置传感器出现故障时，发动机电控单元能够检测到并能使发动机进入故障应急状态，利用 V. A. G 1551(或 V. A. G 1552)诊断仪，通过故障诊断插座可以读取此故障码的有关信息。

(2) 节气门位置传感器数据块读取。利用故障诊断仪 V. A. G 1551 读取桑塔纳 2000GLi 型较车节气门位置传感器的数据块方法如下。

① 接上故障诊断仪 V. A. G 1551，输入“发动机电控单元”的地址指令 01。

② 发动机处于怠速运转状态，显示器上显示如下。

Rapid data transfer	HLEP
Select function	XX
快速的数据传输	帮助
功能选择	XX

③ 输入“读取测量数据组”功能指令 08，并按下 Q 键确认，显示器上显示如下。

Read measuring value block	HELP
Enter display group number	XX
读取测量数据组	帮助
输入显示器分组编号	XX

④ 输入显示器 03 分组的代码 03，并按下 Q 键确认，显示器上显示如下。

Read measuring value block			→
1	2	3	4
读取测量数据组			→
1	2	3	4

⑤ 1～4 为显示区，缓慢地将节气门开到最大，注意显示区 3 中显示的角度，其数值必须在整个开启范围内均匀升高，不得有跳跃或断点，否则进行电气检测，必要时更换节气门位置传感器。

⑥ 按下“→”键，输入“结束输出”功能指令 06，并按下 Q 键确认。

(3) 节气门位置传感器波形测试。当怀疑节气门位置传感器出现故障时，可利用示波器测试节气门位置传感器波形并与标准波形对比。

① 可变电阻式 TPS 波形。可变电阻式 TPS 为模拟型波形如图 2.52(a)所示。要求波形上不应有任何断点、对地尖峰或大的波折，特别是在前 1/4 油门运动中的波形要圆滑，节气门全开时应接近 5V，节气门关闭时应低于且接近 1V。若某处出现波形落下的尖峰时，则表示该位置是损坏点。如图 2.52(b)所示碳膜断裂的故障波形。

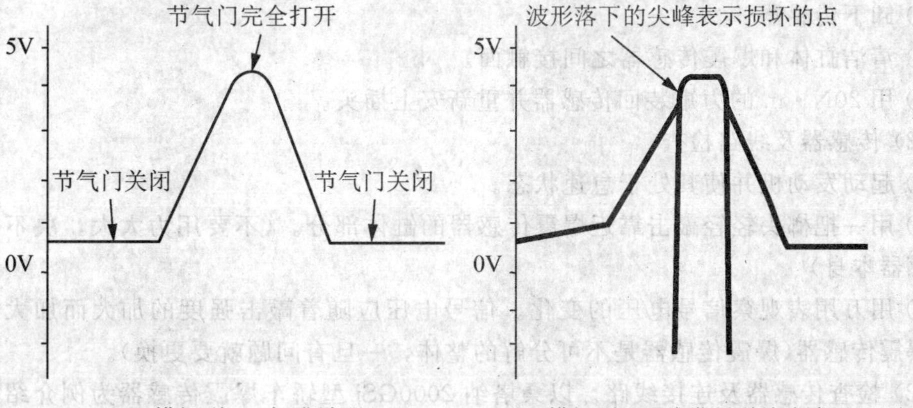

(a)模拟型TPS标准波形　　(b)模拟型TPS碳膜断裂故障波形

图 2.52　节气门位置传感器波形

② 触点式 TPS 波形。触点式 TPS 为脉冲型波形如图 2.53 所示。要求节气门关闭时，ECU 受到一个怠速信号，水平下线为 0V，当节气门位于非全闭位置时，水平上线为参考电压；当节气门开启的同时，电压应瞬间以直线上升到参考电压，若有微小的波动都表示触点接触不良或节气门回位弹簧松弛。

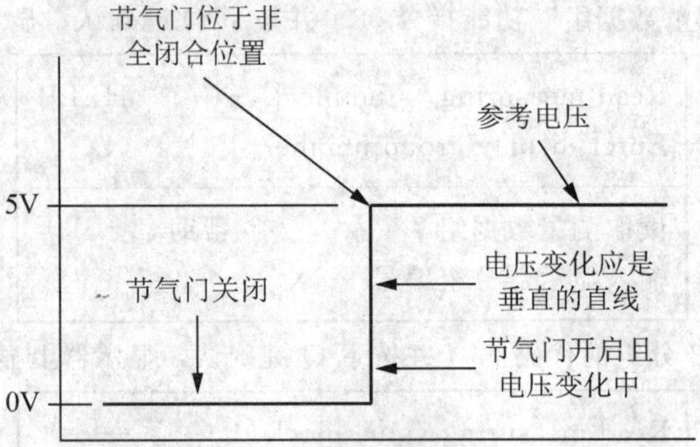

图 2.53　触点式 TPS 波形

4）氧传感器故障

氧传感器是检测排气中氧离子的含量并将该信号转变为电信号输入 ECU。如果氧的含量高，输出电压就低；如果氧的含量低，输出电压就高。ECU 根据氧传感器信号对喷油时间进行修正，实现空燃比反馈控制。当氧传感器出现故障时会有加速不良现象。所以当发动机出现加速不良时，应对氧传感器进行检查，其检查内容和方法参考学习任务 2.2。

5）爆震传感器的检测

爆震传感器安装于气缸体上，它能将发动机爆震情况转换成电信号输入给电控单元，供其修正点火时刻。爆震传感器出现故障时发动机点火正时控制运行在非最佳状态会有加速不良现象。爆震传感器的工作情况可读取故障代码和数据流；也可用万用表检测爆震传感器的 3 个端子之间的电阻是否符合要求；也可用示波器测试电压波形来判断爆震传感器是否良好。

(1) 检查传感器的预紧力。首先应保证爆震传感器牢固安装在气缸体上，然后再检查其预紧力，其方法如下。

① 关闭点火开关，拔下线束连接器。

② 卸下传感器。

③ 清洁缸体和爆震传感器之间接触面。

④ 用 20N・m 的力矩装回传感器并重新安上插头。

(2) 传感器及线路检查。

① 起动发动机并使其处于怠速状态。

② 用一把榔头轻轻敲击靠近爆震传感器的缸体部分。(不要用力太大，决不能直接敲击传感器本身)

③ 用万用表观察信号电压的变化。信号电压应随着敲击强度的加大而加大，否则应更换爆震传感器(爆震传感器是不可分解的整体，一旦有问题就要更换)。

(2) 检查传感器及连接线路。以桑塔纳 2000GSi 型轿车爆震传感器为例介绍检查传感器及连接电路方法，电路连接及线束插头如图 2.54 所示。其检测内容和方法如下。

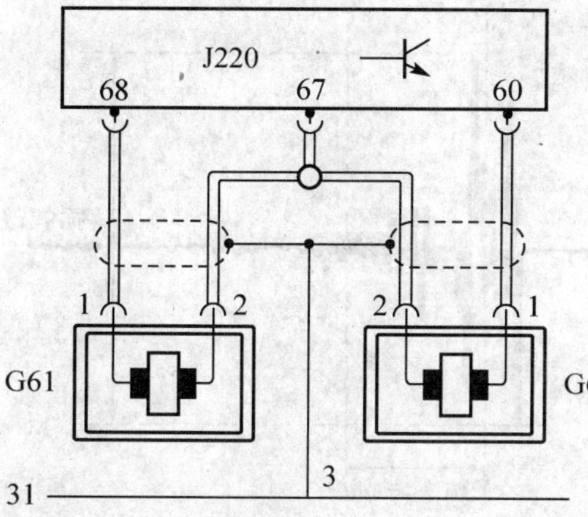

图 2.54　桑塔纳 2000GSi 型轿车爆震传感器电路

① 断开点火开关，拔下传感器线束插头。

② 检测端子 1 与 2 之间阻值应大于 1MΩ。

③ 检测端子 1 与 3 之间阻值应大于 1MΩ。

④ 检测端子 2 与 3 之间阻值应大于 1MΩ。

⑤ 检测各线路上阻值应小于 0.5Ω。

⑥ 检测屏蔽线与接地之间的电阻值应为 0Ω，否则应更换线束。

(3) 读取故障代码和数据流。连接 V. A. G 1551(或 V. A. G 1552)故障诊断仪读取故障代码。若没有故障代码，应继续读取数据流，方法如下。

① 起动发动机并怠速运转。

② 输入显示组 01—08—13，读取 4 个缸的爆震控制点火滞后角数据(发动机大油门，3 挡行驶，水温大于 80℃)，应在 0°～15°之间。

③ 输入显示组 01—08—14 和 01—08—15，分别读取 4 个缸的爆震控制点火滞后角数据(某一转速和负荷下)，应在规定范围内。

④ 输入显示组 01—08—16，读取爆震传感器信号电压(发动机怠速)，应为 0.3～1.4V。同时要求各缸爆震传感器信号电压之间的偏差不得大于 50%。

⑤ 猛踩加速踏板时，观察爆震传感器信号电压值，最大可达 5.1V。

(4) 测试波形并分析。

① 连接示波器，起动发动机并怠速运转。

② 可对发动机加载，再察看波形显示。标准波形如图 2.55 所示，波形的峰值电压和频率将随发动机的负荷和转速的增加而增加。若发动机点火过早、燃烧温度不正常、废气再循环不正常时，其幅度和频率也会增加。

③ 打开点火开关不起动发动机，用金属物敲击爆震传感器附近的缸体。在敲击发动机缸体后，示波器上应有一突变波形，敲击越大，幅值也越大；如果波形显示只是一条直线，则说明爆震传感器没有信号输出，应检查线路和爆震传感器。

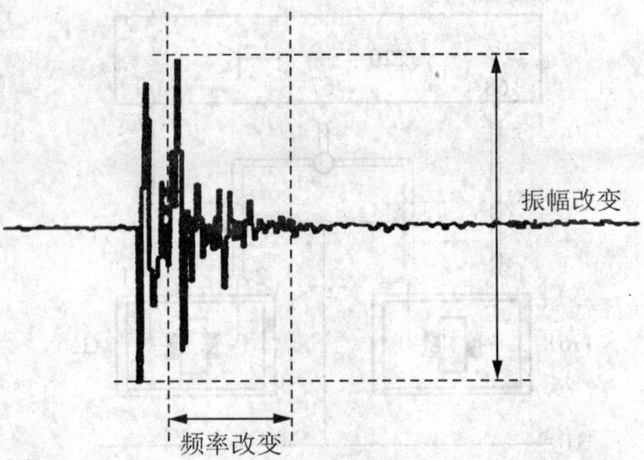

图 2.55　爆震传感器标准波形

2. 油路故障诊断

1）喷油器故障检查

喷油器阻塞、喷油量降低、雾化不好，造成各气缸发出的功率下降是加速无力的常见原因，检查内容和方法如下。

(1) 检查喷油器是否工作。用听诊法判断喷油器是否工作，用万用表检查喷油器电阻值是否正常，用目测法检查喷油器是否有阻塞等，具体方法见任务 2.2。

(2) 检查喷油器的喷油量及雾化质量。检查喷油器的喷油量可在专用设备上进行，也可按图 2.56 所示方法检查。燃油泵工作后，用导线让蓄电池直接给喷油器通电并用量杯检查喷油器的喷油量。每个喷油器应重复检查 2～3 次，各缸喷油器的喷油量和均匀度应符合标准。各车型喷油器的喷油量和均匀度标准不同，一般喷油量为 50～70mL/15s，各缸喷油器的喷油量相差不超过 10%，否则应清洗或更换喷油器。同时观察燃油从喷孔喷出的形状，应为 35°左右的圆锥雾状。

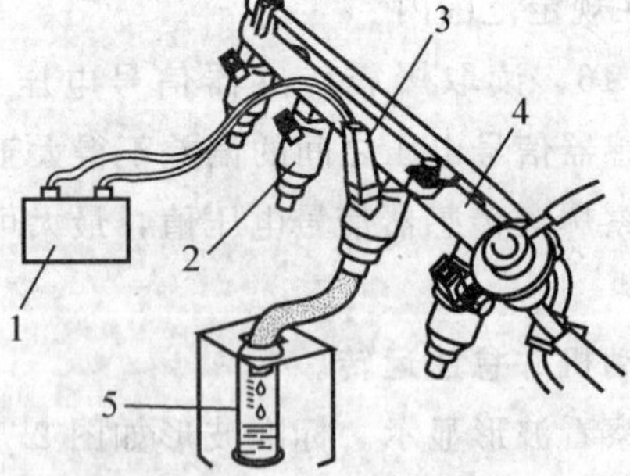

图 2.56　喷油器喷油量的测试

1—蓄电池；2—喷油器；3—专用检测线；4—燃油总管；5—量杯

(3) 检查喷油器控制电路。以桑塔纳 2000 型喷油器控制电路检查为例介绍检查喷油器控制电路方法如图 2.57 所示。方法如下。

① 拆开喷油器线束连接器。

② 接通点火开关，但不起动发动机。

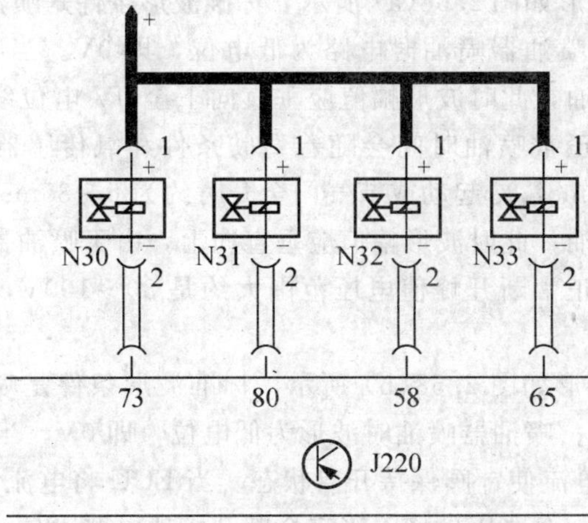

图 2.57　桑塔纳 2000 型喷油器控制电路

③ 用万用表测量其电源端子与搭铁间电压应为 12V 电源电压(即插头端子 1 与发动机搭铁之间的电压)。否则应检查供电线路、点火开关、油泵继电器或保险丝是否有故障。

④ 测量各喷油器插头负极端子与发动机 ECU 喷油器端子之间的阻值应小于 1Ω，端子 2 与 ECU 端子 73、80、58、65 之间的阻值应小于 1Ω，否则检修线路。

(4) 测试喷油器电压波形。喷油器标准波形形状，根据 ECU 内部控制喷油器电路的开关三极管类型不同，有 PNP 型和 NPN 型。NPN 型常见有峰值保持型、饱和开关型和波许峰值保持型等 3 种如图 2.58 所示。

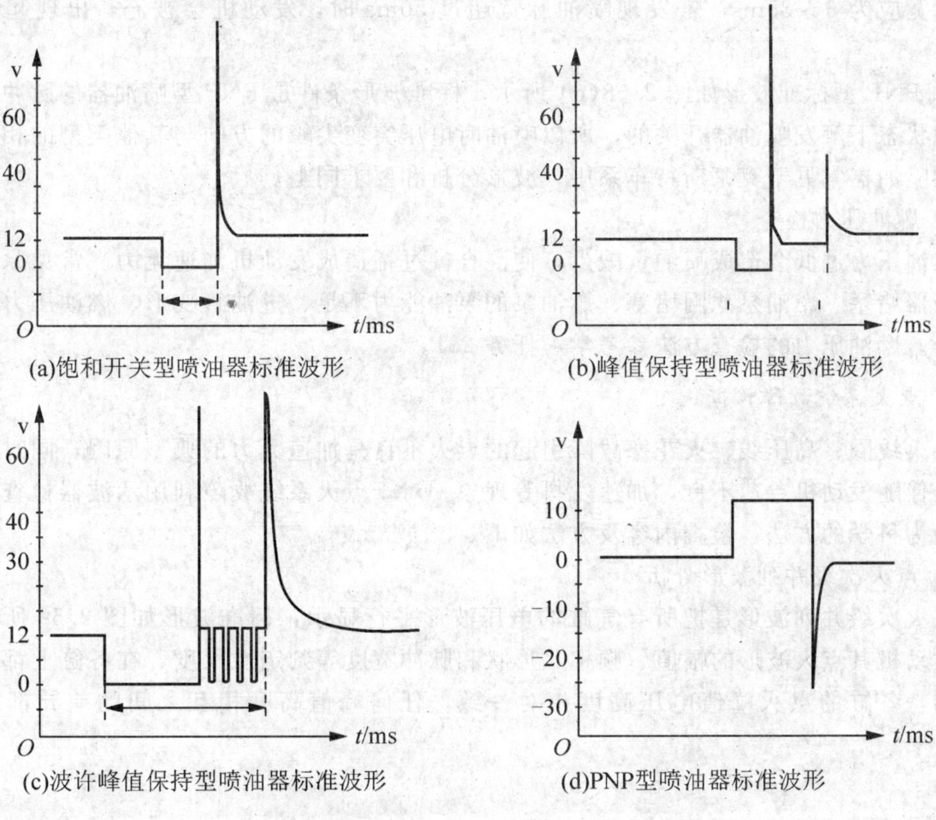

图 2.58　喷油器标准波形

① 饱和开关型标准波形如图 2.58(a) 所示，标准波形条件是喷油器不喷油电路为高电位，即蓄电池 12V 电压；喷油器喷油时电路为低电位，即 0V。当 ECU 使喷油器接地电路接通时，喷油器开始喷油，此时波形幅值应垂直向下至 0V 电位线；脉冲宽度为喷油器喷油时间，应为水平线。正常喷油时间会随着驾驶条件和氧传感器输出信号的变化而变化，一般怠速时约为 1～6ms，冷起动或节气门全开时约为 6～35ms。当 ECU 使喷油器断开电路时，喷油器停止喷油，此时波形幅值应垂直向上，由于喷油器线圈的磁场衰减而产生一个较高的峰值，一般正常断开峰值电压范围大约是 30～100V，随后波形迅速呈 12V 水平电位线。

② 峰值保持型标准波形如图 2.58(b) 所示，标准波形条件是喷油器不喷油电路为高电位，即蓄电池 12V 电压；喷油器喷油时波形为低电位，即 0V。当 ECU 用 4A 电流打开喷油器针阀，然后用 1A 电流使针阀保持开启状态。当 ECU 将电流切换到 1A 时，将引起喷油器磁场的突变，产生一个电压尖峰；当完全断开接地电路而停止喷油时，则会再产生一个电压尖峰。在发动机工作时，一般从信号开启到第一个尖峰的时间与喷油时间无关，而两个尖峰之间的时间，则随发动机的加减速应不断变化，即加速时将看到第二个尖峰应向右移动，而第一个尖峰保持不动；混合气很浓时，两个尖峰之间会很近。

③ 波许峰值保持型标准波形如图 2.58(c) 所示，标准波形条件是喷油器不喷油电路为高电位，即蓄电池 12V 电压；喷油器喷油时波形为低电位，即 0V。当 ECU 用 4A 电流打开喷油器针阀，然后 ECU 通过高速脉冲开关电路减小电流。波形中出现两个尖峰：第一个尖峰是由于在脉冲电路接通瞬间产生的；第二个尖峰是在脉冲电路断开的瞬间产生，产生原因同上。测试时，要观察脉冲波形幅值、频率、形状和脉宽等是否一致，同时起动时喷油脉宽应为 6～35ms，若发现喷油脉宽超过 50ms 时，发动机会被淹，出现起动困难现象。

④ PNP 型标准波形如图 2.58(d) 所示，标准波形条件是 PNP 型喷油器的脉冲电压是在接地状态下触发喷油器开关的，所以喷油时电压突变尖峰的方向与其他类型的相反。这种类型喷油器常见于克莱斯特车系中。波形分析和要求同上。

2）燃油压力检查

燃油压力过低会造成喷油量减少，使混合气过稀造成发动机加速无力。常见原因有燃油滤清器堵塞、燃油泵滤网堵塞、燃油泵的泵油能力不足、进油管变形、燃油压力调节器故障等。燃油压力的检查方法参考学习任务 2.1。

3. 点火系统故障诊断

点火线圈、高压线、火花塞故障引起的点火不良是加速无力的典型原因，同时这些故障还会伴随发动机怠速不良，加速发抖等现象。对于点火系统故障利用示波器检查点火波形是最为科学的方法，检查内容及方法如下。

1）点火次级并列波形分析

点火次级并列波形是把所有气缸的电压波形平行显示，标准波形如图 2.59 所示。正常的发动机其点火波形的幅值、频率、形状和脉冲宽度等判定性尺度，在各缸上都是基本一致的，各缸的点火峰值电压高度相对一致，任何峰值高度相互之间的差异都表明有故障。

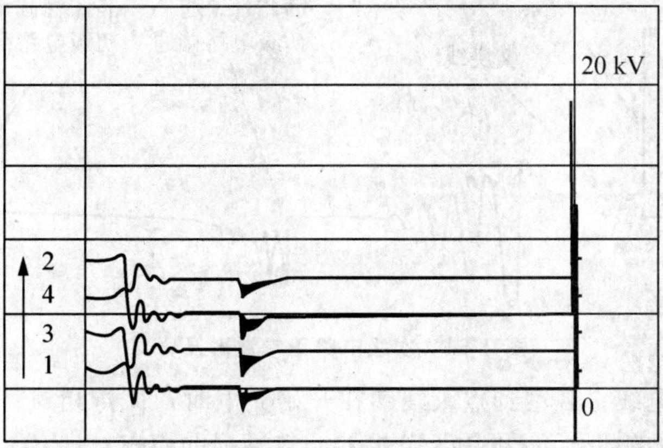

图 2.59 标准 4 缸次级电压并列波形

某辆桑塔纳 99 新秀故障发动机加速发抖，经检测发动机缸压正常、电控系统正常。测试该发动机的点火次级波形如图 2.60 所示，检查方法如下。

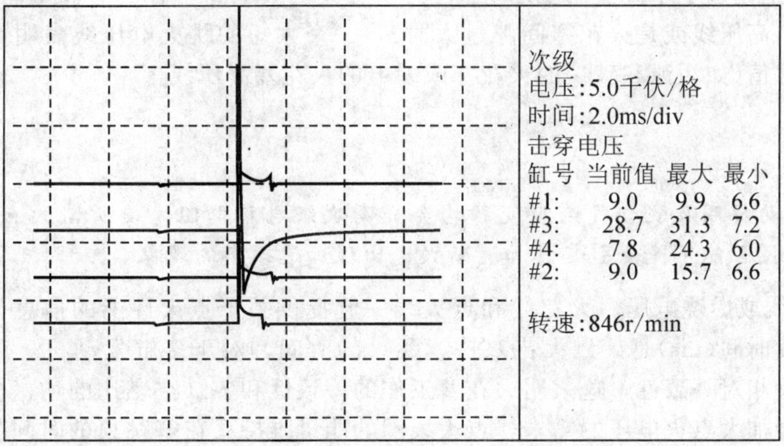

图 2.60 99 新秀故障发动机的点火波形

① 连接示波器，起动发动机或驾驶汽车，调整好示波器设置。

② 当再现行驶性能故障或点火不良时，应将保存波形。

③ 如果某缸峰值电压高出很多，表明在该气缸点火二次系统中存在着高的电阻，这可能意味着点火高压开路或电阻太大；如果某缸峰值电压低很多，表明点火高压线短路或火花塞间隙过小、火花塞污损或破裂。

由波形可知，3 缸击穿电压为 31.3kV，4 缸击穿电压为 24.3kV，击穿电压过高；用万用表测量其 3 缸高压线阻值为 90kΩ，4 缸高压线阻值为 70kΩ，阻值过大，高压线应更换。

2）点火次级单缸波形分析

(1) 标准波形。单缸波形测试对分析每个气缸的燃烧质量是非常重要的。点火次级波形明显受发动机气缸压力、供油系统和点火系统工作状态影响，它对检测发动机机械部分和燃油系统部件及点火系统部件的故障非常有用。次级电路正常波形及含义如图 2.61 所示。

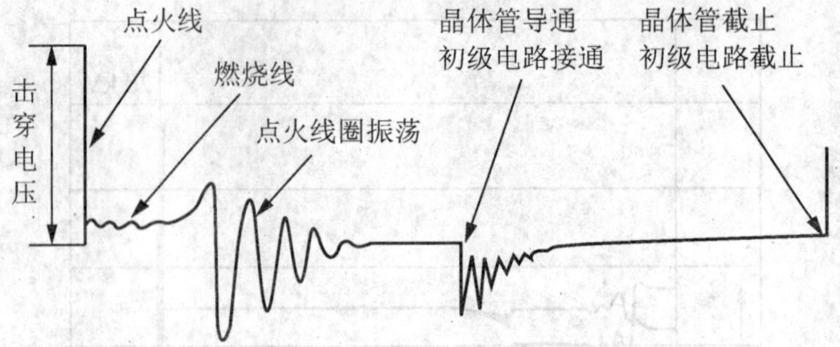

图 2.61　次级电路正常波形及含义

① 点火线圈充电线。观察到点火线圈在开始充电时，保持相对一致的波形的下降沿，这表明各气缸有一致的闭合角(可用于分电器凸轮磨损的检查)。

② 点火线。点火线位于显示屏的左侧，是一条垂直线，表示开始点火所需的电压，点火线圈的电压要克服次级电路的电阻并达到点火电压(跳火需至少 10000V 左右的电压)。一般点火线约 7～13kV，各气缸间相差不超过 3kV。观察跳火电压的高度，一个太高的跳火电压(它甚至超过了示波器的显示屏)表明在点火次级电路中存在着高电阻(如开路或损坏的火花塞、高压线或是火花塞间隙过大时)，一个太短的跳火电压线表明点火次级电路电阻低于正常值(如污浊和破裂的火花塞或漏电的火花塞高压线等)。

注意

- 气缸压力提高及混合气浓度变稀均会提高次级电路电阻，使所需的点火电压增大，点火线圈性能下降会引起急加速断火，出现加速顿车的现象。

③ 燃烧线或燃烧电压。火花线和点火线一起提供关于点火性能的信息，火花线的长度即火花持续时间(ms)是计量火花塞持续跳火的时间，对于多缸发动机，观察火花线或燃烧电压保持相对一致性，这表明火花塞工作的一致性和各缸空燃比的均衡性，次级电路电阻的增加会加大点火电压的需求，点火线圈的能量维持火花塞跳火的时间变短，通过观察火花线可以判断火花塞间隙、高压线阻值等方面的故障。

燃烧线的持续时间长度表明汽车缸内异常稀或异常浓的混合比。过长的燃烧线(通常超过 2ms)表示混合气浓，过短的燃烧线(通常少于 0.75ms)表示混合气稀，依此可以判断单缸喷油器滴漏、阻塞、喷油器密封圈泄漏等故障。

④ 点火线圈振荡。观察在燃烧线后面最少两个最好多于三个的振荡波，这表明点火线圈是好的。

(2) 故障波形。波形的不同部分能指明任一特定气缸的某些部件和系统的故障。以某辆桑塔纳 99 新秀故障发动机为例，连接示波器，起动发动机或驾驶汽车，将示波器设置为单缸显示，调整示波器直到波形稳定、清楚地在显示屏上显示出来。再现行驶性能故障或点火不良等情况，将有问题气缸的波形保存如图 2.62 所示。

由波形可知：测试波形为 1 缸波形，击穿电压为 11.6kV 在正常范围内，为正常点火波形。

3) 急加速次级点火波形分析

发动机急加速不良是很常见的故障，造成的原因很多。点火次级急加速高压测试是为了判定最大电压或确定在一组气缸中某一故障气缸的点火电压，这个测试可以帮助查出在高负荷或急加速时的点火不良故障如图 2.63 所示。

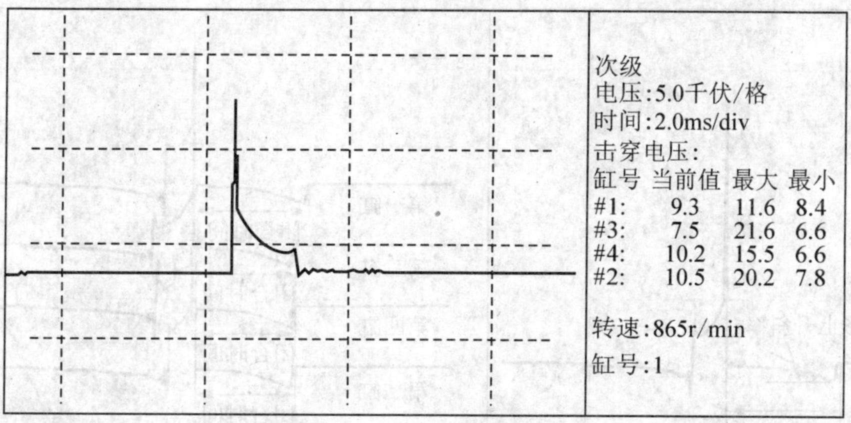

图 2.62　点火次级单缸波形

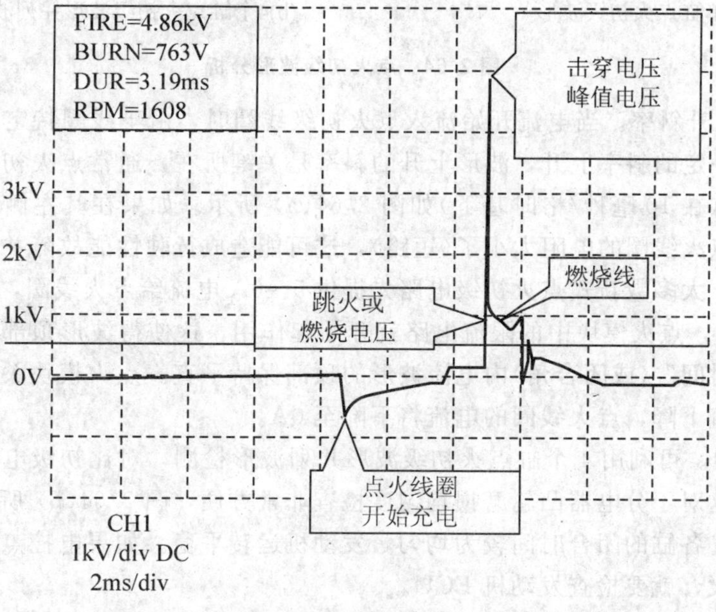

图 2.63　急加速次级点火波形

正常情况下，各缸之间点火峰值电压高度应基本相等，在急加速或高负荷条件下由于气缸压力的增加，所有点火峰值高度都将有所增加，各缸之间点火峰值电压高度相差很大意味着故障，一个高出很多的峰值说明这个气缸的点火次级电路中有高电阻，这可能意味着点火高压线开路或电阻太大；一个低的峰值说明点火高压线短路或火花塞间隙过小、火花塞污损或破裂；有负荷或急加速时点火不良同时还出现所有气缸的点火峰值高度都低，这可能意味着点火线圈性能差，如果仅是个别气缸的点火峰值低，这可能表明该缸点火高压线短路或火花塞间隙过小、火花塞污损或破裂等。

4）初级点火波形测试

诊断点火线圈短路或点火模块开关晶体管故障可用万用表检测法检测初级线圈的电阻与标准值对照，也可以对点火初级线圈进行动态检测(利用示波器点火初级波形检测功能分析初级电流的波形)。桑塔纳发动机初级点火波形如图 2.64 所示。

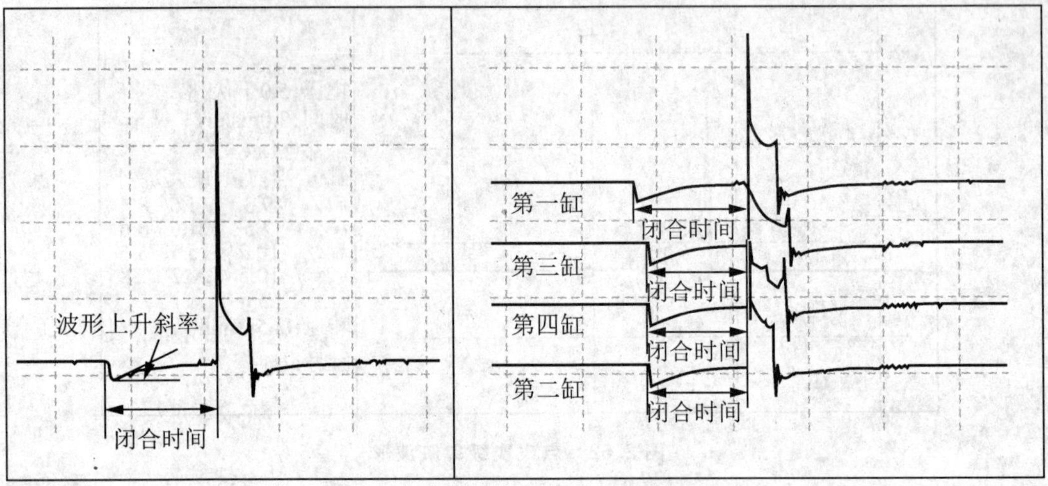

(a)单缸点火初级波形　　(b)4个缸点火初级波形并列波形

图 2.64　点火初级波形分析

(1) 波形上升斜率。当电流开始流入点火初级线圈时，由于线圈特定的电阻和电感特性引起波形以一定的斜率上升，波形上升的斜率是关键所在，通常点火初级线圈电流波形会以 60 度角升(在 10 毫秒/格时基下)如图 2.64(a) 所示。如果在其左侧几乎是垂直上升的，这就说明点火线圈的电阻太小了(短路)，这可能造成行驶性能故障并损坏点火模块中的开关晶体管。大多数新式点火初级电路先提供 5～6A 电流给点火线圈，当到达允许最大电流(5～6A)时，点火模块中的限流电路就开始起作用，这使得波形顶部变平，点火初级线圈的“导通时间”(或闭合角)内电流波形的顶部保持平直。点火模块关断电流时，电流波形几乎是垂直下降，点火线圈的电流将下降至 0A。

(2) 闭合角。可利用 4 个缸点火初级波形并列波形检测，对比初级电流流入点火初级线圈的时间，这对于分电器凸轮磨损均匀度检查非常方便，图 2.64(b) 所示为桑塔纳发动机的实测图形，各缸的闭合时间较为均匀，发动机运转平稳。如果电控点火系统各缸的闭合时间相差很大，就要检查发动机 ECU。

为检测凸轮的均匀磨损情况，触点点火系统初级闭合角测试是必不可少的项目，然而电子点火控制系统的出现使闭合角调整已不存在了，它改由发动机控制电脑来控制。现代发动机控制电脑含有最优化的点火控制图，它对点火正时、闭合角等进行精确控制，大大改善了发动机性能和尾气排放。

4. 其他故障诊断

1) 排气不畅

消音器或三元催化器阻塞导致的发动机加速无力故障非常常见。确认方法包括排气背压检查法、分段断开检查法和内窥镜检查法等。

(1) 排气背压检查法。排气背压检测法如图 2.65 所示，方法和步骤如下。

① 将三元催化器前的氧传感器拆下并接一个压力表。

② 起动发动机，使发动机转速为 2500r/min。

③ 观察压力表的读数小于 17.24kPa 为正常。

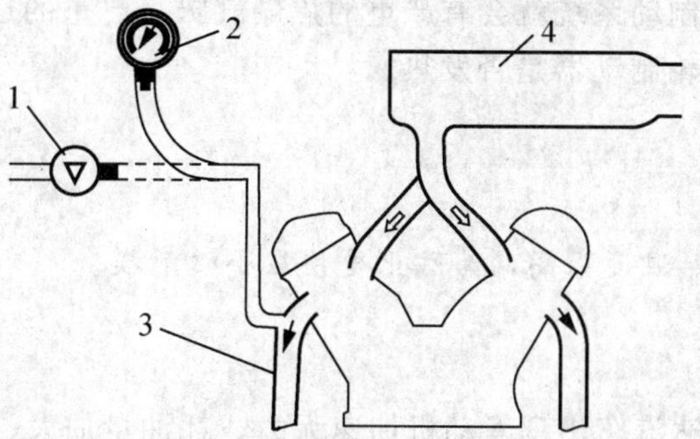

图 2.65 排气背压检测法

1—空气泵；2—压力表；3—排气管；4—进气管

④ 如果排气背压大于 20.70kPa，表明排气系统堵塞。

(2) 分段断开检查法。可利用分段断开法确认哪个零件阻塞。如果没有压力表，则可将 TWC 及消音器逐段断开，依次进行发动机加速性能检查，断开某个部件后观察加速性能是否有变化。若断开 TWC 后发动机加速明显变好，则说明堵塞发生在 TWC，应更换。

(3) 内窥镜检查法。将氧传感器拆下，从氧传感器安装孔处将电子视频内窥探头插入，检查三元催化器是否堵塞。电子视频内窥镜如图 2.66 所示。它具有双向前端探头功能，通过操纵杆使其旋转，配备液晶显示、前端 LED 冷光源，还有拍照、录像及存储功能，能直接观察到排气管内部的腐蚀、裂纹、焊缝、异物和阻塞等故障。

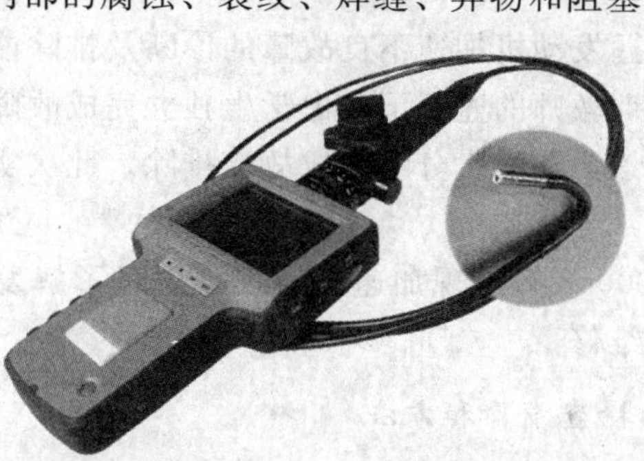

图 2.66 电子视频内窥镜

注意

- 动态检测三元催化转换器 TWC 时，检测仪测试线要远离发动机发热部件及风扇等旋转件。测量三元催化转换器 TWC 进、出口管道温度时要搞好防护，以防烫伤。

2) 进气系统阻塞

空气滤清器长时间未能保养或更换会影响发动机进气，进而影响发动机动力。如果空气滤清器过脏可采取压缩空气清洁或更换的方法。

3) 制动系统拖滞

如果制动系统拖滞，发动机大量动力消耗在制动器上，将大大影响发动机加速性能，如果长时间带滞运转，制动系统就会有严重的焦煳气味，严重的还可能将车轮抱死。行车当中可利用手感检查车轮制动器是否发热。

注意

- 高温的车轮制动器温度很高，为防止烫伤应小心触摸。

5. 典型案例分析

(1) 现象。某辆捷达汽车出现发动机加速无力、耗油量加大、怠速发抖等现象。

(2) 检查。检查进气系统，没有阻塞现象；检查系统油压情况，油压显示正常；使用大众 V. A. G 1551(或 V. A. G 1552)进入发动机系统读取故障码，提示为系统正常；用替换法更换高压线、火花塞后，故障仍然存在；用真空表检测进气压力时，发现怠速状态下进气压力大幅抖动，检查进气系统密封状况，密封良好；用断缸法检测 2、3 缸压力，其压力值大大低于标准值，说明 2、3 缸工作不良，应对这两个气缸进行分解检查。将发动机缸盖分解，检测发现 2、3 缸严重拉缸，经镗磨气缸、更换活塞、环等部件后，故障排除。

(3) 提示。故障码不能用于所有故障的诊断，机械故障还要通过维修人员的分析、判断，通过故障相关的现象分析，利用正确的检测仪器确认故障，最终解决问题。

2.3.4 能力测试

通过实训，使学生掌握发动机加速不良故障的诊断及排除能力。根据实训条件及学校实际情况设置故障。在实训教师的监督下，由学生独立完成故障的诊断与排除或者由教师充当客户模拟一或几个场景，让学生分组完成故障排除。此次实训目的是检验学生对发动机故障综合诊断的能力。

场景：一辆桑塔纳 2000 汽车出现加速无力现象，经了解发动机故障灯指示正常，客户现在要求维修人员进行维修。

1. 让学生分析并说出检查步骤和方法

(1) 检查排气压力。

(2) 检查油压。

(3) 检查点火电路。

(4) 检查故障码。

(5) 检查气缸压力。

2. 学生根据下列问题，对教师进行解释并提出解决方案

(1) 根据检查情况，分析出可能导致以上故障的原因。

(2) 将上述检测方法进行排序。

(3) 对检查结果进行理论分析。

3. 完成实训记录

(1) 基本信息填写。

日期		同组人员	
车型		发动机型号	
VIN码		行驶里程	
年款		故障现象	

(2) 描述发动机加速不良故障现象。________________

____

(3) 故障诊断所用的工具和仪器有：________________

(4) 根据故障现象，分析并写出检查步骤和方法。

____

____

____

(5) 利用解码器数据流功能检查怠速喷油脉宽为________ms，急加速喷油脉宽为________ms。

(6) 利用解码器数据流功能检查怠速空气流量为________，急加速空气流量为________。是否正常？是□　否□

(7) 利用解码器数据流功能检查怠速点火提前角为________，急加速点火提前角为________。是否正常？是□　否□

(8) 利用压力表检查怠速排气背压为________，急加速排气背压为________。是否正常？是□　否□

(9) 故障是否排除？　是□　否□　　故障点是：________

(10) 本次实训中存在的疑问有哪些？最大的难点是什么？

____

____

教师评语：________________

学习任务2.4　发动机异响故障诊断

2.4.1　任务描述

车主描述：最近发动机工作时，声音很大，跟以前不一样。

维修人员：加油时声音变大吗？

车主回答：是的。

2.4.2 任务分析

如果发动机运转中出现异响表明某部位出现了故障，如发动机皮带过松、气门间隙过大、曲轴轴瓦松动和气缸间隙过大等。根据故障现象，分析产生的原因才能诊断出异响部位。因此要把可能的故障原因都找出来，然后逐一分析，才能从中找到引起故障的关键点。

2.4.3 任务实施

1. 发动机常见异响

发动机的常见异响主要有机械异响、燃烧异响、空气动力异响和电磁异响等。

1）机械异响

机械异响主要是由于运动副配合间隙太大或配合面有损伤，运转中引起冲击和振动而造成的。因磨损或调整不当造成运动副配合间隙太大时，运转中产生冲击和振动声波，如曲轴主轴承响、连杆轴承响、凸轮轴轴承响、活塞敲缸响、活塞销响、气门脚响、正时齿轮响等。

2）燃烧异响

燃烧异响主要是由于发动机不正常燃烧造成的。如汽油发动机产生爆燃或表面点火时，气缸内均会产生极高的压力波，这些压力波相互撞击，发出了强烈的类似敲击金属的异响。

3）空气动力异响

空气动力异响主要是出现在发动机进气口、排气口和运转中的风扇处，因气流振动而造成的。

4）电磁异响

电磁异响主要是在发电机、电动机或某些电磁元件内，由于磁场的交替变化引起机械中某些部件或某一部分空间产生的振动而造成的。

2. 发动机异响的影响因素

发动机异响与发动机的转速、温度、负荷和润滑条件等因素有关。通过对发动机异响的影响因素的分析，可以找出异响变化的规律，有助于异响故障的诊断。

1）转速影响

机械异响的强度一般是随转速升高而加强，所以诊断机械异响时，发动机转速不一定很高。如听诊气门响和活塞敲缸响时，在怠速下或低速下就能听得非常明显；当主轴承响、连杆轴承响和活塞销响较为严重时，在怠速和低速下也能听到。总之诊断异响应在响声最明显的转速下进行并尽量在低转速下进行。

2）温度影响

有些异响与发动机温度有关。在机械异响诊断中，对热膨胀系数大的配合副要特别注意发动机的热状况，最典型的例子是活塞敲缸。在发动机冷起动时，该响声非常明显，当温度升高后，该响声会减弱或消失，所以诊断该响声应在发动机低温下进行。

发动机温度也是燃烧异响的影响因素之一。柴油机过冷时，往往会产生工作粗暴声；汽油机温度过高时，会产生爆燃或表面点火，典型故障为发动机加速敲缸。

3）负荷影响

有些异响与发动机的负荷有关，如曲轴主轴承响、连杆轴承响、活塞敲缸响、气缸漏气响等均随负荷增大而增强，随负荷减小而减弱；柴油机着火敲击声随负荷增大而减小。但是也有个别异响与负荷大小无关，如气门响在负荷变化时，其异响大小不变化。

4）润滑条件

在润滑条件不佳时，机械异响一般都显得严重。例如液压挺杆在润滑不良时会有较大的异响。

5）发动机工作循环

发动机异响往往与发动机的工作循环有明显的关系，尤其是曲柄连杆机构和配气机构的异响都与工作循环有关。如配气机构的异响均为发动机做功一次就发响一次，曲柄连杆的异响均为发动机做功一次就发响两次。所以只要正确掌握异响的特点和规律，就能准确诊断发动机异响故障所在。

3. *发动机异响诊断方法*

1）用听诊器诊断异响故障

较常见的传统发动机异响的诊断法是听诊器诊断。利用听诊器能监测到异响产生的部位、响声特点等，它广泛用于发电机轴承、水泵轴承等故障部位的确定。此法可实现简单、快速诊断。听诊方法如图 2.67 所示。

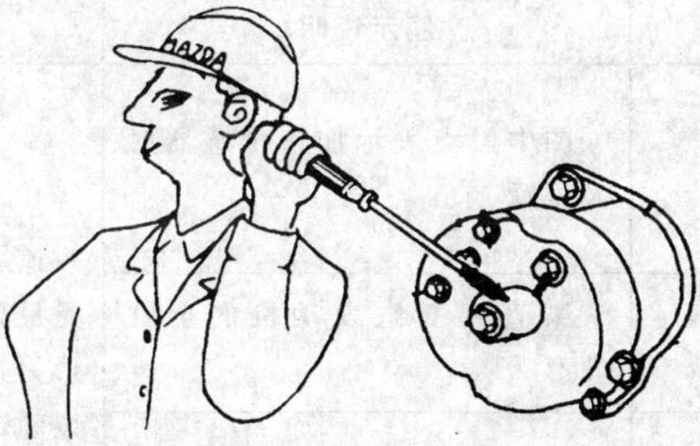

图 2.67　听诊法检查发电机轴承

2）用示波器诊断异响故障

较常见的发动机异响的仪器诊断法是示波器诊断法。利用示波器能观测到异响产生的缸位、波形特征和波形幅度等，可实现快速诊断。其原理是利用振动传感器（拾振器）把各种异响对应的振动信号拾取出来，经过选频放大处理后送到示波器显示出波形，对异响进行频率鉴别和幅度鉴别，再辅之以单缸断火（或单缸断油）、转速变换等手段，就能迅速、准确地判断出异响的种类、部位和严重程度。

除了专用的异响示波器以外，很多的发动机综合检测仪均带有示波功能。下面以 WFJ－1 型微电脑发动机检测仪为例，说明发动机异响波形检测方法和步骤。

（1）按说明书要求，输入规定的操作码并进行异响选择。

（2）将加速度传感器触在预测异响部件的位置，具体测试项目见表 2－13～表 2－16。

（3）提高发动机转速，找出响声明显的转速并在该转速下稳定运转或轻微抖动油门，若观察到示波器上瞬时波形出现同时响声又沉重有力，此时加速度传感器触及的位置为异响部件。

（4）按下存储键，将异响部件的故障波形存储在仪器内。

（5）按下全缸键，可显示全缸波形；找出波形幅值最大的缸，再按下单缸键，显示单缸波形。

（6）将波形幅值最大的缸断缸，若波形减弱或消失，则可确定产生异响的部件。

表 2－13　曲轴主轴承异响的诊断

图　示	图示说明	诊断与分析
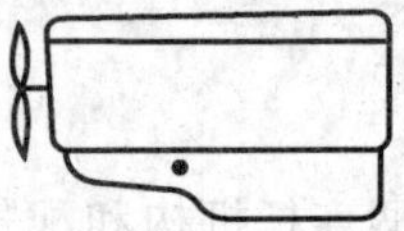	图中黑点表示加速传感器触及位置	从全缸波形图中可以看出，有一道靠近 3 缸的主轴承波形幅度是最高的；通过单独显示各缸波形，其中 3 缸波形幅度最高，所以确定为故障波形，即 3 缸对应的主轴承响
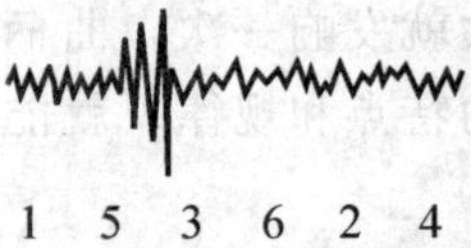	某直列 6 缸发动机的全缸波形	
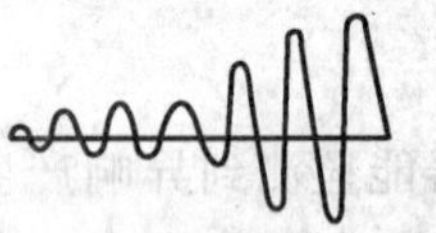	3 缸异响故障波形	

表 2－14　连杆轴承异响的诊断

图　示	图示说明	诊断与分析
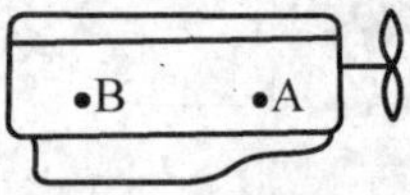	图中黑点表示加速传感器触及位置	从全缸波形图中可以看出，有一道靠近 3 缸的主轴承波形幅度是最高的；通过单独显示各缸波形，其中 2 缸波形幅度最高，所以确定为故障波形，即 3 缸对应的连杆轴承响
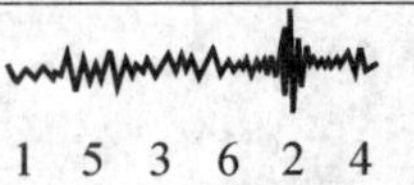	某直列 6 缸发动机的全缸波形	
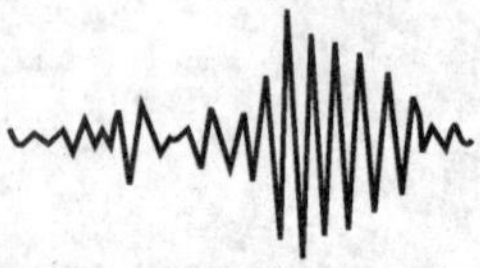	2 缸异响故障波形	

表 2－15　活塞敲缸异响的诊断

图　示	图示说明	诊断与分析
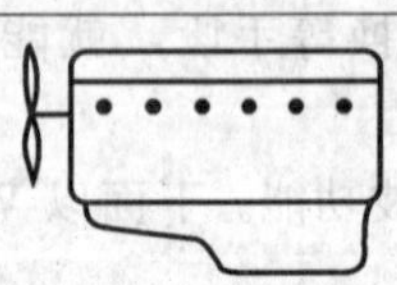	图中黑点表示加速传感器触及位置	从全缸波形图中可以看出，有一道靠近 3 缸的主轴承波形幅度是最高的；通过单独显示各缸波形，其中 3 缸波形幅度最高，所以确定为故障波形，即 6 缸对应的活塞敲缸响
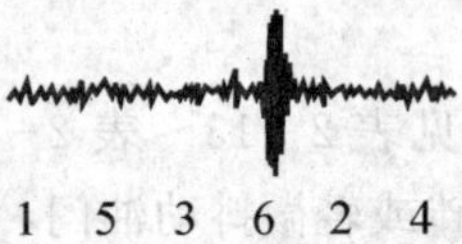	某直列 6 缸发动机的全缸波形	
	6 缸异响故障波形	

表 2-16　活塞销异响的诊断

图　示	图示说明	诊断与分析
	图中黑点表示加速传感器触及位置	从全缸波形图中可以看出，有一道靠近3缸的主轴承波形幅度是最高的；通过单独显示各缸波形，其中3缸波形幅度最高，所以确定为故障波形，即3缸对应的活塞销响
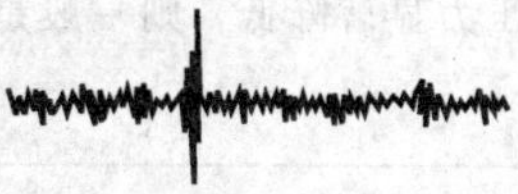	某直列6缸发动机的全缸波形	
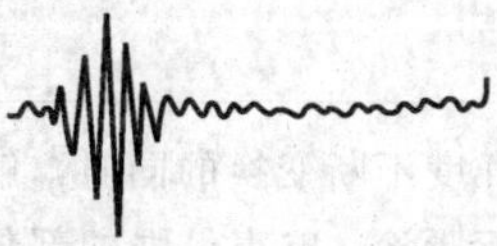	3缸异响故障波形	

4. 典型异响故障分析

典型发动机异响主要有曲轴主轴承响、连杆轴承响、活塞销响、活塞敲缸响、气门响、气缸漏气响、正时齿轮响、汽油机点火敲击响、柴油机着火敲击响、发动机皮带异响、发动机进气异响等。

1）曲轴主轴承异响

（1）故障现象。发动机突然加速时会发出沉重而有力的“刚、刚、刚”的金属敲击声，严重时机体发生很大振动。响声随发动机转速的提高而增大，随负荷的增加而增强，产生响声的部位是在缸体下部的曲轴箱内。单缸断火时响声无明显变化，相邻两缸同时断火时，响声会明显减弱。温度变化时响声不变化，机油压力明显降低。

另外，后道轴承发响一般声音钝重发闷；前道轴承发响声音较轻、较脆。曲轴轴向窜动出现的响声，在低速下采用微抖节气门的方法可听到较沉重的“咯噔、咯噔”的响声。踩踏离合器踏板时发动机皮带轮会有前后摆动或伴随离合器分离不彻底。

（2）可能原因。

① 主轴承盖固定螺钉松动。

② 主轴承减磨合金烧毁或脱落。

③ 主轴承和轴颈磨损过大、轴向止推装置磨损过大造成径向和轴向间隙过大。

④ 曲轴弯曲。

⑤ 机油压力太低或机油变质。

（3）诊断过程。具体诊断步骤和操作方法见表2-17。

表 2-17　曲轴主轴承响诊断过程

步骤和方法		操作过程
第一步	抖动并加大节气门	使发动机在低速下运转，用手微微抖动并反复加大节气门进行试验，同时仔细倾听。如果响声是随着发动机转速的升高而增大，抖动节气门时在加油的瞬间曲轴箱下部响声较明显，这一般是主轴承松旷；如果发动机在怠速或低速运转时响声较明显，高速时显得杂乱，则可能是曲轴弯曲；如果在高速时机体有较大振动，机油压力显著降低，则一般是主轴承松旷严重、烧毁或减磨合金脱落
第二步	听诊	从加机油口处听诊。打开加机油口盖，从加油处仔细倾听，同时反复变更发动机转速进行试验。如果是主轴承响，可明显听到沉重有力的金属敲击声
		将听诊器或自制的简易听诊杆，在节气门开度不断变换的同时，触在机体曲轴箱两侧与曲轴轴线齐平的位置上进行听诊，响声最强的部位即为发响的主轴承
第三步	断火试验	断开某缸高压线或松开某缸高压油管接头，如果1缸断火或断油后响声明显减弱，则为第一道主轴承响；如果最末缸断火后响声明显减弱，则为最后一道主轴承响；如果任意相邻两缸同时断火响声明显减弱，则为两缸之间的主轴承响。曲轴轴向窜动所产生的响声，单缸断火无变化
第四步	踩离合器踏板试验	踩下离合器踏板保持不动，如果响声减弱或消失，则为曲轴轴向窜动产生的响声
第五步	柴油机的降速试验	诊断柴油机主轴承响时，为避开着火敲击声的干扰可采取加大供油拉杆行程后再迅速收回的方法，趁发动机降速之机，如果听到坚实而沉重的“刚、刚、刚”声，则有可能为主轴承响。此时打开加机油口盖，再通过听诊法和气缸断油法，便可做出准确判断

2）连杆轴承异响

（1）故障现象。当发动机突然加速时，有“铛、铛、铛”连续明显的敲击声是连杆轴承异响的主要特征。轴承严重松旷时，怠速运转也能听到明显的响声且机油压力降低。发动机温度变化时，响声不变化；发动机负荷变化时，响声随负荷增加而加剧；单缸断火，响声明显减弱或消失。

（2）可能原因。

① 连杆轴承盖的固定螺栓松动或折断。

② 连杆轴承减磨合金烧毁或脱落。

③ 连杆轴承或轴颈磨损过甚，造成径向间隙太大。

④ 机油压力太低或机油变质。

（3）诊断过程。具体诊断步骤和操作方法见表 2-18。

表 2-18 连杆轴承响诊断过程

步骤和方法		操作过程
第一步	变换转速试验	使发动机怠速运转，然后由怠速向低速，由低速向中速，再由中速向高速加大节气门进行试验同时结合逐缸断火法和在加机油口处听诊等方法反复进行。响声随着转速的升高而增大，抖动节气门时，在加油的瞬间异响突出。响声严重时在任何转速下均可听到甚至在怠速时也可听到清晰、明显的敲击声
第二步	断火试验	在怠速、中速和高速情况下，逐缸反复进行断火试验。如果某缸断火后响声明显减弱或消失，在复火的瞬间又能立即出现，则可断定为该缸连杆轴承响
第三步	听诊	用听诊器或简易听诊杆触在机体上听诊，往往不易听清楚，但在加机油口处直接倾听，可清楚地听到连杆轴承敲击声
第四步	检查机油压力	诊断中要注意检查机油压力。如果响声严重又伴随有机油压力低，这往往成为区别连杆轴承响与活塞销响、活塞敲缸响的重要依据
第五步	柴油机连杆轴承响的诊断	柴油机连杆轴承的响声比较钝重，诊断时要避开着火敲击声的干扰，才能听得清楚；如果响声随着供油拉杆行程的加大，响声逐渐增强并在迅速收回供油拉杆，趁发动机降速之际，能明显听到坚实的“哐、哐、哐”的敲击声，即可初步断定为连杆轴承响

3）活塞销异响

（1）故障现象。发动机在怠速、低速和从怠速向低速抖动油门时，可听到明显而又清脆的“嗒、嗒、嗒”好像两个钢球相碰的声音。响声严重时随转速的升高响声增大，但机油压力不降低。单缸断火时响声明显减弱或消失，复火瞬间响声又出现或连续出现两个响声。

（2）可能原因。

① 活塞销与连杆小头衬套配合松旷。

② 活塞销与活塞上的销孔配合松旷。

（3）诊断过程。具体诊断步骤和操作方法见表 2-19。

表 2-19 活塞销响诊断过程

步骤和方法		操作过程
第一步	抖动节气门试验	发动机怠速运转，然后由怠速向低速急抖油门，响声能随转速的变化而变化；每抖一次节气门，如果能听到清脆而连贯的“嗒、嗒、嗒”的响声，则有可能是活塞销响
第二步	断火试验	将发动机稳定在响声较强的转速上，松开高压油管接头进行断火试验；当某缸断火后响声明显减弱或消失，在复火的瞬间又能立即出现或连续出现两个响声，则可断定为此缸活塞销响；如果响声严重并且转速越高，响声越大，此时在响声较大的转速下进行断火试验，往往响声不消失且变得杂乱，这一般是由于配合间隙增大到了很大程度的缘故
第三步	听诊	在微抖油门使发动机转速不断变化的情况下，用听诊器或简易听诊杆触在发响气缸的上部或气缸盖上，可听到清脆的响声；打开加机油口，也能清楚地听到这一响声

4）活塞敲缸声响

（1）故障现象。发动机在怠速或低速运转时，在气缸的上部发出清晰而明显的“嗒、嗒、嗒”的响声，发动机中速以上运转时，这种异响便会减弱或消失。该响声冷车时明显，热车时减弱或消失；单缸断火，响声减弱或消失；响声严重时，负荷越大，响声也越大，但机油压力不降低。活塞敲缸响与活塞销响较为相近。

（2）可能原因。

① 活塞与气缸壁配合间隙太大。

② 活塞与气缸壁间润滑条件太差。

③ 活塞在常温时反椭圆或椭圆度太小。

④ 活塞销与活塞销座孔装配过紧。

⑤ 活塞销与连杆小头衬套装配过紧。

⑥ 连杆轴承装配过紧。

⑦ 活塞圆柱度过大。

（3）诊断过程。具体诊断步骤和操作方法见表 2－20。

表 2－20　活塞敲缸响诊断过程

步骤和方法		操作过程
第一步	在不同水温下观察	若冷车时有敲击声，热车响声消失，说明是活塞敲击响且故障尚轻，车辆可继续运行；若发动机热起后响声虽有减弱，但仍较明显，特别是高负荷低转速时听得非常清楚，说明响声严重，应停驶检修
第二步	断火（油）试验	把发动机置于敲击声最明显的转速下运转，松开高压油管接头进行断火(油)试验；如果某缸断火(油)后响声减弱或消失，则为该缸敲缸响
第三步	加机油确诊	可将发动机熄火，卸下有响声气缸的喷油器，往气缸内倒少许机油并用手摇把或起动机转动曲轴数圈，使机油布满在气缸壁与活塞之间；然后装上喷油器，起动发动机，若响声短时间内减弱或消失，过一会儿又重新出现，则可确诊为是活塞敲缸响
第四步	听诊	将听诊器或简易听诊杆触在机体上部的两侧进行听诊；一般在发响气缸的上部往往响声较弱并稍有振动，再结合断火试验，即可确定出发响的气缸来；有时听诊还可诊断出发响的原因来，如果听到“嗒、嗒、嗒”好像用小锤敲水泥地的声音时，一般是气缸与活塞间隙太大造成的；如果听到“刚、刚、刚”好像用小锤敲钢管的声音时，则有可能是气缸壁润滑不良造成的

5）气门响

（1）故障现象。发动机怠速运转时发出连续不断的、有节奏的“嗒、嗒、嗒”（在气门脚处）或“啪、啪、啪”（在气门座处）的敲击声，转速增高时响声也随之增高，温度变化和单缸断火时响声不减弱。若有数只气门响，则声音显得杂乱。气门脚响和气门落座响统称为气门响。

（2）可能原因。

① 气门脚间隙太大。

② 气门脚间隙调整螺钉松动或该间隙处两接触面不平。

③ 配气凸轮外形不准或磨损过大造成缓冲段效能下降，加重了挺杆对气门脚的冲击。

④ 气门脚处润滑不良。

⑤ 气门杆与其导管配合间隙太大。

⑥ 气门头部与其座圈接触不良。

⑦ 气门座圈松动。

⑧ 气门脚间隙太大。

⑨ 液力挺杆损坏。

(3) 诊断过程。具体诊断步骤和操作方法见表 2－21。

表 2－21　气门响诊断过程

步骤和方法		操作过程
第一步	听诊	不打开加机油口盖。当发动机怠速运转时，听到如现象中所述的有节奏的响声，可稍加大油门；如果此时响声较明显，逐渐加油时响声又随转速的提高节奏加快，可初步断定为气门脚响或气门落座响
第二步	检查气门间隙	打开气门室侧盖或气门室顶盖，用厚薄规检查用手晃试气门脚间隙，间隙最大的往往是最响的气门；运转中的发动机，当用厚薄规插入气门脚间隙处致使响声减弱或消失时，即可确定是该气门响且由间隙太大造成；若需进一步确诊是气门脚响还是气门落座响，可在气门脚间隙处滴入少许机油；如果瞬间响声减弱或消失，说明是气门脚响；如果响声无变化，说明是气门落座响；气门落座响如果系座圈松动造成，其响声不如气门脚响坚实，且带有破碎声

6) 气缸漏气响

(1) 故障现象。发动机运转时可从加机油口处听到曲轴箱内发出“嘣、嘣、嘣”的漏气声，负荷、转速越高时响声越大。当收回油门或单缸断火时，响声减弱或消失。此外，随着响声的出现可看到加机油口处脉动地向外冒烟，脉动次数与发响次数相同。

(2) 可能原因。

① 新换活塞环与气缸壁的漏光度太大。

② 活塞环和气缸壁严重磨损。

③ 活塞环开口间隙太大或各环开口重合。

④ 活塞环弹力太弱或因其侧隙、背隙太大而使背压力建立不起来。

⑤ 活塞环卡死在环槽内。

⑥ 活塞环或活塞环岸折断。

⑦ 气缸壁拉伤出现沟槽。

(3) 诊断过程。具体诊断步骤和操作方法见表 2－22。

表 2-22　气缸漏气响诊断过程

步骤和方法		操作过程
第一步	断火试验	打开加机油口盖，提高发动机转速至响声最明显、冒烟最大处稳住。若某缸断火后响声减弱或消失且加机油口处的冒烟量明显减少，说明该缸漏气
第二步	加机油法	将发动机熄火，卸下有响声气缸的喷油器，往气缸内倒少许机油并用手摇把或起动机转动曲轴数圈，使机油布满在气缸壁与活塞之间。然后装上喷油器，起动发动机，若响声短时间内减弱或消失，过一会儿又重新出现，则可确诊该活塞敲缸 如果往所有气缸内倒少许机油并用手摇把或起动机转动曲轴数圈，使机油充满气缸壁与活塞之间；然后装上喷油器，起动发动机，若响声短时间内减弱或消失，过一会儿又重新出现，则可确诊所有气缸过度磨损

7）正时齿轮响

（1）故障现象。发动机运转时，在其前部发出一种连续的或节奏明显的响声。在有节奏的响声中，有的属于间响，有的属于连响。转速越高，响声往往越大，温度变化时响声不变化；使用单缸断火，响声不减弱。

（2）可能原因。

① 齿轮啮合间隙过大或过小。

② 曲轴主轴承孔与凸轮轴轴承孔的中心距在使用或修理中发生变化。

③ 齿轮的齿形不符合要求或齿面磨损过大。

④ 齿轮转动一周中啮合间隙松紧不一或发生根切。

⑤ 齿面有伤痕、脱层或轮齿断裂。

⑥ 齿轮在曲轴或凸轮轴上松动或脱出。

⑦ 齿轮端面圆跳动或径向圆跳动太大。

⑧ 曲轴或凸轮轴轴向间隙太大。

⑨ 未成对更换齿轮。

（3）诊断过程。具体诊断步骤和操作方法见表 2-23。

表 2-23　正时齿轮响诊断过程

步骤和方法		操作过程
第一步	变换油门开度	操作节气门不断变换发动机转速，找出响声明显的转速并在该转速下稳定运转
第二步	听诊	用一字螺具或听诊器，在发动机前端听诊；响声是否发生在正时齿轮室盖处，如果是，则可初步诊断为正时齿轮响
第三步	继续听诊	如果出现一种连续不断的“嗷”的响声，发动机转速越高时响声越大并且经证实该机更换过正时齿轮，则有可能是齿轮啮合过紧的缘故
第四步	继续听诊	若在发动机怠速运转时听到“咯啦、咯啦”的撞击声，加大油门开度时，变为较杂乱的“哇啦啦”的声音，甚至还带点“咯棱、咯棱”的撞击声，正时齿轮室盖处又伴随有振动，通常这是由一对金属正时齿轮发生根切造成的

续表

步骤和方法		操作过程
第五步	继续听诊	如果出现有节奏的“哽、哽、哽”的响声，发动机转速越高时响声越大，则可能是齿轮啮合间隙不均造成。若响声为连响，则故障出在曲轴正时齿轮上；若响声为间响，则故障出在凸轮轴正时齿轮上
第六步	继续听诊	若响声是有节奏的，发动机怠速运转时能听到“嗒啦、嗒啦”的声音，中速以上时又变为紧凑的“嗒、嗒、嗒”的响声，这往往是金属齿轮齿面碰伤以后出现的响声，如果故障在曲轴正时齿轮上为连响，在凸轮轴正时齿轮上为间响

8）汽油机点火敲击响

（1）故障现象。汽车运行中，当在最高挡由较低车速急加速运行时，可听到发动机发出类似金属敲击的“嘎、嘎、嘎”的响声，此时如果稍抬加速踏板，响声便减弱或消失，再踩加速踏板时，响声又重新出现；发动机温度越高、负荷越大时，响声越强烈。

（2）可能原因。

① 汽油的品质差，特别是辛烷值太低。

② 在使用、维修和改机中造成压缩比太高(如经过缸盖过度磨削)。

③ 发动机过热或负荷太大。

④ 燃烧室积炭。

⑤ 点火正时过早、分电器离心弹簧过软或折断、点火控制 ECU 故障。

⑥ 混合气太稀。

⑦ 发动机在燃烧室形状、火花塞位置等结构设计上存在问题造成火焰传播距离太长。

⑧ 火花塞型号错误。

（3）诊断过程。具体诊断步骤和操作方法见表 2－24。

表 2－24 汽油机点火敲击响诊断过程

步骤和方法		操作过程
第一步	路试	当汽车跑热后，现以最高挡、最低稳定车速行驶，然后将油门一下踩到底，使汽车加速行驶；此时发动机发出强烈的敲击声，且长时间不消失若稍抬油门则响声立即减弱，当再踩下油门时，响声重新出现
第二步	停车调整	将车停稳，适当推迟点火时间
第三步	再路试	上路行驶，若响声减弱，且随车速的升高逐渐消失，则确诊为汽油机点火敲击响

注意

- 诊断时不要把点火敲击声误诊为气门响。气门响可发生在任何转速下（包括空转转速），而点火敲击声一般发生在汽车加速行驶、爬坡和超越车辆等情况下。当发动机产生点火敲击声后，只要适当推迟点火时间即可继续运行。

9）柴油机着火敲击响

(1) 故障现象。柴油发动机在低速、无负荷运转时，有时可听到尖锐、清脆和连续的“嘎啦、嘎啦”或“刚嘟、刚卿”的敲击声，冷起动时响声尤其明显；发动机温度上升、转速升高和负荷增大时，响声减弱或消失，但发动机过热和超负荷运转时响声又增大；微抖供油拉杆时，抖得越急响声越大。

(2) 可能原因。

① 柴油品质差，其中特别是自燃性能不好。

② 喷油泵供油时间太早。

③ 发动机超负荷运转。

④ 发动机过冷或过热。

⑤ 在燃烧室的型式、气缸内的涡流运动、压缩终了的温度和压力、供油规律和喷射质量等方面存在问题。

⑥ 空气滤清器严重阻塞，使进气量不足。

⑦ 个别缸供油时间太早，即供油间隔不均匀。

⑧ 个别缸供油量大，即供油不均匀度超过标准。

⑨ 个别缸喷射质量不佳。

⑩个别缸密封性不佳，压缩终了的温度和压力太低。

(3) 诊断过程。具体诊断步骤和操作方法见表 2-25。

表 2-25 柴油机点火敲击响诊断过程

步骤和方法		操作过程
第一步	变换供油拉杆位置	通过改变供油拉杆位置，将发动机的转速由低速向高速变化，再由高速向低速变化，观察响声变化情况；加速越急，响声是否越明显
第二步	路试	汽车跑热后，现以最高挡、最低稳定车速行驶，然后将油门一下踩到底，使汽车加速行驶；此时发动机发出强烈的敲击声，且长时间不消失。若稍抬油门则响声立即减弱，当再踩下油门时，响声重新出现
第三步	停车调整	将车停稳，适当推迟供油时间
第四步	再路试	再上路行驶，若响声减弱且随车速的升高逐渐消失，则确诊为柴油机点火敲击响

10）发动机皮带异响

(1) 故障现象。发动机运转时，有时可听到尖锐的“吱吱”声，发动机刚刚起动或打方向盘时声音加大，发动机运转一会儿后响声减弱或消失。

(2) 可能原因。

① 发电机皮带过松或失效。

② 转向助力泵皮带过松或失效。

③ 空调皮带过松或失效。

(3) 诊断过程。具体诊断步骤和操作方法见表 2-26。

表 2－26　发动机皮带异响诊断过程

步骤和方法		操作过程
第一步	打开大灯等大功率用电器观察皮带异响是否增加	如果响声加大，检查发电机皮带紧度
第二步	打方向盘观察皮带异响是否增加	如果响声加大，检查动力转向皮带紧度
第三步	打空调观察皮带异响是否增加	如果响声加大，检查空调皮带紧度
第四步	如果上述皮带正常，检查正时皮带是否过紧	打开正时皮带罩盖，检查紧度是否过紧

11）发动机进气异响

（1）故障现象。发动机运转时，有时可听到尖锐的进气声，发动机加速时声音加大。

（2）可能原因。

① 进气软管接头松动。

② 进气软管开裂。

③ 空气滤清器安装不当。

（3）诊断过程。具体诊断步骤和操作方法见表 2－27。

表 2－27　发动机进气异响诊断过程

步骤和方法		操作过程
第一步	检查进气软管接头是否松动	紧固进气软管卡子
第二步	检查进气软管是否开裂	目测进气软管状态
第三步	检查空气滤清器安装状态	重新安装空气滤清器

2.4.4　能力测试

发动机异响故障原因包括发动机内部异响故障、外部异响故障等。实训教师可根据实训条件设置上述相关故障。在实训教师的监督下，由学生独立完成故障的诊断与排除或者由教师充当客户模拟一或几个场景，让学生分组完成故障排除。

场景：某辆桑塔纳 99 新秀汽车发动机顶部有异响，客户反映冷车异响较大，热车略微降低，客户现在要求维修人员进行诊断。

1. 让学生分析并说出检查步骤和方法

（1）检查机油。

（2）检查液力挺杆。

（3）检查配气机构润滑。

（4）检查机油压力。

2. 学生根据下列问题，对教师进行解释并提出解决方案

（1）根据检查情况，分析出可能导致以上故障的原因。

（2）将上述检测方法进行排序。

（3）对检查结果进行理论分析。

3. 完成实训记录

（1）基本信息填写。

日期		同组人员	
车型		发动机型号	
VIN 码		行驶里程	
年款		故障现象	

(2) 将动力转向泵皮带紧度调松，左右打方向盘，描述皮带异响。____________

(3) 将发电机皮带紧度调松，打开所有大功率用电器，发动机加速，描述皮带异响。____________

(4) 将空调皮带紧度调松，打开空调，发动机加速，描述皮带异响。____________

(5) 将曲轴或连杆轴承紧固螺栓松开，降低其紧固力矩，分别用听诊器和示波器进行检测。请描述异响位置、频率等特征。____________

记录波形并分析。____________

(6) 液力挺杆发响的原因有哪些？如何确定故障原因？

____

(7) 本次实训中存在的疑问有哪些？最大的难点是什么？

____

教师评语：____________

学习任务 2.5　发动机水温过高故障诊断

2.5.1　任务描述

车主描述：我的汽车发动机水温经常过高。

维修人员：缺水吗？

车主回答：不缺。

2.5.2　任务分析

冷却液温度过高(开锅)的原因有冷却液过少、风扇皮带过松、节温器损坏、风扇电路故障、散热器阻塞故障、水泵故障和缸体或缸垫故障等。为了便于分析并快速查找故障原因，本学习任务从冷却液液面检查、查找系统有无泄漏、主要零件检查和水道的清理等方面，逐一分析可能引起发动机温度过高的各个原因。引起发动机高温的因果关系如图 2.68 所示。

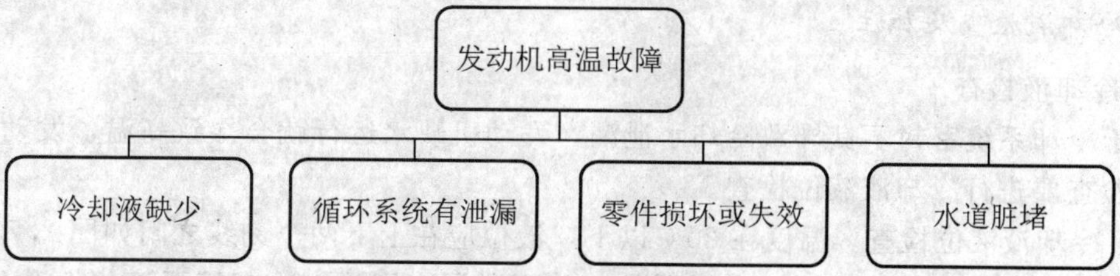

图 2.68　发动机高温的因果关系

2.5.3　任务实施

发动机高温的原因很多，故障诊断要遵循一定的流程，当发动机出现温度过高(开锅)现象时，可根据流程图 2.69 所示进行诊断。故障原因的确定参考分项检查方法。

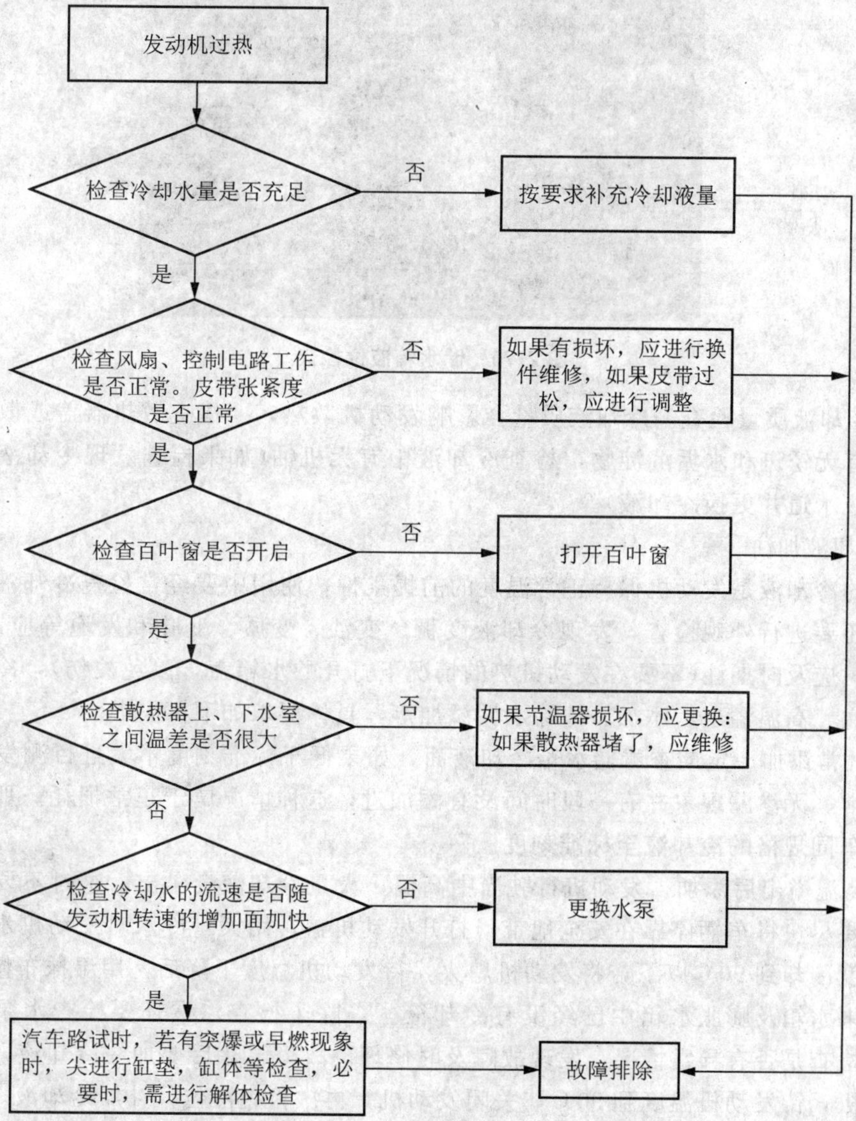

图 2.69　发动机温度过高诊断流程

1. 冷却液检查及加注

1）冷却液检查

由于冷却系统密封不良导致冷却水泄漏，发动机缺水运行就会导致高温，发动机高温及日常检查要进行冷却液液位检查。

(1) 冷却液液位检查。温度在20℃以下，液位应在上下两个刻线之间如图2.70所示。如果液位低于下限，应检查是否有泄漏处，若不泄漏，则添加冷却液至液位上升到上限。如果冷却液温度高于20℃，则冷却液的液位应高于上限。

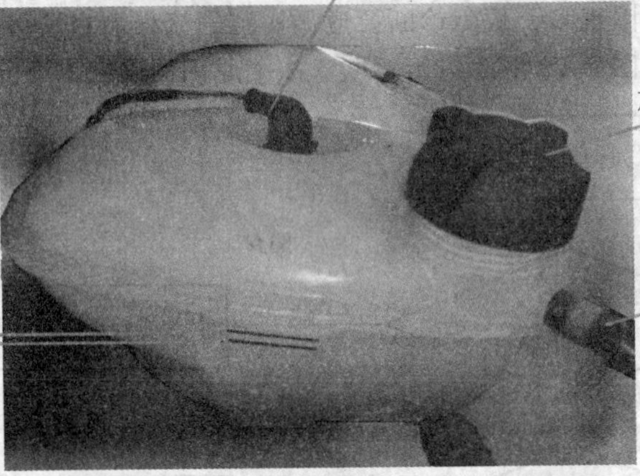

图2.70 储水箱液位检查

(2) 冷却液质量检查。冷却液质量会影响发动机散热，要检查散热器盖或散热器加水口的周围有无锈斑和水垢沉淀物，检查冷却液中有无机油(如果检查发现冷却液很脏，应清洗冷却液水道并更换冷却液)。

2）冷却液加注

充足的冷却液是发动机保持正常温度的前提条件，使用中要经常检查冷却液，不仅要检查液位还要进行外观检查，发现冷却液变稠、变浊、变质、变味和发泡等应及时更换。液位不足时应及时加注(不要在发动机热的情况下打开贮水箱盖，以免烫伤)，冷却液加注有日常加注、高温溢出后添加、清除水垢添加等，具体要求如下。

(1) 日常添加。定期查看储水箱冷却液面，如果低于标准刻度不大且目测发动机冷却情况无异常、无渗漏现象并有一段时间没有添加过，这种情况属于正常损耗。那么就可以添加与原车同规格的冷却液至标准刻度。

(2) 高温溢出后添加。发动机行驶当中高温，大量冷却液会溢出，这时不要立即关闭发动机，要尽快将车辆停靠在安全地带，打开发动机盖，用大量冷水对发动机水箱进行冷却，待温度冷却到90℃以下，将发动机熄火，待发动机温度下降后，用湿抹布慢慢打开水箱盖。如果水箱及膨胀水箱中已经没有冷却液了，除了检查渗漏还要检查水泵和水泵皮带。仔细检查是否有异常情况，发现故障及时修理。故障解除后要加注冷却液，加满后要运转发动机，待发动机温度到90℃，关闭发动机，再次检查液位，补加冷却液。

(3) 清除水垢添加。当冷却系统有水垢时，在换用新冷却液之前，应使用水箱清洗剂清除水垢，彻底更换冷却液。无机型冷却液每两年就需更换一次，有机型冷却液每6年或30万km更换一次。打开水箱放水阀，放净水箱中原有液体，用清水连续不断清洗发动机冷却系统。冲洗时，使发动机处于怠速运转，保持上述操作直至水箱放出清水为止。待水箱水流尽后关闭放水阀，从水箱口加入冷却液，大约95%的容积即可。

此时起动发动机，待水温达到正常工作温度，大约90℃后，关闭发动机，再检查冷却液液面，如不足继续添加。

2. 系统密封性检查

1）冷却系统密封性检查

当冷却液经常过少时，要对冷却系统密封性进行检查。目的是确认水箱、水泵、水管和水套等部位是否有泄漏。方法是首先应进行外观检查，看是否有泄漏部位；对于不明原因缺水的可以使用系统压力检测仪，或废气分析仪来确定泄漏部位。

(1) 压力检测仪检查冷却系统密封性。

① 打开散热器盖，首先将冷却液的液位加注到加注口颈部，将压力检测仪安装在散热器注水口上如图2.71所示。

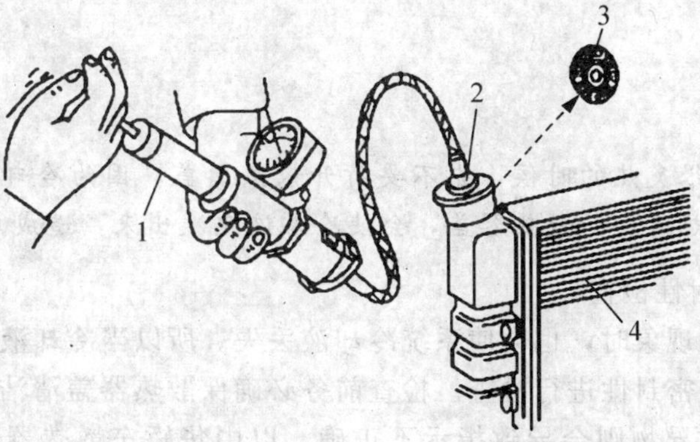

图2.71　压力检测仪检测冷却系统泄漏

1—压力检测仪；2—适配器；3—散热器盖；4—散热器

② 操作检测仪上的泵直到在检测仪表上显示的值为散热器盖的额定压力值为止(部分车型该值已标注在散热器盖上或通过查找维修手册获得，通常加压到100～150kPa)。

③ 等待几分钟，观察仪表压力，如果在这段时间内仪表上的压力值没有降低，说明冷却系统没有泄漏；如果压力下降，就说明冷却系统存在泄漏。

④ 如果压力降低了，但是外部没有明显的泄漏时，应拆下火花塞，起动发动机，观察是否有冷却液从火花塞孔处泄漏出来。如果有泄漏，说明气缸垫、气缸盖或气缸壁存在泄漏。

(2) 废气分析仪检测冷却系统泄漏。

① 拆下散热器盖并将废气分析仪的取样探针放置在散热器注水口上如图2.72所示。如果没有散热器盖的话，也可以放置在冷却液膨胀罐注水口上，但千万不要将探头浸在冷却液中，否则就会损坏分析仪。

② 起动发动机，使发动机转速达到1500～2000r/min同时观察读数。

③ 如果分析仪是两种气体的红外线分析仪，就观察HC的读数。当HC的读数上升，

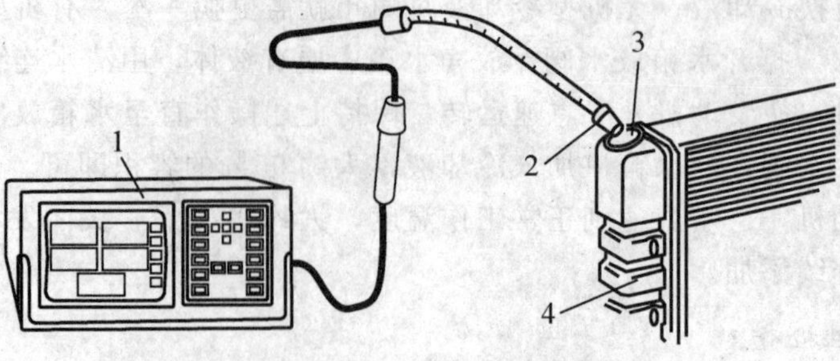

图 2.72　废气分析仪检测冷却系统泄漏

1—废气分析仪；2—测试探头；3—加水口；4—散热器

说明燃烧室存在泄漏；如果分析仪是四种气体的红外线分析仪，当观察到二氧化碳数值出现且在上升，说明燃烧室内部存在泄漏。

④ 如果冷却剂液面高度下降，但外部没有明显泄漏的迹象，那么冷却剂有可能是从缸体的裂纹流入油底壳了。如果怀疑是这种泄漏，那么就要进行机油油面高度检测，方法见润滑系的检查内容。隐藏较深的暖风水箱及节气门体加热水道的泄漏，也是不明泄漏原因之一。

注意

- 在发动机已经很炙热的时候，先不要打开散热器盖，因为冷却系统中存在压力，如果在发动机炙热时打开散热器盖，会使冷却液飞溅出来，造成危险。

2）散热器盖密封性检查

散热器盖有泄漏现象时，也会使系统冷却液丢失。所以当冷却液出现不明原因缺少现象时，应对散热器盖密封性进行检查。检查前务必确保散热器盖清洁，因为散热器盖密封部位若有锈蚀或其他异物则会导致指示不正确。以中华轿车散热器盖检查为例，其方法如下。

(1) 用散热器盖接头将散热器盖连接到测试器上如图 2.73 所示。

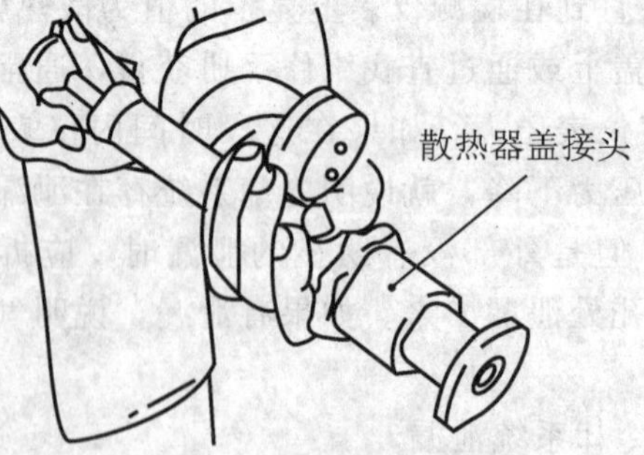

图 2.73　散热器盖密封性检查

(2) 增大压力直到压力表指针停止移动为止。

(3) 读取数值，不能保持或超出极限值，则应更换散热器盖。中华轿车散热器盖标准压力值为 74.3～102.3kPa，极限值为 65kPa。

3. 冷却系统主要部件检查

如果水循环不畅，发动机热量就无法散出，发动机就会产生高温。这时应检查散热器芯是否堵塞、风扇皮带张紧力是否过小、节温器是否失效、风扇工作是否正常等。

1）检查散热器芯管

检查时可打开水箱盖，起动发动机观察水循环是否良好，发动机加速时水箱盖处大量溢水，应检查散热器芯管是否堵塞。方法是：将发动机预热后，用手触摸芯管的上部与下部，若上、下部有温差但相差不大，应属正常；若感到芯管上、下温差明显，说明该芯管有堵塞现象。

2）风扇皮带检查

(1) 检查风扇皮带是否出现橡胶脱层或纤维层折断、分裂、撕裂、磨光、油污和打滑等现象如图 2.74 所示。若出现其中的一种，则要更换皮带。

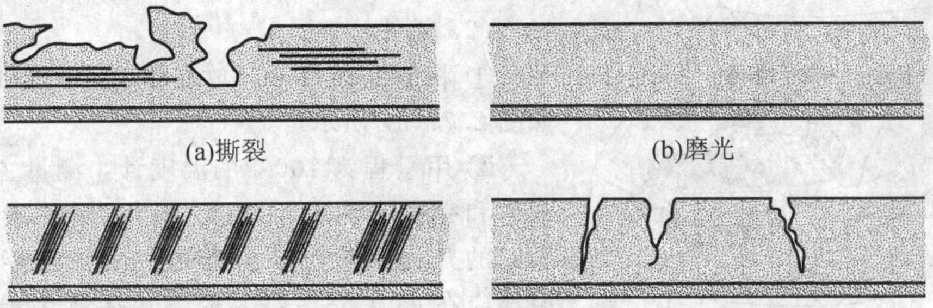

(a)撕裂　(b)磨光　(c)油污　(d)裂纹

图 2.74　皮带磨损情况检查

(2) 风扇皮带张紧力是否正常。以丰田车系皮带张紧力检查为例，可以用张紧力测试仪检查风扇皮带的张紧力，如图 2.75(a)所示；也可对皮带施加压力来检查其变形量，一般要求是施加 15 千克力时，皮带产生的扰度为 10～15mm，如图 2.75(b)所示。如果扰度过大，说明皮带过松，会造成发动机过热现象。

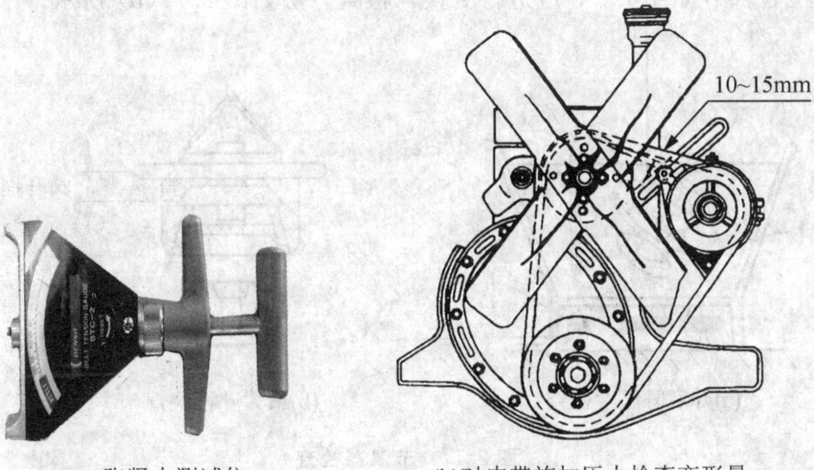

(a)张紧力测试仪　(b)对皮带施加压力检查变形量

图 2.75　风扇皮带张紧力检查

3）节温器的检查

（1）就车检查。

① 出现冷却水温度过高故障时，拆下气缸盖通往散热器上水室接头胶管，用布或纱塞住上水室接头，如图 2.76 所示。

② 向散热器内加注冷却水，然后起动发动机。当水温达到 80℃时，节温器处于开启状态，此时看到散热器中的水从用布或纱塞住的上水室接头冒出。

③ 当发动机转速升高时，冷却水泵出的距离越远。

④ 高温水泵出一段时间后，向散热器内加入冷却水，节温器随着发动机冷却水温度降低而关闭，通往上水室的胶管就没有水泵出了。

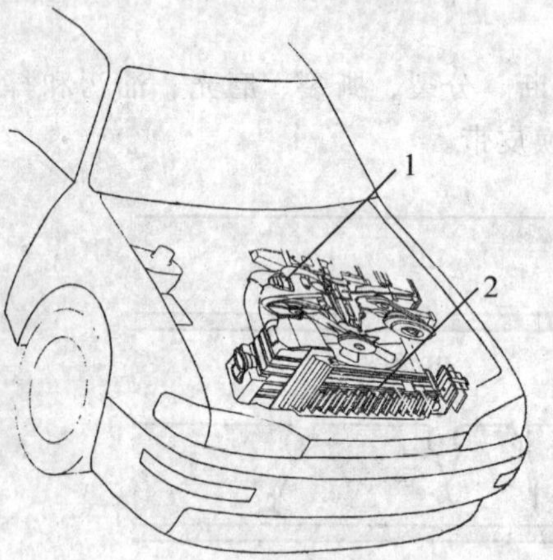

图 2.76　节温器就车检查法

1—节温器；2—散热器

⑤ 如果发动机继续运转，冷却水温升到 80℃以上时，节温器又重新开启。

⑥ 若节温器开启和关闭温度不符合标准或动作失灵，则应更换节温器。

（2）元件检查。

① 将节温器拆下，放在盛有水的器皿中加热，如图 2.77(a) 所示。

② 用量程为 100℃的温度计，测量主阀门开始开启和完全开启时的温度并用量具测量全开时主阀门的升程来检查节温器的性能。性能良好的节温器应在水温 68～72℃时，通往散热器的主阀门开始开启，80～85℃时主阀门完全打开。若开启水温过高，说明节温器阀门开启过晚会导致冷却水温过高。若开启水温过低说明节温器阀门开启过早会导致冷却水温过低(不同车辆装用的节温器可能有不同的要求，应参照该车型说明书给出的标准)。

③ 检查节温器的主阀门在全开时最大升程一般要求为 8.5mm，使用限度为 6mm；节温器的性能检验若不符合要求，应进行更换，检查方法如图 2.77(b) 所示。

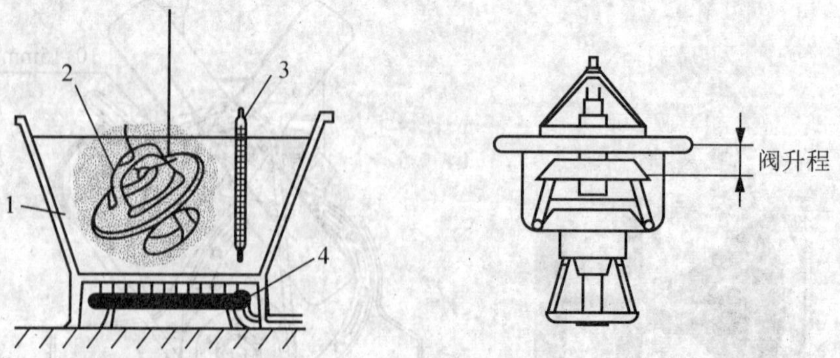

(a)开启时温度检查　　(b)最大升程检查

图 2.77　节温器检查

1—容器；2—节温器；3—温度计；4—加热器

4）风扇离合器的检查

（1）冷车打滑检查。起动发动机，以中速 1～2r/min 使工作腔内硅油返回贮油室；然后将发动机熄火，用手拨动风扇，应轻松转动，用力较小；否则说明硅油的粘度高或风扇离合器故障。

（2）热车接合检查。起动发动机，待水温达到 90～95℃，仔细倾听风扇处的响声变化。如果几分钟内噪声明显增大，风扇转速迅速提高，说明离合器正常。当风扇达到全速时，立即将发动机熄火，此时用手拨转风扇，感觉较费力为正常。

5）电动风扇电路的检查

对于电子控制的风扇控制电路，当发动机冷却水循环良好，但水温过高时需检查风扇电路如图 2.78 所示。

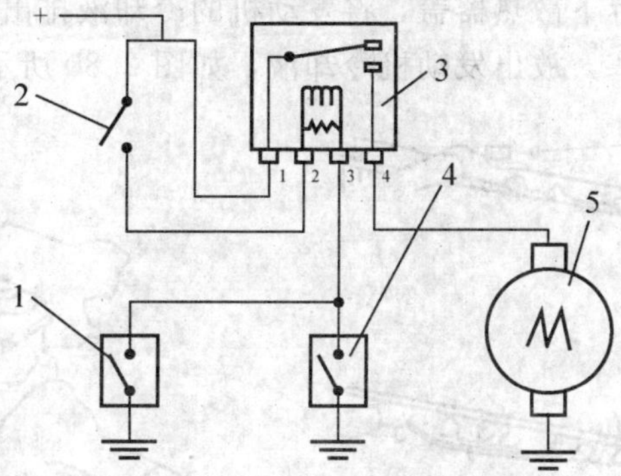

图 2.78　电动风扇控制电路检查方法

1—冷凝器开关；2—点火开关；3—风扇继电器；4—温度开关；5—风扇动电动机

（1）如果空调系统正常，打开 A\C 开关观察风扇电机是否工作，如果工作，风扇电动机、风扇继电器良好，应检查发动机温度开关及相关线路。

（2）就车检查温度控制开关。断开发动机温度控制开关处的接线并接通点火开关，用一条跨接线将温度开关线和接地相连接。如果此时冷却风扇运转了，则说明继电器和风扇电动机是好的，而发动机温度开关或其连接导线发生损坏。

（3）打开 A\C 开关后风扇电机如果不工作，检查风扇继电器是否良好。

（4）打开点火开关，端子 1、端子 2 与接地之间应有电源电压，否则检查相关线路。在端子 1、端子 2 与接地之间有电源电压的状态下，将端子 3 接地，端子 4 和接地之间应有电源电压，否则更换风扇继电器。

（5）若端子 4 和接地之间电源电压正常，那么就将测试灯连接在风扇电动机供电端子上。如果不亮，应检查继电器到风扇电动机供电端子是否断路；如果亮，则断开风扇电动机导线，用欧姆表将电动机的接地线与接地端连接起来，欧姆表的读数应该非常接近于 0Ω，如果欧姆表读数高于 0Ω，那么就需要解决电动机接地线中的高电阻问题。可通过电路图查找接地点并清理氧化物。完成后重新紧固螺钉。

（6）如果风扇电动机供电及接地都正常，应更换冷却风扇电动机。

注意

- 在现代轿车上大都使用电子扇来控制冷却水温。一般情况水温在 89～92℃时，电子扇低速旋转；水温在 97～103℃时，电子扇高速旋转。

4. 水道清洗方法

行驶里程较多或经常加生水(非防冻液)的车辆极易发生水道结垢现象，水垢的导热性较差容易使发动机出现过热现象。下面以中华轿车为例介绍冷却水道清洗方法。

(1) 将适量的水箱清洗剂加入发动机冷却系统，起动发动机，运转 10min 后，将发动机熄火。

(2) 拆下放水塞，再拆下散热器盖，将发动机的冷却液排出，如图 2.79 所示。

(3) 拆下气缸体放水塞，放出发动机冷却液，如图 2.80 所示。

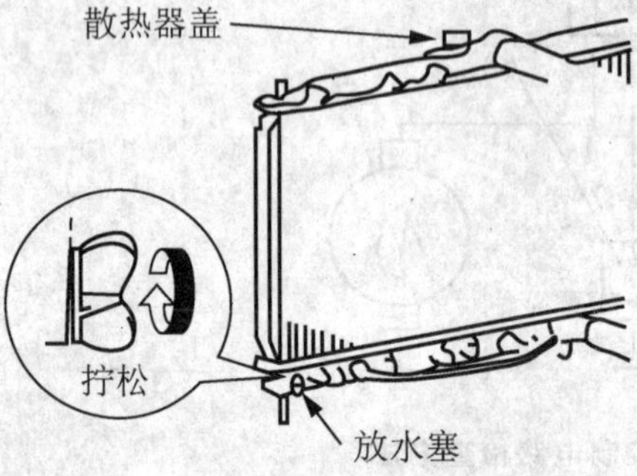

图 2.79　散热器放水塞

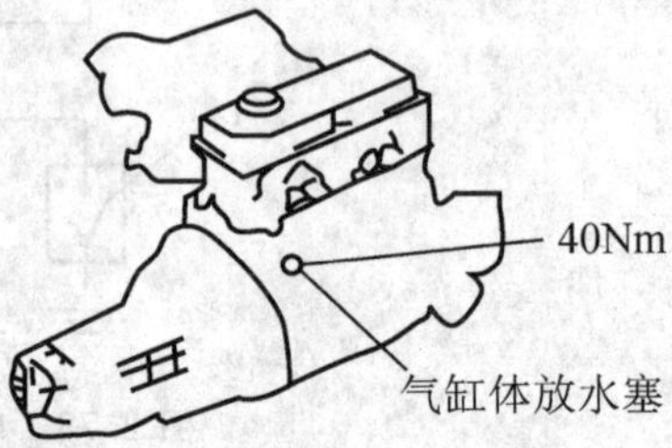

图 2.80　气缸体放水塞

(4) 拆下膨胀箱，放出发动机冷却液。

(5) 发动机冷却液放出后，从散热器盖处灌注入清水，清洗发动机冷却液管路。

(6) 在气缸体放水塞的螺纹部涂上规定的密封胶并拧紧到规定的力矩。

(7) 拧紧散热器放水塞。

(8) 装上膨胀箱。

(9) 将冷却液注入散热器直至其从放水螺塞部分流出为止，然后关闭放水螺塞。

(10) 将冷却液缓慢地从散热器口注入至加满同时将冷却液灌注入膨胀箱，至液面达到 FULL(满)刻线。

(11) 牢固地装上散热器盖。

(12) 起动发动机使其预热到节温器开启(手摸散热器软管查明热水是否在流动)。

(13) 节温器开启后，将发动机以 3000r/min 的转速运转 3 次。

(14) 发动机停机后，待其冷却，然后拆下散热器盖，检查一下液面。如果液面过低，应继续加注直到 FULL(满)刻线为止。

5. 典型故障分析

(1) 现象。某辆桑塔纳新秀发动机出现高温同时仪表盘中的高温警告灯点亮，冷却液从储液罐的上盖中溢出，经入厂检查发现电子冷却风扇不转，故障原因是电子冷却风扇不能正常工作而导致发动机出现高温。

(2) 检查。首先拔下温控开关的插头，用连接线跨接相应端子，打开点火开关至 ON 挡，发现冷却电子风扇高速、低速正常，发动机怠速运行 40min 左右仍然高温。手摸上、下水管水温相差很大，表明发动机冷却循环系统不正常，说明发动机高温是水循环不畅导致温控开关不工作，进而使电子冷却风扇不工作造成发动机过热的。

通过对节温器加温检查，发现节温器主阀门高温时无法打开，更换节温器后，故障排除。

(3) 提示。影响温控开关正常工作的原因包括温控开关本身、节温器失效和散热器芯堵塞等。

2.5.4 能力测试

冷却液温度过高(开锅)的原因包括冷却水过少、风扇皮带过松、节温器损坏、风扇电路故障、散热器阻塞故障、水泵故障和缸体或缸垫故障等。实训教师可根据实训条件设置上述相关故障。在实训教师的监督下，由学生独立完成故障的诊断与排除；或者由教师充当客户模拟一或几个场景，让学生分组完成故障排除。

场景：某辆桑塔纳 99 新秀汽车发动机高温，客户反映冷却水量正常，但车辆高速行驶就开锅，客户现在要求维修人员进行诊断。

1. 让学生分析并说出检查步骤和方法

(1) 检查风扇皮带紧度。

(2) 检查温度控制开关。

(3) 检查电动风扇。

(4) 检查水箱。

(5) 检查节温器。

2. 学生根据下列问题，对教师进行解释并提出解决方案

(1) 根据检查情况，分析出可能导致以上故障的原因。

(2) 将上述检测方法进行排序。

(3) 对检查结果进行理论分析。

3. 完成实训记录

(1) 基本信息填写。

日期		同组人员	
车 型		发动机型号	
VIN 码		行驶里程	
年款		故障现象	

(2) 描述发动机高温现象。________________________________

____

(3) 发动机高温时，电动风扇是否运转？________________

____

(4) 打开空调，描述风扇运转状态。____________________

____

(5) 发动机高温时，电动风扇没有起动，但打开空调风扇立即运转，分析故障原因。

(6) 检查发动机上下水管温度，如果温度差异很大，分析故障原因。

(7) 将节温器加热，检查开度，根据检查结果分析节温器性能。

(8) 将温度控制开关加热，检查导通温度，根据检查结果分析温度控制开关性能。

(9) 本次实训中存在的疑问有哪些？最大的难点是什么？

教师评语：

学习任务 2.6 机油压力报警故障诊断

2.6.1 任务描述

车主描述：我的汽车发动机机油灯报警了。

维修人员：缺机油吗？

车主回答：不缺。

2.6.2 任务分析

发动机机油灯报警的原因有机油过少、机油泵故障、油道或集滤器阻塞、机油黏度过低等。把可能的故障原因都找出来，然后逐一分析才能从中找到引起故障的关键点。发动机机油灯报警故障的因果关系如图 2.81 所示。

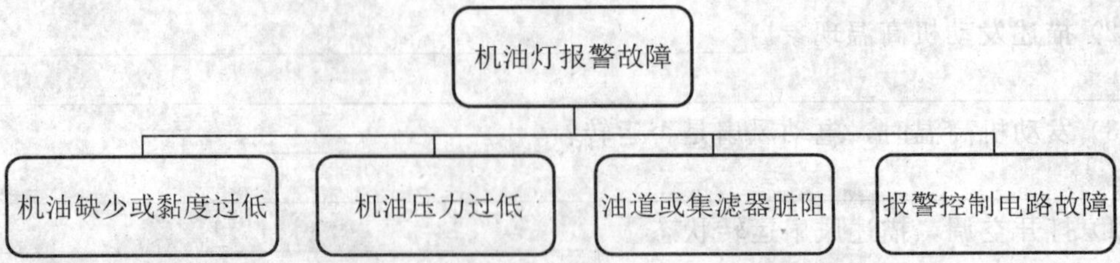

图 2.81 发动机机油灯报警故障的因果关系

2.6.3　任务实施

发动机在正常工作温度和转速下，如果机油报警灯亮起，说明机油压力低于规定值或报警电路故障，应立即停止发动机工作进行故障检测与诊断。故障检测与诊断的流程如图 2.82 所示，其检测方法如下。

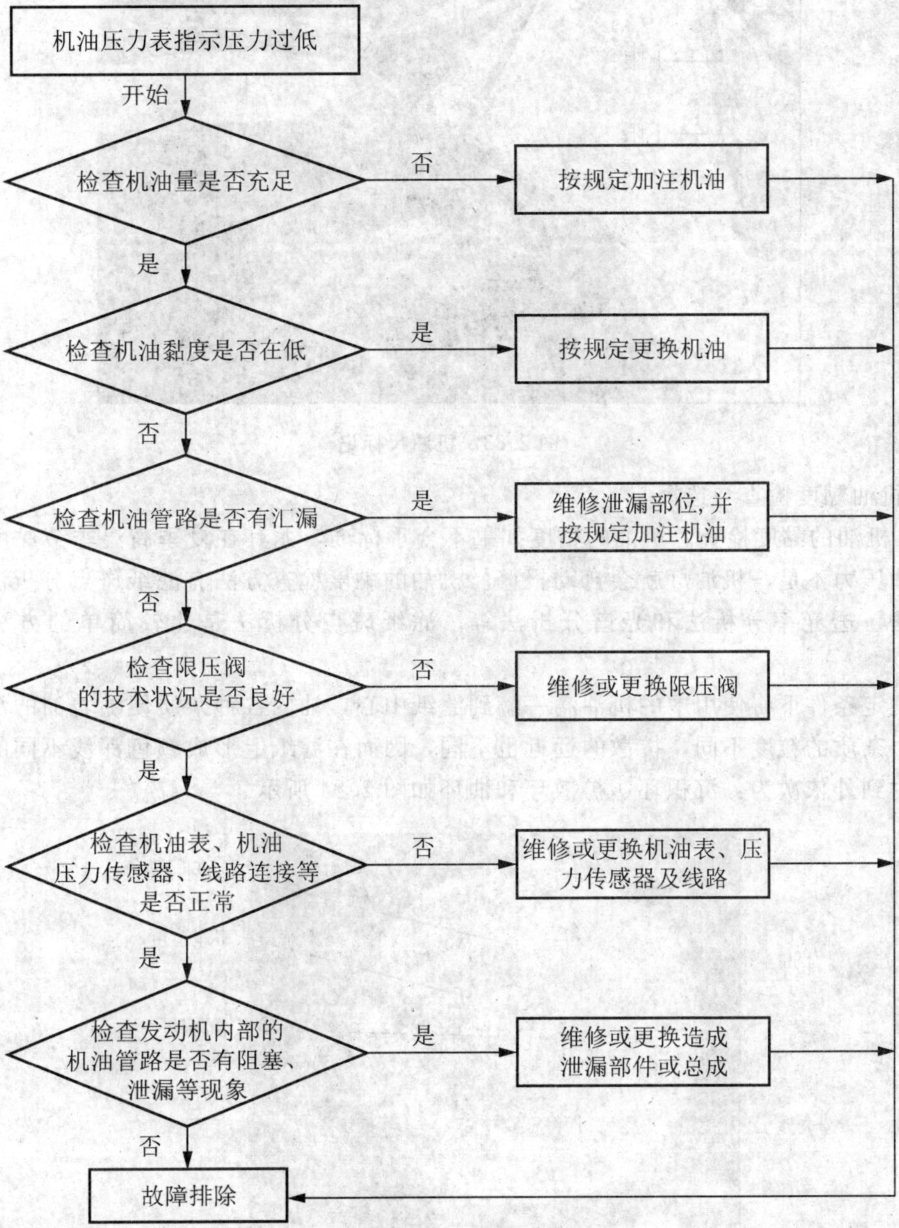

图 2.82　机油压力过低故障诊断的流程

1. 检查机油量及机油黏度

1）检查机油量

将车辆停放在水平的路面，发动机熄火超过 5min，拔出机油尺并擦净，重新将机油尺插入到位，拔出机油尺检查机油量，油量若在上限和下限两个标线之内，则属于正常范围；若低于下限，则应添加指定型号的机油，加油后的液面不能高于上限。机油尺标记如图 2.83 所示。

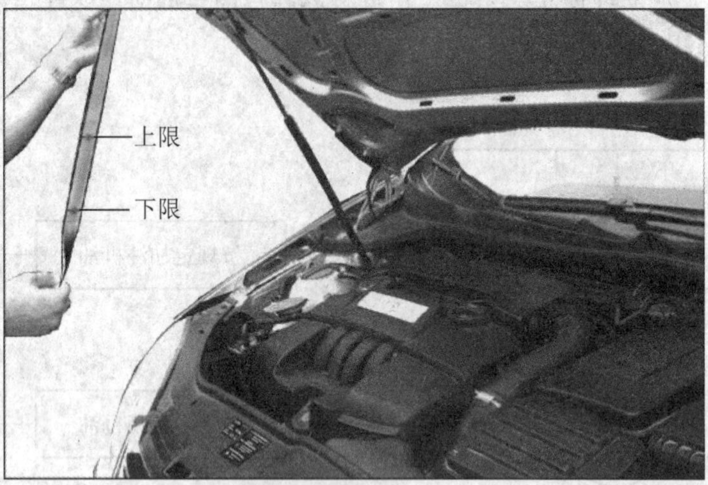

图 2.83　机油尺标记

2）机油黏度检查与选择

（1）机油的黏度检查。机油的粘度如果不合乎标准，尤其在夏季高温季节黏度偏低将导致机油压力不足，机油灯就会自动报警。机油的黏度检查方法有滤纸斑点分析法、清净性分析法、透光率分析法和光谱分析法等。滤纸斑点分析法是比较简单的方法，方法如下。

在规定条件下将使用中的机油滴一滴到滤纸中心，油内各种杂质便随着油的浸润向四周扩散，杂质的粒度不同，扩散的远近也不同，因而在滤纸上形成颜色深浅不同的环形斑点，从内到外依次为：沉积环、扩散环和油环如图 2.84 所示。

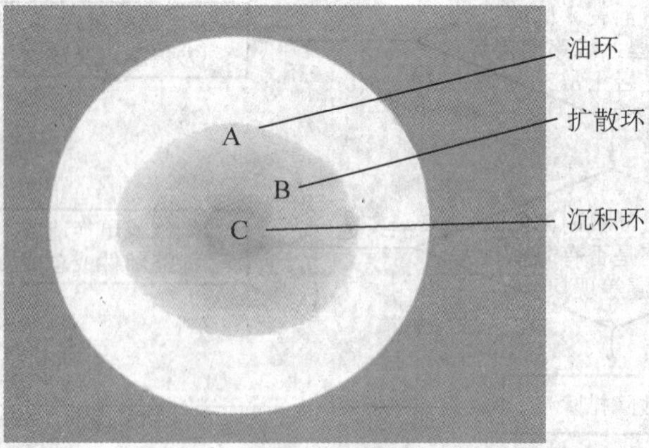

图 2.84　滤纸斑点分析机油黏度

鉴别方法是如果中心区与扩散区的杂质浓度及颜色差别小，说明机油中杂质粒度小且清净分散剂性能良好；如果中心区与扩散区的杂质浓度及颜色差别大，说明机油中杂质粒度大且清净分散剂性能丧失。

(2) 机油黏度的选择。选用合适的内燃机油是保证发动机正常工作、延长其使用寿命的重要条件。应根据发动机结构特点和要求，先确定其合适的质量等级，再根据发动机使用的外部环境温度选择该质量等级中的黏度等级。

汽油机油分 SA－SH 等 8 个质量等级，柴油机油分为 CA、CB、CC、CD、CD－Ⅱ、CE、CF－4 等 7 个质量等级，级别越靠后，性能越好(其中 SA、SB、CA、CB 已废除)。为了简化品种，我国也生产汽油机和柴油机的通用机油，厂商在机油牌号中同时标有汽油机油和柴机油的质量级别，如 SF/CD 15W/40 机油，表示该机油既可用于要求使用 SF 15W/40 级机油的汽油机，也可用于要求使用 CD 15W/40 级机油的柴油机。

我国内燃机油的牌号过去是按该油 100℃时运动粘度的数值大小来区分确定的，如汽油机油有 8 号、11 号、14 号、18 号等牌号。现在新的牌号是按最大低温动力黏度、最高边界泵送温度和 100℃时最小运动粘度来划分的。国标 GB/T 14906—1994 将内燃机油分为单级油和多级油，单级油共有 0W、5W、10W、15W、20W、25W 6 个低温黏度级号和 20、30、40、50、60 5 个 100℃运动黏度级号，其中低温黏度级号的内燃机油适用于冬天寒冷地区，100℃运动粘度级号的内燃机油适用于温度较高的地区使用。

2. 检查机油压力

当机油压力报警灯亮或机油压力表指示过低，经检查机油量、机油黏度都正常时，应进行机油压力检测，找出原因并排除。

1) 用压力表检查系统油压

(1) 拔下机油压力传感器插头，拆下机油压力传感器，如图 2.85 所示。

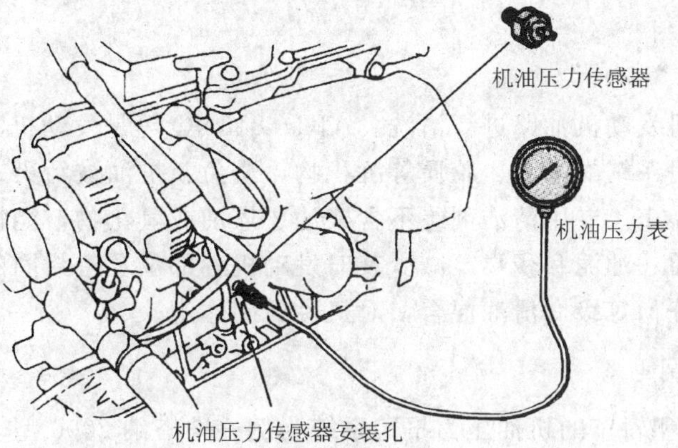

图 2.85　机油压力检测

(2) 将机油压力表软管上的管接头拧进机油压力传感器的安装孔中并拧紧。

(3) 起动发动机，检查机油压力表管接头处，确保无泄漏现象后再进行下一步。

(4) 使发动机工作到正常温度时，观察并记录发动机在怠速和 2000r/min 时的机油压力值。

(5) 将测试压力值与该车规定的机油压力值进行对比分析。

(6) 将机油压力表从机油压力传感器的安装孔上拆下。

(7) 装上机油压力传感器并将其拧紧到规定的转矩，将线束插头接上。

(8) 起动发动机，检查机油压力传感器处是否有机油泄漏现象。

(9) 压力检查结束。

2) 用简易法检查系统油压

在没有检测条件的情况下，简易检查方法尤为重要。为确认机油压力是否建立，可将机油压力传感器拆下，用手指堵住主油道口，起动发动机如果有较强的压力感，证明机油压力已经建立，如果没有压力感，应立即关闭发动机，及时救援。如果有较强的压力感可继续行驶，尽快到达维修站进行进一步检查维修。

3. 清洗油道或集滤器

当机油压力报警灯亮且进行机油压力检测后，如果油压过低，应首先清洗油道或集滤器，清洗方法可采用油道清洗添加剂的方法。油道清洗剂可以自行配制也可使用专用的清洗剂，如 AJC－813NQ 等。

1) 自制清洗剂

自制清洗剂原料为柴油和机油。因为柴油具有很强的洗涤能力和润滑作用，而机油既起洗涤作用又有润滑效果，与柴油混合后既能洗涤发动机又能防止柴油对机件的磨损。配制及清洗方法如下。

(1) 将发动机的旧机油放出后，拧上放油螺栓。

(2) 将 3L 柴油和 2L 新鲜机油充分搅匀后，加到发动机内。

(3) 起动发动机，怠速转动 5min。

(4) 放出清洗剂，即完成了油道清洗。清洗过后应起动钥匙点火几下(不要打着，如果着了要马上熄火)，配合高压气枪对加机油口吹喷，确保清洗剂全部排出以免给润滑造成影响。

2) 专用清洗剂

用专用清洗剂对发动机油路进行清洗。AJC－813NQ 等是发动机油路专用清洗剂，其功能是彻底清除润滑系统的油泥、胶质等沉积物，避免新机油被污染；清洁气门顶杆和摇臂轴，降低发动机噪声。专用清洁剂绝不含柴油、煤油或氢化物，能快速有效去除机油循环系统中的各类胶质、油泥和积炭，减少其对发动机各部位及密封圈的影响，它可从机油加注口注入，可与任何等级润滑油混合，对机件无副作用。

4. 检查报警控制电路

以桑塔纳 2000 型轿车的机油压力报警系统为例。桑塔纳 2000 型轿车的机油压力报警系统由低压油压开关、高压油压开关、油压检查控制器、机油压力指示灯等组成。发动机工作时，它用来检测发动机主油道中机油压力的大小。

1) 检查低压开关

低压开关安装在发动机缸盖上，其外壳直接接地。低压油压开关为常闭型开关；当油压低于 0.03MPa 时常闭(发动机未发动)，当油压高于 0.03MPa 时，开关打开。

低油压开关上的黄色导线进入中央线路板后导入组合仪表盘，接通到油压控制器，送入低油压信号。

2) 检查高压开关

高压开关安装在机油滤清器支架上，其外壳直接接地。高压油压开关为常开型开关，当油压低于 0.18MPa 时，开关常开；当油压高于 0.18MPa 时，开关闭合。

高压开关上的蓝/黑色导线进入中央线路板后导入组合仪表盘，接通到油压控制器，送入高油压信号。

3）检查油压控制器

油压控制器安装在车速里程表的框架上。红色机油压力指示灯位于仪表板上。桑塔纳 2000 轿车机油压力系统的电路如图 2.86 所示。当确定油压正常，但报警灯依然亮起时，应对机油压力开关工作状态及相关线路进行检查，如果都正常，应更换油压检查控制器。

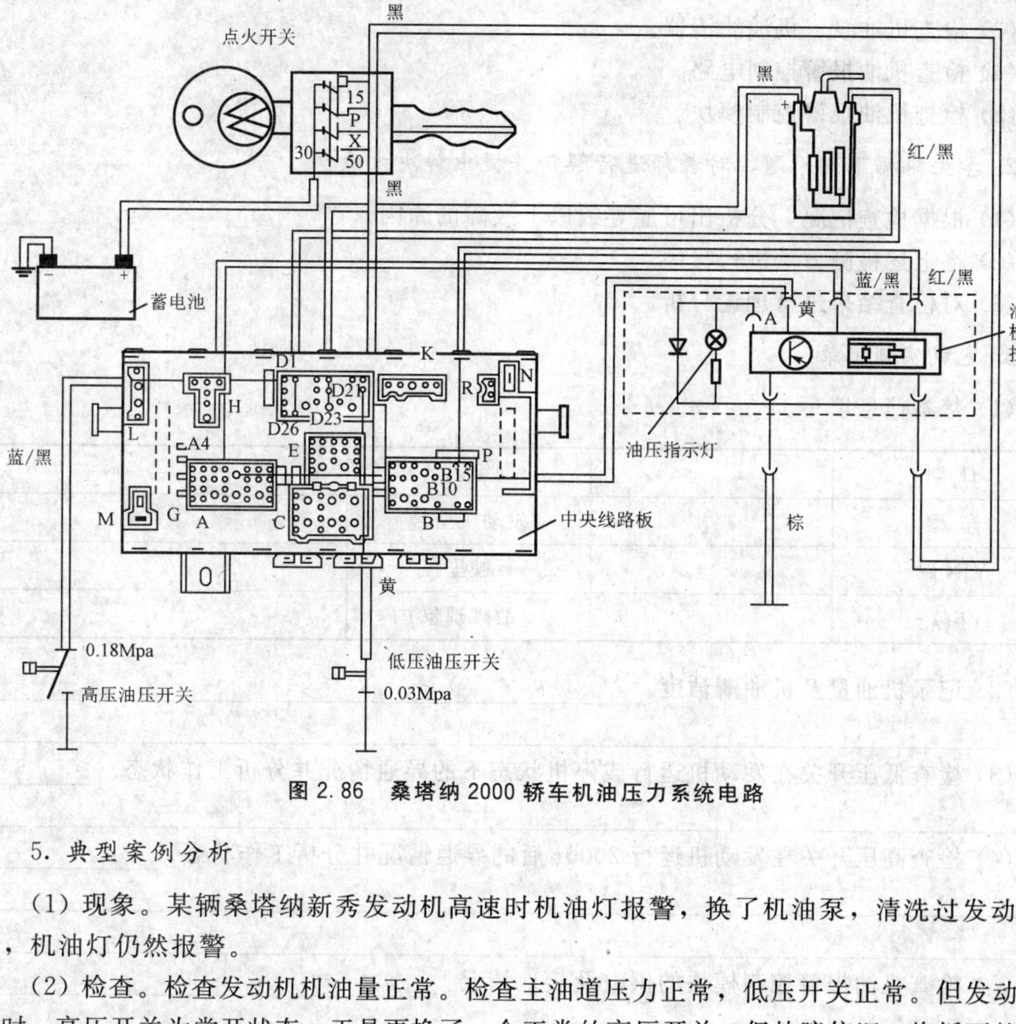

图 2.86　桑塔纳 2000 轿车机油压力系统电路

5. 典型案例分析

(1) 现象。某辆桑塔纳新秀发动机高速时机油灯报警，换了机油泵，清洗过发动机油道，机油灯仍然报警。

(2) 检查。检查发动机机油量正常。检查主油道压力正常，低压开关正常。但发动机高速时，高压开关为常开状态，于是更换了一个正常的高压开关，但故障依旧。将拆下的高压开关仔细检查，发现进油口阻塞严重，清理油道，再换上正常的高压开关后，故障排除。

(3) 提示。机油灯报警与机油压力、报警控制电路和高低压开关有关。更换零件前，要检查相关零件的工作条件，以防进入维修误区。

2.6.4　能力测试

发动机机油灯报警的原因包括机油过少、机油泵故障、油道或集滤器阻塞、机油黏度过低等。实训教师可根据实训条件设置上述相关故障。在实训教师的监督下，由学生独立完成故障的诊断与排除或者由教师充当客户模拟一或几个场景，让学生分组完成故障排除。

场景：某辆桑塔纳99新秀汽车发机机油灯报警，客户反映机油量正常，客户现在要求维修人员进行诊断。

1. 让学生分析并说出检查步骤和方法

（1）检查机油黏度级别。

（2）检查高、低压开关。

（3）检查机油泵、机油滤清器。

（4）检查机油报警控制电路。

（5）检查机油报警控制模块。

2. 学生根据下列问题，对教师进行解释并提出解决方案

（1）根据检查情况，分析出可能导致以上故障的原因。

（2）将上述检测方法进行排序。

（3）对检查结果进行理论分析。

3. 完成实训记录

（1）基本信息填写。

日期		同组人员	
车型		发动机型号	
VIN码		行驶里程	
年款		故障现象	

（2）记录机油量及机油清洁度。______________________________

____

（3）检查低压开关在发动机运行或停机状态下的导通情况并分析工作状态。______

____

（4）检查高压开关在发动机运行2000r后的导通情况并分析工作状态。________

____

____

（5）检查机油报警控制模块的供电及接地情况。____________________

____

____

（6）检查机油报警控制模块的发动机转速信号输入是否正常。__________

____

____

（7）本次实训中存在的疑问有哪些？最大的难点是什么？____________

____

教师评语：____

小　结

(1) 发动机起动困难及无法起动故障诊断，应该从电控系统、油路、点火系统和气缸压力等4个方面着手，逐一分析和排除。

(2) 发动机怠速不良故障诊断应从电控系统、油路和点火系统等方面着手，逐一分析和排除。

(3) 发动机加速不良故障诊断应从从电控系统、油路和点火系统等方面着手，逐一分析和排除。

(4) 发动机的常见异响主要有机械异响、燃烧异响、空气动力异响和电磁异响等。

(5) 发动机异响与发动机的转速、温度、负荷和润滑条件等有关。通过对发动机异响的影响因素的分析，可以找出异响变化的规律，有助于异响故障的诊断。

(6) 听诊器诊断方法是利用听诊器能监测到异响产生的部位、响声特点等，这种方法简单、快速。

(7) 利用示波器能观测到发动机异响产生的缸位、波形特征和波形幅度等，可实现快速、准确诊断。

(8) 发动机常见异响主要有曲轴主轴承响、连杆轴承响、活塞销响、活塞敲缸响、气门响、气缸漏气响、正时齿轮响、汽油机点火敲击响和柴油机着火敲击响等。

(9) 冷却液温度过高(开锅)故障诊断应从冷却液液面检查、查找系统有无泄漏、主要零件检查和水道的清理等方面着手，逐一分析和排除。

(10) 发动机机油灯报警故障诊断应从机油量检查、机油泵故障检查、油道或集滤器清洗和机油黏度选择等方面着手，逐一分析和排除。

习　题

一、单选题

1. 一辆车在很小的节气门开度以稳定的车速行驶时出现缺火并停车，而在其他所有情况下车辆都能正常工作。(　　)是出现该故障最可能的原因。

A. 火花塞间隙过大　　B. 喷油器脏污

C. 爆燃传感器有故障　　D. TPS有故障

2. 有一辆正在维修的车辆，维修人员发现空气滤清器有机油进入。(　　)是最可能的原因。

A. 混合气过浓　　B. EGR阀卡住在关闭位置

C. 催化转化器流动不畅　　D. PCV阀卡住在关闭位置

3. 有汽车客户报修说：起动机转动困难。应该首先检查的是(　　)。

A. 配气机构的工作情况　　B. 蓄电池电压

C. 电控系统　　D. 空气滤清器

4. 在拆下散热器盖、发动机运转的情况下，用气体废气分析仪可以进行(　　)。

A. 检查气缸垫是否穿透　　B. 检查排气门是否烧损

C. 检查节气门是否烧损　　　　　　　　D. 检查发动机真空度

二、简答题

1. 发动机有着火征兆但不能起动，故障原因有哪些？
2. 发动机无着火征兆故障原因有哪些？
3. 发动机怠速不稳易熄火故障原因有哪些？
4. 发动机怠速转速过高故障原因有哪些？
5. 发动机加速时易冒黑烟的故障原因有哪些？
6. 发动机加速时进气管出现回火故障原因有哪些？
7. 发动机加速时发抖的故障原因有哪些？
8. 发动机加速出现爆燃的故障原因有哪些？

项目3

汽车底盘故障诊断

学习目标

通过本项目的学习，能够掌握底盘常见故障的诊断方法。

能力要求

(1) 能够掌握变速器挂挡困难故障的检测流程及检测方法。
(2) 能够掌握自动变速器换挡冲击故障的检测流程及检测方法。
(3) 能够掌握行驶发抖故障的检测流程及检测方法。
(4) 能够掌握制动不良故障的检测流程及检测方法。

项目导入

在底盘维修中变速器挂挡困难、自动变速器换挡冲击、车辆行驶发抖、制动不良和底盘异响等是非常常见的故障。要想诊断上述故障，不仅要掌握底盘工作原理，还要掌握故障诊断方法。本项目利用下面5个学习任务，学习底盘故障诊断技术。

学习任务3.1 手动变速器挂挡困难故障诊断

3.1.1 任务描述

车主描述：我的汽车变速器挂挡比较困难。

维修人员：所有挡位都困难吗？

车主回答：是的。

3.1.2 任务分析

手动变速器车辆在使用中的常见故障有挂挡困难、跳挡、乱挡、起步发抖和异响等。由于对故障原因的分析和诊断方法类似，所以本学习任务就以挂挡困难为例进行学习。

手动变速器出现挂挡困难的原因很多，如离合器分离不彻底、变速器损坏和变速操纵机构出现故障等。因此，首先应将可能的故障原因都找出来，然后逐一分析，才能从中找到引起故障的关键点。变速器挂挡困难的因果关系如图3.1所示。

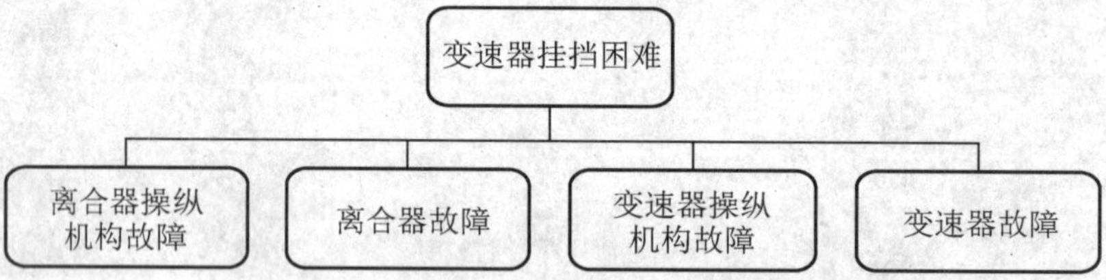

图3.1 变速器挂挡困难的因果关系

3.1.3 任务实施

1. 离合器及操纵机构检查

发动机怠速运转时，踩下离合器踏板，挂挡时有齿轮撞击声，且难以挂入；如果勉强挂上挡，则在离合器踏板尚未完全放松时，发动机也会熄火。检查方法是：踩下离合器踏板时观察离合器分泵行程是否有回缩、行程不足现象如图3.2所示。如果分泵行程正常，应检查离合器；如果分泵行程不正常，应检查离合器操纵机构。

1）检查离合器操纵机构

当离合器踏板自由行程过大、液压系统漏油或液压油不足、液压系统中有空气侵入

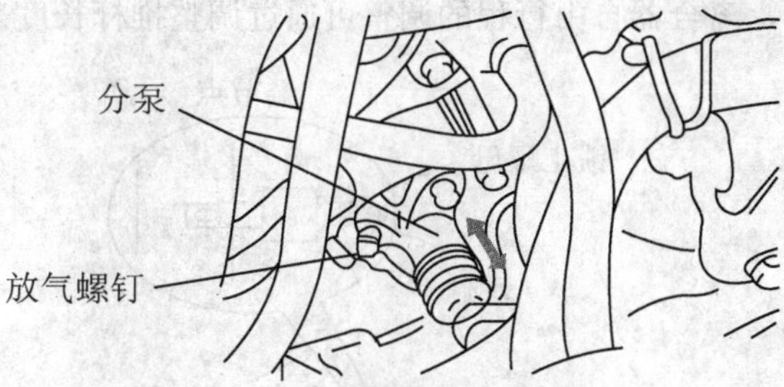

图 3.2 检查离合器分泵行程

时，都将造成离合器操纵机构工作不良或失效。

(1) 基本检查。

① 检查离合器踏板自由行程是否合适，若自由行程过大，应进行调整。

② 检查液压油是否充足；检查液压系统管路、管接头是否漏油。

③ 检查分离杠杆是否变形，支座是否松动，分离杠杆调整是否合适。

(2) 离合器踏板自由行程的检查。用手轻轻压下踏板，直到手感明显变重时，测出这段行程量，即踏板自由行程，其值应符合技术要求标准值 5～8mm，如图 3.3 所示中“C”表示距离。如果不符合规定，应进行调整。

将离合器踏板踩到底时，离合器踏板与搁脚板之间的距离是否在标准值范围内，标准值为 50mm 以上，如图 3.3 所示中“D”表示距离。如果不符合规定，应进行放气或检查主缸、离合器等。

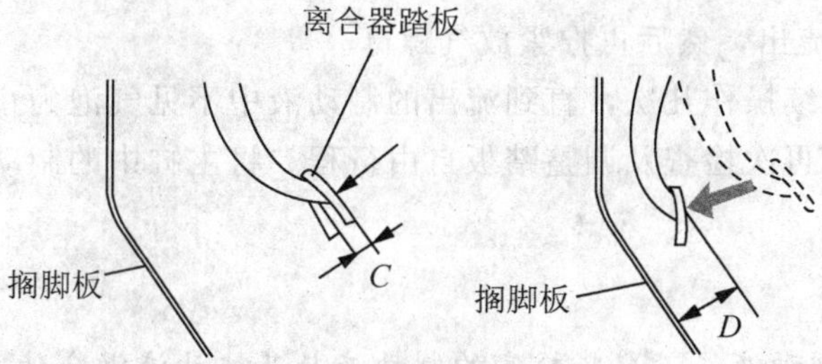

图 3.3 离合器踏板检查

(3) 离合器踏板自由行程的调整。

① 机械式操纵机构的离合器，自由行程的调整可通过调整螺母来完成，如图 3.4 所示中箭头所指为自由行程的调整螺母。

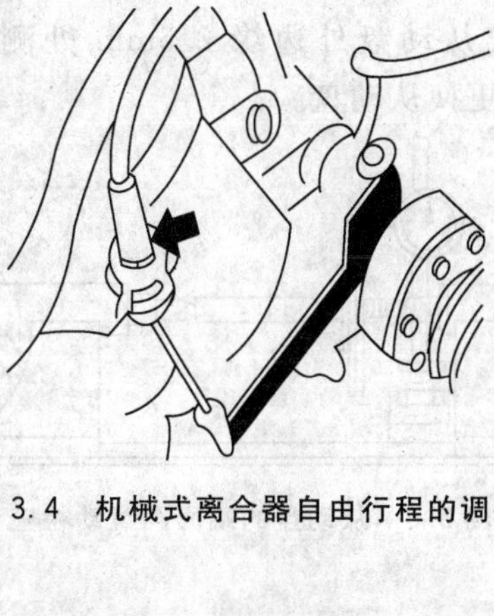

图 3.4 机械式离合器自由行程的调整

② 液压式操纵机构，离合器自由行程的调整可通过调整推杆长度来完成如图 3.5 所示。

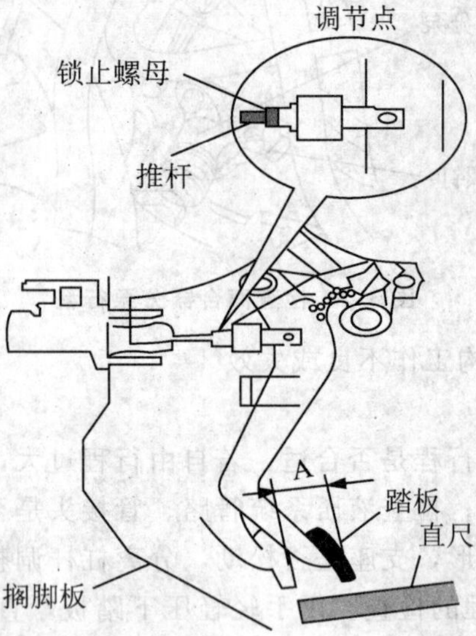

图 3.5　液压式离合器自由行程的调整

(4) 液压操纵系统排气。

① 将主缸储液罐中的制动液加至规定高度，升起汽车，找到放气螺母。

② 在工作缸的放气螺母上安装一软管，接到一个盛有制动液的容器内。

③ 一人慢慢地踏离合器踏板数次，感到有阻力时，踏住不动，另一人将放气螺母拧松，直至制动液开始流出，然后再拧紧放气螺母。

④ 按上述方法连续操作几次，直到流出的制动液中不见气泡为止。

⑤ 空气排净后，再次检查及调整踏板自由行程。将主缸中的制动液加至规定高度。

注意

- 应使用规定的制动液，不要将规定的制动液与其他油液混合使用。

2）检查离合器

检查内容包括从动盘检查、压盘检查、分离杠杆平面度检查、膜片弹簧的检查飞轮端面的检查等。

(1) 从动盘检查。从动盘检查是指检查从动盘的端面圆跳动。首先将从动盘和百分表固定好如图 3.6 所示。在距离从动盘外边缘 2.5mm 处测量，要求最大端面圆跳动为 0.4mm，如果不符合要求，应更换从动盘。

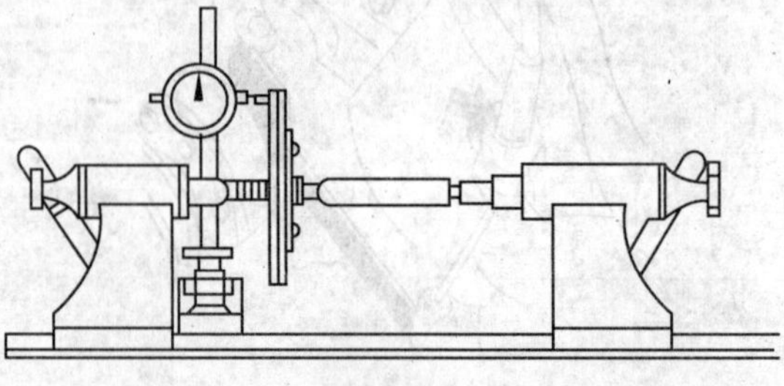

图 3.6　从动盘的端面圆跳动检查

(2) 压盘检查。压盘检查是指检查压盘的平面度和沟槽的深度。压盘平面度检查方法是：用钢直尺压在压盘上，然后用塞尺测量如图 3.7 所示。压盘平面度不应超过 0.2mm。压盘表面不应有明显的沟槽，沟槽深度应小于 0.30mm。

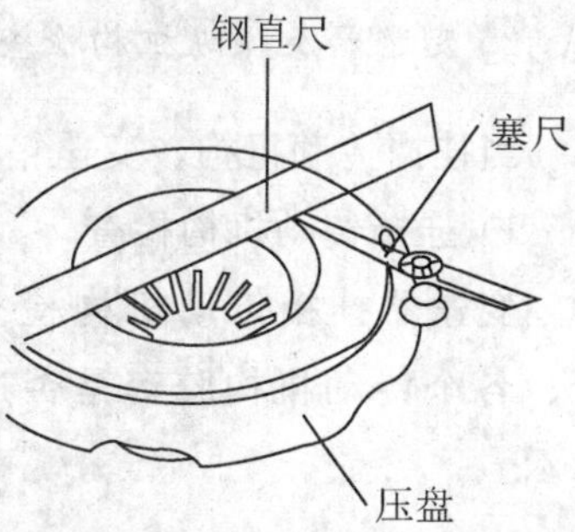

图 3.7 压盘平面度的检查

(3) 膜片弹簧的检查。检查膜片弹簧的磨损程度。用游标卡尺测量膜片弹簧与分离轴承接触部位磨损的深度和宽度如图 3.8 所示。深度应小于 0.6mm，宽度应小于 5mm，否则应更换膜片弹簧。

检查膜片弹簧的变形。用专业工具盖住弹簧分离指内端(小端)，然后用塞尺测量弹簧内端与专用工具之间的间隙如图 3.9 所示。弹簧内端应在同一平面内，间隙不应超过 0.5mm。否则，用维修工具调整变形过大的分离指。

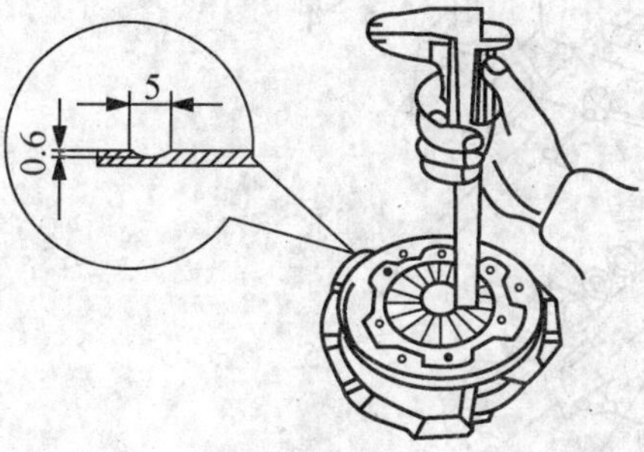

图 3.8 膜片弹簧磨损的检查

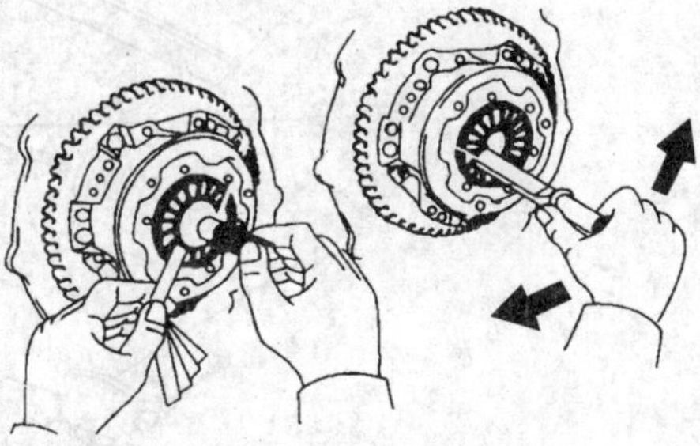
图 3.9 膜片弹簧变形的检查

(4) 飞轮端面的检查。

① 检查飞轮端面是否有烧蚀、沟槽、翘曲和裂纹等现象，如果有，应修理或更换飞轮。

② 检查飞轮端面圆跳动。将百分表吸附在发动机机体上，百分表表针抵在飞轮的最外圈如图 3.10 所示。转动飞轮，测量飞轮的端面圆跳动，应小于 0.1mm。如果端面圆跳动超过标准，应修理或更换飞轮。

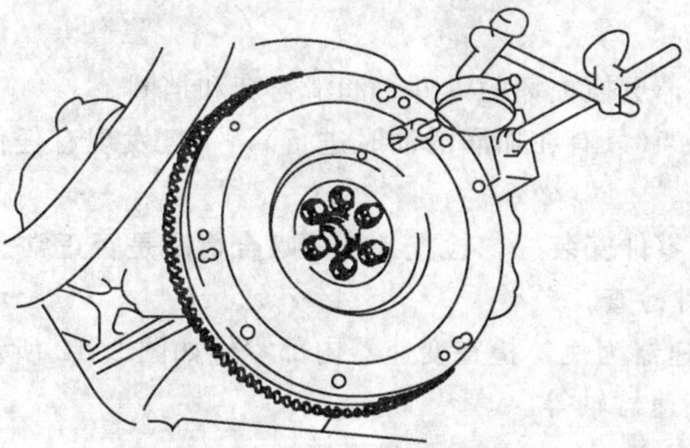
图 3.10 飞轮端面圆跳动的检查

2. 变速器及操纵机构检查

当挂挡传动机构、变速箱内部齿轮或挂挡拨叉有故障时，也会造成挂挡困难。

1）挂挡传动机构检查

变速器挂挡传动机构检查包括：各部件是否变形、是否与其他部件产生运动干涉、各个传动机构胶套是否过度松旷等。以桑塔纳 2000 挂挡传动机构为例如图 3.11 所示。

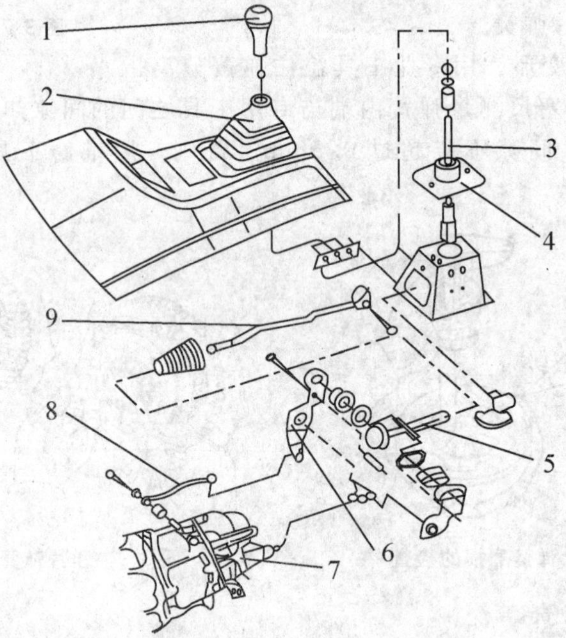

图 3.11　操纵机构组成

1—换挡手柄；2—防尘罩；3—上换挡杆；4—换挡杆支架；5—换挡接合器；6—压板；7—变速器；8—支撑杆；9—下换挡杆

（1）拆下换挡手柄，取下防尘罩和仪表板；拆下固定在上换挡杆的弹簧锁圈，拆下换挡杆支架。

（2）检查所有零件，更换损坏的零件、润滑衬套和挡圈。

（3）分解换挡杆支架(只有在加润滑油时进行)，一旦发现有任何零件损坏时，都应全部更换。

（4）按要求将所有零件安装好，检查各挡的啮合情况是否正常。

2）变速器内部零件检查

以桑塔纳 2000 变速器为例，检查变速器内部零件如图 3.12 所示。检查内容包括挂挡拨叉、各挡同步器和变速器轴等。

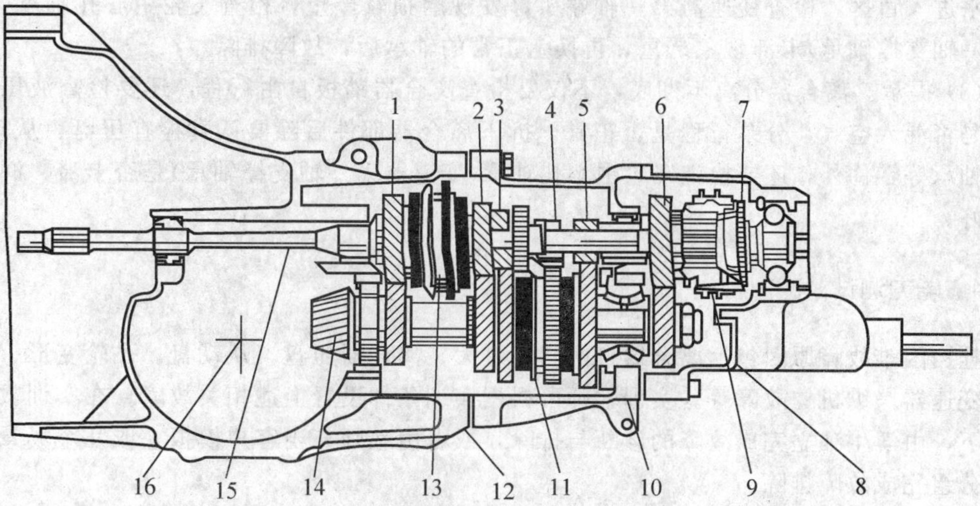

图 3.12　桑塔纳 2000 轿车二轴式变速器传动机构的结构图

1—四挡齿轮；2—三挡齿轮；3—二挡齿轮；4—倒挡齿轮；5—一挡齿轮；
6—五挡齿轮；7—五挡齿轮结合齿圈；8—换挡机构壳体；9—五挡同步器 10—齿轮相体；
11—二挡同步器；12—变速器壳体；13—三四挡同步器；14—输出轴；15—输入轴；16—差速器

① 检查挂挡拨叉是否变形。

② 检查各挡同步器是否损坏。

③ 检查变速器轴是否变形，检查方法如图 3.13 所示。

3）变速器一轴导向轴承检查

如果离合器、变速器均无故障，但挂挡依旧困难，应检查变速器一轴前端与飞轮中心孔的导向轴承是否卡滞如图 3.14 所示。将手指伸入导向轴承孔内，左右转动，应无卡滞现象，否则更换轴承。

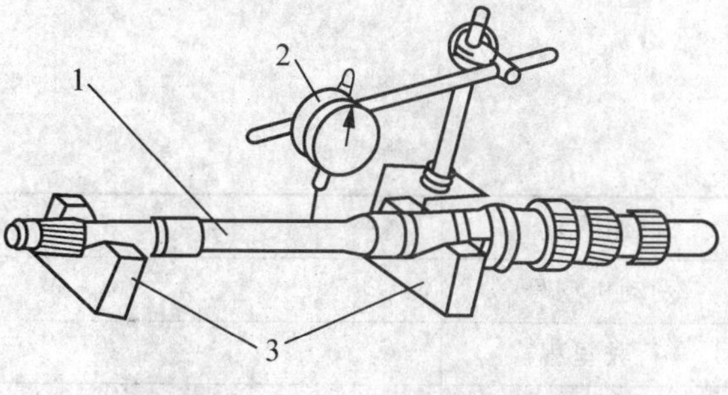

图 3.13　变速器轴弯曲检测

1—变速器轴；2—百分表；3—V 型铁

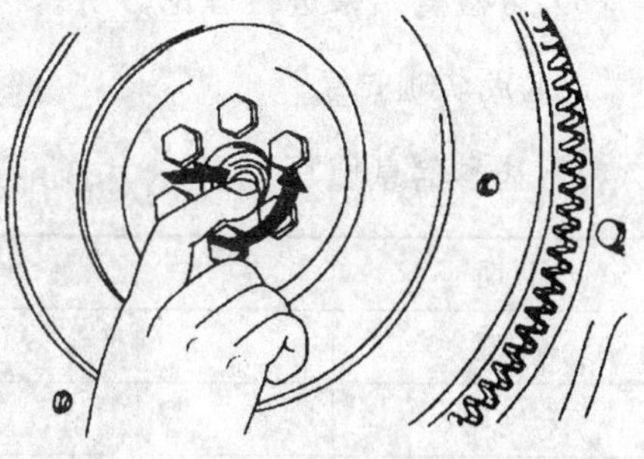

图 3.14　检查导向轴承是否卡滞

3. 典型案例分析

(1) 现象。一辆桑塔纳新秀轿车在怠速时，离合器踏板踏到底，变速器挂挡困难（齿轮有撞击声）或挂上挡后，不抬离合器踏板，汽车就起步或发动机熄火。

(2) 检查。检查离合器踏板自由行程正常；检查液压操纵油路是否混入空气，结果正常；检查离合器分泵行程正常；拆下变速箱检查离合器压盘、从动盘、分离轴承正常。检查似乎进入盲区，检查变速器第一轴端头，发现磨损较严重，检查飞轮中心孔轴承(变速器第一轴支撑轴承)卡滞现象严重，再换上正常的轴承后，故障排除。

(3) 提示。离合器分离不彻底，不仅要检查离合器踏板自由行程，还要检查液压操纵油路是否混入空气，分泵行程是否正常。拆下离合器部件后除要认真检查压盘、从动盘、分离轴承等零件外，还要检查飞轮中心孔轴承(变速器第一轴支撑轴承)是否卡滞、润滑是否良好。

3.1.4 能力测试

挂挡困难故障原因包括离合器自由间隙过大、离合器压盘、从动盘、飞轮变形、变速器和变速器操纵机构故障等。实训教师可根据实训条件设置上述相关故障。在实训教师的监督下，由学生独立完成故障的诊断与排除，或者由教师充当客户模拟一或几个场景，让学生分组完成故障排除。

场景：某辆桑塔纳 99 新秀汽车挂挡出现困难、有打齿现象，客户现在要求维修人员进行维修。

1. 让学生分析并说出检查步骤和方法

(1) 检查离合器自由间隙。

(2) 检查离合器压盘、从动盘、飞轮。

(3) 检查变速器。

(4) 检查变速器操纵机构。

2. 学生根据下列问题，对教师进行解释并提出解决方案

(1) 根据检查情况，分析可能导致以上故障的原因。

(2) 将上述检测方法进行排序。

(3) 对检查结果进行理论分析。

3. 完成实训记录

(1) 基本信息填写

日 期		同组人员	
车 型		发动机型号	
VIN 码		行驶里程	
年款		故障现象	

(2) 将离合器自由间隙调大，起动发动机进行挂挡操作，有何故障现象？是如何分析的？

____

(3) 将离合器分泵油管断开，使管路内进入空气，重新连接管路，起动发动机进行挂挡操作，有何故障现象？是如何分析的？____________________

____

（4）将进入离合器分泵内的空气进行排除，描述排气过程及看到的现象。

____

____

（5）记录离合器零件检测结果，并分析零部件是否符合使用要求。

____

（6）故障是否排除？　是□　　否□

故障点是：____

分析故障诊断流程。

____

____

（7）本次实训中存在的疑问有哪些？最大的难点是什么？

____

教师评语：____

学习任务 3.2　自动变速器换挡冲击故障诊断

3.2.1　任务描述

车主描述：我的汽车是自动挡的，行车换挡时，总有冲击感觉，应该怎么办？

维修人员：每个挡都冲击吗？

车主回答：是的。

3.2.2　任务分析

汽车自动变速器在使用中常见故障有车辆不能行驶、自动变速器打滑、换挡冲击、升挡过迟、不能升挡、有前进挡无倒挡和无前进挡有倒挡等。由于对故障原因的分析和诊断方法很类似，所以本学习任务就以换挡冲击为例进行学习。

自动变速器油压过高、换挡阀卡滞、变速器控制系统故障、执行元件间隙过大等故障，均会造成变速器换挡冲击故障。要把可能的故障原因都找出来，然后逐一分析，才能从中找到引起故障的关键点。变速器换挡冲击故障的因果关系如图 3.15 所示。

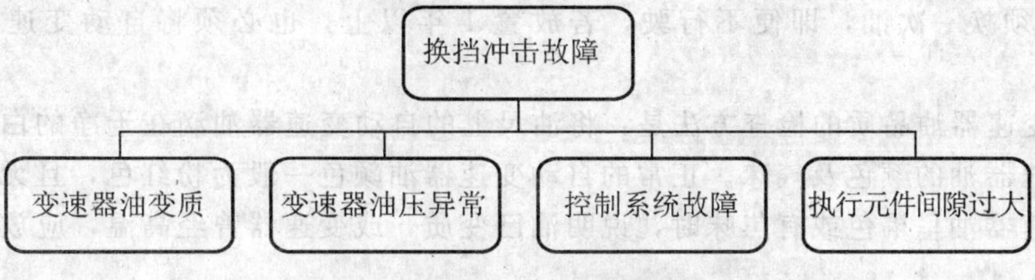

图 3.15　变速器换挡冲击故障的因果关系

3.2.3 任务实施

1. 自动变速器油检查

1) 自动变速器油面的检查

自动变速器油面异常会影响油压，进而影响换挡品质。各种型号自动变速器的加油量都有明确的规定，原则上加油量的标准为：在液力变矩器及各换挡执行元件的活塞都充满油之后，油底壳的油面高度应在行星排等旋转零件的最低位置之下，以免在运行中自动变速器油被剧烈地搅动而产生泡沫，但必须高于阀体总成与自动变速器壳体的安装结合面，以免在工作中渗入空气，影响各个控制阀的正常工作。

自动变速器油面高度的检查方法如下。

(1) 将汽车停放在水平路面上，并拉紧驻车制动。

(2) 发动机怠速运转。

(3) 踩住制动踏板，将选挡杆分别拨至P、R、N、D、2、L等位置，并在每个挡位上停留几秒钟。使液力变矩器和所有换挡执行元件中，都充满自动变速器油，最后再将选挡杆拨至停车挡“P”位。

(4) 拔出油尺并擦干净，将擦干后的油尺全部插入加油管后再拔出，检查油面高度。

(5) 自动变速器油面应位于油尺两刻线之间。自动变速器处于冷态(室温低于25℃)时，油面应在油尺刻线的下限(COOL)附近。而热态时(油温70～80℃)，油面应在油尺刻线的上限(HOT)附近如图3.16所示。若油面高度过低，应继续向加油管内加入自动变速器油，直至油面高度符合规定为止。

(6) 油面高度检查完后，还应检查自动变速器油底盘、油管接头处有无泄漏现象，如有漏油，应立即修复。

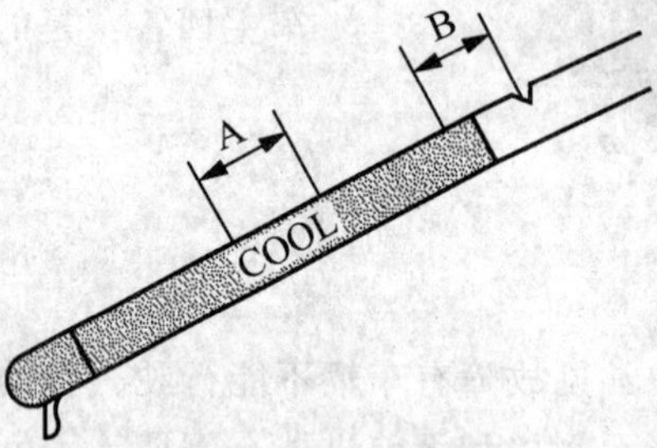

图3.16 自动变速器油面高度的检查

A—冷态时的油面高度范围；B—热态时的油面高度范围

2) 自动变速器油质的检查

一般轿车自动变速器每正常行驶10～20万km(换油间隔里程各汽车公司有不同的规定)，必须换一次油，即便不行驶，若放置1年以上，也必须将自动变速器油全部更换。

自动变速器油品质的检查方法是：将油尺上的自动变速器油滴在干净的白纸上，检查自动变速器油的颜色及气味。正常的自动变速器油颜色一般为粉红色，且无异味。如果自动变速器油呈褐色或有焦味时，说明油已变质，或变速器曾经高温，应放出自动变速器油，进一步检查是否有铁屑等异物，如果有，说明变速器内部有异常磨损或损坏现象。

2. 自动变速器油压检查

1）油压检查的必要性

自动变速器油压检查是测量自动变速器的油路压力，即在自动变速器工作时，测量其控制系统各个油路中的油压，为分析自动变速器的故障提供依据，以便有针对性地进行检修。控制系统的油压正常是自动变速器正常工作的先决条件，如果油压过低，会造成换挡执行元件打滑，加剧其摩擦片的磨损，甚至使换挡执行元件烧毁；如果油压过高，会使自动变速器出现严重的换挡冲击，甚至损坏控制系统。因此，在分解修理自动变速器之前和自动变速器修复之后，都要对自动变速器做油压检查，以保证自动变速器的修复质量。

2）油压检查方法

检查油路压力时，一定要有两人配合：一人进行测量；另一人站在车外观察车轮或车轮垫木的情况。

(1) 预热自动变速器油，使油温处于70～80℃之间。

(2) 拆下自动变速器壳体上的测试塞，将量程为2MPa的油压表连接上。

(3) 拉紧驻车制动器，并用垫木将4个车轮挡住。

(4) 起动发动机并检查怠速转速是否正常。

(5) 将制动踏板踩到底，将选挡手柄换入“D”位。

(6) 在发动机怠速运转的情况下，检查并记录油路压力，将加速踏板踩到底，使转速达到失速转速时，迅速记录油路最高压力。

(7) 用同样的方法对选挡手柄置于“R”位时的油路压力进行检测。

3. 发动机怠速检查

在N挡关闭空调情况下，发动机应有正常怠速。如凌志LS400发动机的正常怠速为650r/min，丰田发动机为750r/min。如果发动机怠速过高，换挡杆挂入前进挡或倒挡时变速器会产生较大的冲击，会造成传动零件的过早损坏。若怠速过低，容易在挂挡时或车辆行驶过程中松油门时发动机熄火。一般轿车怠速的正常范围为650～750r/min，若怠速不正常，应调整或检修发动机。

4. 节气门拉线检查

节气门拉线的松或紧是由于发动机和自动变速器相对位置的移动所造成的。若节气门拉线调整不当，对液控自动变速器会导致换挡时刻的改变，造成换挡过早或过迟，使汽车加速性能变差或产生换挡冲击；对电控自动变速器将导致主油路压力异常，使换挡执行元件打滑或产生换挡冲击。

装用自动变速器的汽车在自动变速器和发动机修理后，装自动变速器节气门拉线时，均应按规定要求进行调整。如图3.17所示检查轧头和防尘套之间的距离，标准距离应为0～1mm。如果不符合，应通过调整螺母进行调整。

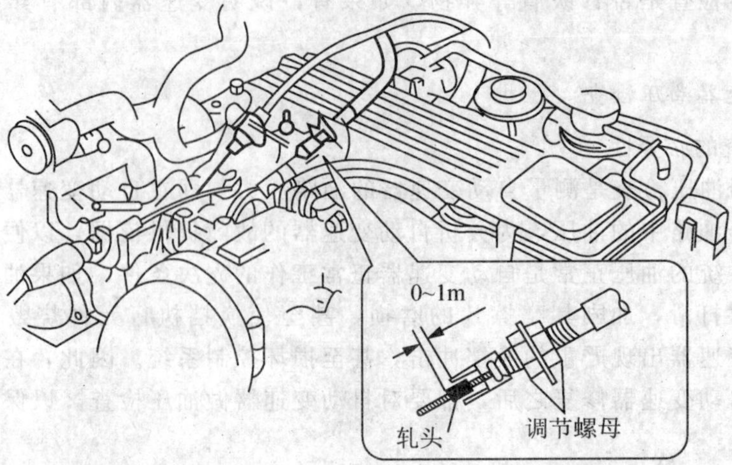

图 3.17　节气门拉线调整

5. 电控系统检查

现代汽车自动变速器均采用电子控制技术，控制电脑内部有一个自诊断电路，它能在汽车行驶过程中不断监测自动变速器控制系统的故障，并将故障以代码的形式记录在电脑内。维修人员可以利用诊断仪将故障代码从电脑内读出，为自动变速器控制系统的检修提供依据。目前故障诊断仪类型多种多样，如大众专用解码器 VAG 1552 如图 3.18 所示和通用型 X－431 解码器等。

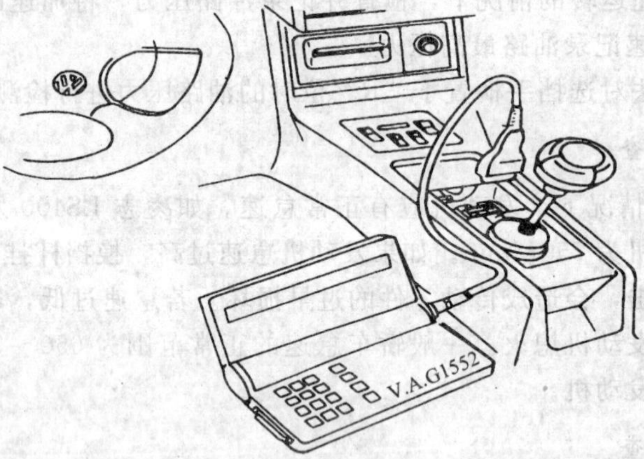

图 3.18　大众专用解码器 VAG 1552

自动变速器电控系统包括传感器、电脑和执行器 3 部分。传感器主要包括节气门位置传感器、车速传感器、水温传感器、油温传感器、空挡起动开关和强制降挡开关、制动灯开关、模式选择开关、OD 开关等；执行器主要包括换挡电磁阀、油压调节电磁阀、锁止离合器电磁阀和 OD OFF 指示灯等。

电脑通过节气门位置传感器和车速传感器来感知发动机负荷和车速情况，根据存储器中的换挡程序决定升挡或降挡，然后给换挡电磁阀控制信号，换至相应挡位，完成自动换挡。

如果自动变速器在工作中，满足了锁止离合器的工作情况，则电脑就会给锁止离合器电磁阀通电，切断油路使锁止离合器工作。

在换挡过程中，为了防止换挡冲击，自动变速器是通过油压调节电磁阀控制换挡油压的。

当自动变速器出现换挡冲击故障时，应首先用诊断仪读取故障信息，如果有故障码，应按故障码提示进行确认并维修。然后利用执行元件诊断功能分别对换挡电磁阀、油压调节电磁阀、锁止离合器电磁阀进行驱动检查。如果没有听见相应电磁阀开启声时，应在电磁阀供电的相应端子连接二极管，如果驱动时极管不闪亮，就检查电磁阀与ECU之间是否断路，检查线路是否对地短路，如未查出导线故障，应检查发动机控制单元。

6. 主要元件检查

1）离合器的检查

(1) 检查离合器鼓、花键毂、离合器片、压盘等是否磨损严重、变形；检查回位弹簧是否断裂、弹性不足，检查单向球阀是否密封不良等，必要时，应更换零件或总成。

(2) 检查离合器间隙。间隙过大会使换挡滞后或换挡冲击、离合器打滑；间隙过小会使离合器分离不彻底。检查方法如图3.19所示，用一个厚薄规测量摩擦片之间的间隙，并与标准间隙值进行对照，正常的间隙范围为1.25～1.55mm，如不符合标准应进行调整。

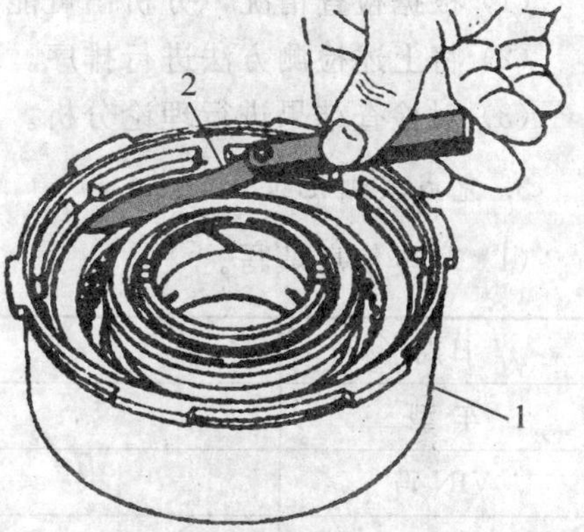

图3.19　离合器的检查

1—离合器总成；2—厚薄规

2）制动器检查

(1) 检查制动器是否有破裂、过热、不均匀磨损和表面剥落等情况。如果有其中任何一种，都应更换制动器。

(2) 检查制动鼓表面是否有污点、划伤、磨光和变形等情况，如果有应更换。

(3) 检查制动器间隙，检查方法同离合器。

7. 典型案例分析

(1) 现象。一辆桑塔纳2000时代超人轿车，在起步时，由停车挡或空挡挂入倒挡或前进挡时，汽车震动较严重，在行驶中，在自动变速器升挡的瞬间汽车有较明显的振动。

(2) 检查。检查变速器油面正常，发动机怠速正常，电控系统故障码诊断结果正常；检查主油路油压，结果高出标准很多，经进一步检查，主油路调压阀有故障，使主油路油压过高，造成各个挡位换挡冲击。更换主油路调压阀，故障排除。

(3) 提示。每个挡位换挡冲击，要重点检查主油路油压。

3.2.4　能力测试

自动变速器换挡冲击故障原因包括：自动变速器油压过高、换挡阀卡滞、怠速调整不当、节气门拉线调整不当、变速器控制系统故障和执行元件间隙过大等。实训教师可根据实训条件设置上述相关故障。在实训教师的监督下，由学生独立完成故障的诊断与排除；或者由教师充当客户模拟一或几个场景，让学生分组完成故障排除。

场景：某辆桑塔纳2000自动变速器出现换挡冲击现象，客户现在要求维修人员进行维修。

1. 让学生分析并说出检查步骤和方法

(1) 检查变速器油面。
(2) 检查系统故障码。
(3) 检查变速器油压。
(4) 检查发动机电控系统。

2. 学生根据下列问题，对教师进行解释并提出解决方案

(1) 根据检查情况，分析出可能导致以上故障的原因。
(2) 将上述检测方法进行排序。
(3) 对检查结果进行理论分析。

3. 完成实训记录

(1) 基本信息填写。

日期		同组人员	
车 型		发动机型号	
VIN 码		行驶里程	
年款		故障现象	

(2) 检查变速器油面，记录检查结果。

(3) 检查系统故障码，分析故障码与现象的关系。

(4) 检查变速器油压，记录怠速时、换挡时油压。

(5) 检查发动机电控系统，分析结果。

(6) 解码器检查锁止离合器控制系统是否正常？

(7) 故障是否排除？ 是□ 否□
故障点是：
分析故障诊断流程。

(8) 本次实训中存在的疑问有哪些？最大的难点是什么？

教师评语：

学习任务3.3　汽车行驶发抖故障诊断

3.3.1　任务描述

车主描述：我的汽车行驶当中发抖怎么办？

维修人员：高低速均发抖吗？

车主回答：高低速都发抖。

3.3.2　任务分析

汽车行驶发抖故障，即汽车前轮摆振(俗称汽车摇头或方向盘摇摆)故障，是指汽车前转向轮在一定行驶速度下，沿一条弯曲的波形轨迹前进，同时前轴在垂直平面内产生振动，引起前轮上下跳动，严重时方向盘发抖，手感发麻，甚至在驾驶室内可看到整个车头晃动。它不仅增加了驾驶员的疲劳程度，危及安全，而且加剧了轮胎磨损，增大了滚动阻力，影响了汽车性能的发挥。

轮胎动平衡故障、四轮定位故障、转向系统故障等，均会造成行驶发抖故障。要把可能的故障原因都找出来，然后逐一分析，才能从中找到引起故障的关键点。汽车行驶发抖故障的因果关系如图3.20所示。

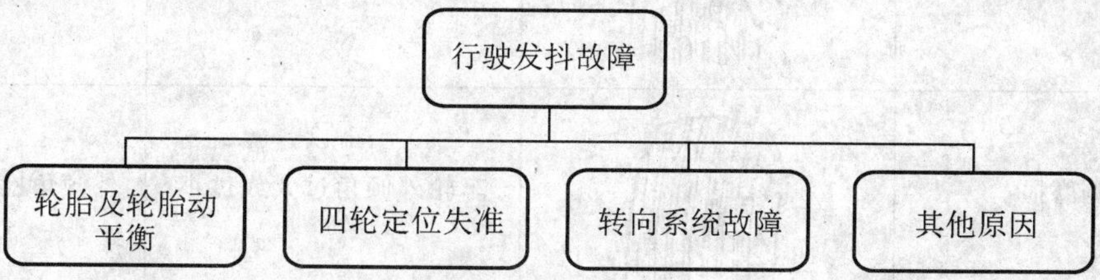

图3.20　汽车行驶发抖故障的因果关系

3.3.3　任务实施

1. 轮胎及轮胎动平衡

1）轮胎花纹检查

轮胎磨损不一致或使用不同花纹的轮胎会影响汽车的行驶稳定性，常见轮胎磨损异常现象及可能原因见表3-1。用轮胎花纹深度尺检查如图3.21所示，方法如下。

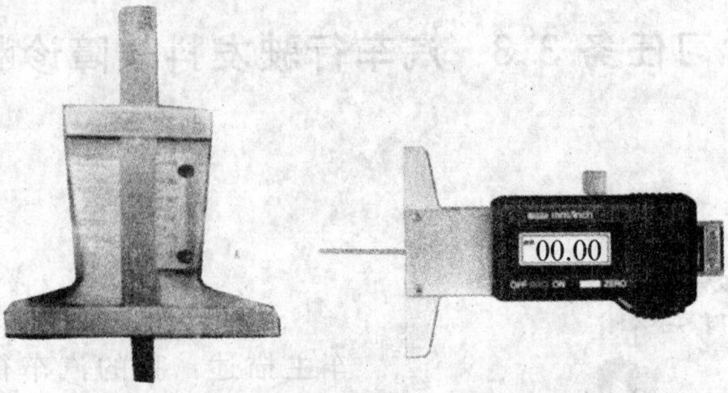

(a)深度尺　　(b)深度测量器

图 3.21　测量轮胎花纹深度工具

表 3-1　常见轮胎磨损异常现象及可能原因

异常现象	图　示	可能原因	维修方法
肩部呈磨损块	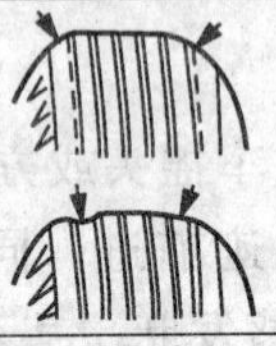	充气不足或换位不够	调整充气压力
胎冠呈磨损块	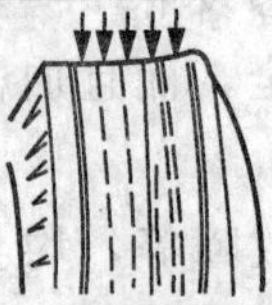	充气过足或换位不够	调整充气压力
胎面有裂纹		经常充气不足	调整充气压力
单侧磨损	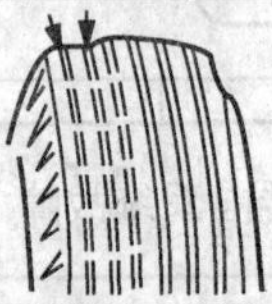	车轮外倾角过大或过小	外倾角检测并调整
边缘呈羽毛状	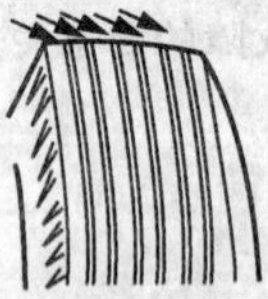	车轮前束值过大或过小	前束值检测并调整
秃点		车轮动不平衡	动平衡调整
槽形磨损		轮胎换位不够或磨损；悬架定位不准	检查轮胎及前悬挂

(1) 将轮胎花纹深度尺的尖端伸入轮胎胎面的同一横截面几个花纹沟中。

(2) 测量并读出一组深度，从中得出平均数。

(3) 对照标准值，分析轮胎胎纹的深度是否符合要求。

轮胎胎纹的深度磨损极限值为 1.6mm；当测量轮胎剩余花纹沟深度低于规定值时，必须尽快更换。检查方法如图 3.22 所示。

图 3.22　轮胎花纹深度的检测

2) 轮胎动平衡检查

车轮不平衡对汽车性能的影响很大：一方面使整车有上、下跳动的趋势，引起垂直方向的振动，影响汽车行驶的平顺性；另一方面引起转向轮横向摆动，影响汽车操纵稳定性和行驶安全。车轮不平衡还会加剧轮胎、转向机构、行驶系及传动系统零部件的冲击和磨损，缩短其使用寿命。

(1) 引起车轮不平衡的因素。

① 前轮定位不当，尤其是前束和主销倾角，不仅影响汽车的操纵性和行驶稳定性，而且会造成轮胎偏磨。这种胎冠的不均匀磨损与轮胎不平衡形成恶性循环，因而使用中出现车轮不平衡，也是车轮定位角失准的信号。

② 轮胎和轮辋以及挡圈等因几何形状，失准或密度不均匀而先天形成的重心偏离。

③ 因轮毂和轮辋定位误差使安装中心与旋转中心难以重合。

④ 维修过程的拆装破坏了原有的整体综合重心。

⑤ 轮辋直径过小，运行中轮胎相对于轮辋在圆周向滑移，从而发生波状不均匀磨损。

⑥ 车轮碰撞造成的变形引起的质心位移。

⑦ 轮胎翻新中因定位精度不高而造成新胎冠厚度不均匀而使重心改变。

⑧ 高速行驶中制动抱死而引起的纵向和横向滑移，会造成局部的不均匀磨损。

(2) 轮胎动平衡检测仪。目前广泛使用离车式轮胎动平衡检测仪，按其主轴布置形式分为卧式平衡仪和立式平衡仪两种类型如图 3.23 所示。

立式车轮平衡仪虽然装卸车轮不如卧式平衡仪方便，但立式平衡仪的精度极高，灵敏度可达到 3g，且具有良好的重复性和稳定性。

车轮平衡仪的参数显示和操作系统，如图 3.24 所示最典型的一种操作面板。旋钮 8 设定轮辋厚度 B，旋钮 7 设定轮辋直径 D，旋钮 6 则设定安装位置 C。

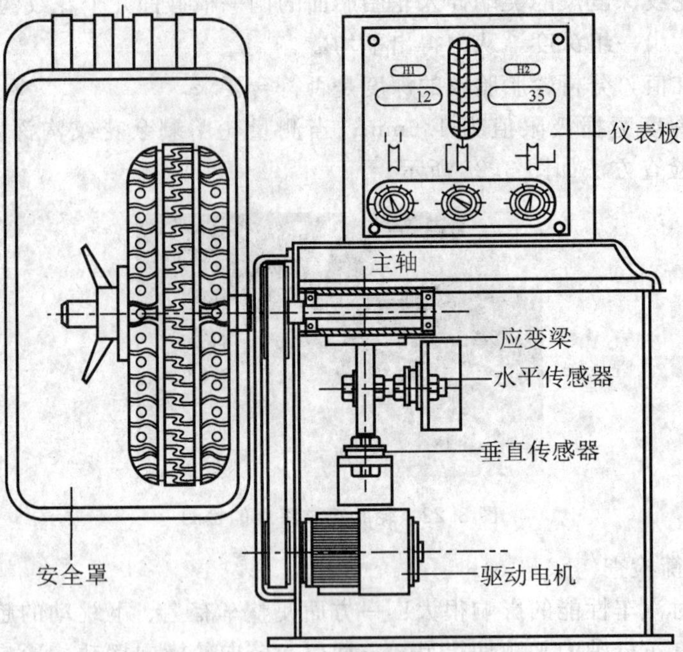

(a)卧式车轮平衡仪

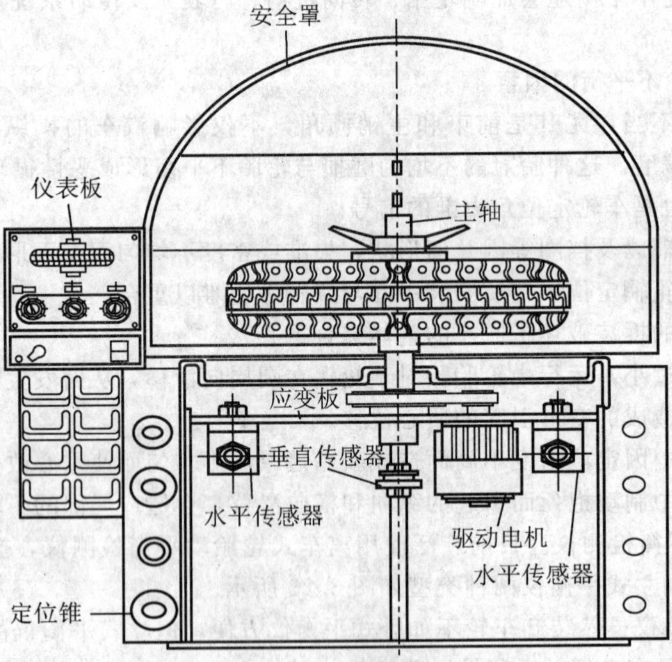

(b)立式车轮平衡仪

图 3.23　车轮平衡仪

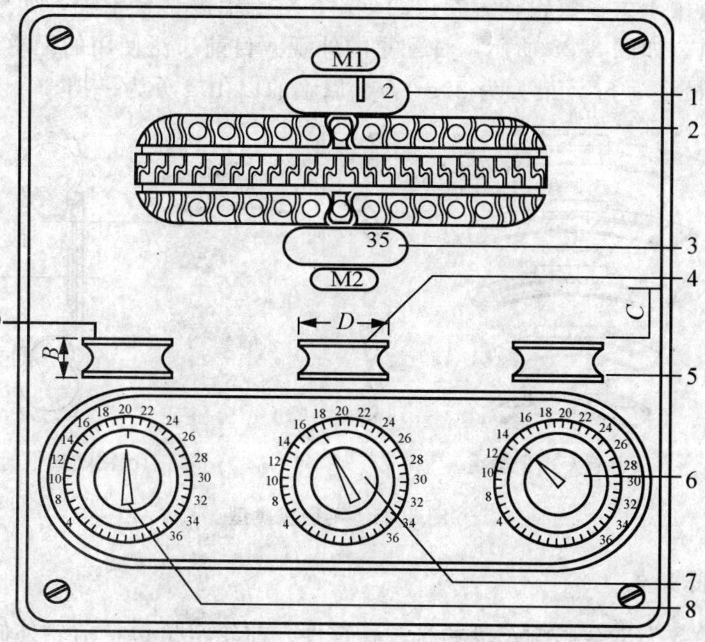

图 3.24　显示面板

1—上平衡量；2—平衡相位指示；3—下平衡量；4—轮辋直径；5—安装位置；
6—安装位置设定；7—轮辋直径设定；8—轮辋厚度设定；9—轮辋厚度

对于立式平衡仪，C 值是胎面至顶面安全罩的距离(安全罩转下处于工作状态)，对于卧式平衡仪，C 值是胎面至平衡仪箱体的距离。

(3) 车轮动平衡检查。

① 清除被测车轮上的泥土、石子和旧平衡块。

② 检查轮胎气压，必要时充至规定值。

③ 根据轮辋中心孔的大小选择锥体，仔细地装上车轮，用大螺距螺母上紧。

④ 打开电源，检查指示控制装置的面板是否指示正确。

⑤ 用卡尺测量轮辋宽度、轮辋直径(也可胎侧读出)，用平衡机上的标尺测量轮辋边缘至机箱距离，再用输入或选择器旋钮对准测量值的方法，将以上参数值输入指示控制装置中去。

⑥ 放下车轮防护罩，按下起动键，车轮旋转，平衡测试开始，微机自动采集数据。

⑦ 车轮自动停止或听到“笛”声按下停止键并操纵制动装置使车轮停止旋转后，从指示装置读取车轮内、外不平衡量和不平衡位置。

⑧ 抬起车轮防护罩，用手慢慢转动车轮。当指示装置发出指示时停止转动。在轮辋的内侧或外侧上部(12 点位置)加装指示装置显示的该侧平衡块质量。内、外侧要分别进行，平衡块装卡要牢固。

⑨ 安装平衡块后有可能产生新的不平衡，应重新进行平衡试验，直至不平衡量小于5g，指示装置显示“00”或“OK”时才能结束测试。

⑩ 测试结束，关闭电源开关，拆下轮胎。

(4) 平衡重类型。车轮平衡的平衡重也称作配重，目前常用卡夹式配重或粘贴式配重。卡夹式配重用于大多数轮辋有卷边的车轮；对于铝镁合金轮辋，如果无卷边可夹，则使用粘贴式配重，如图 3.25 所示两种配重的外观。目前广泛使用的配重以克(g)为基础单位，分 14 挡，最小为 5g，最大为 80g，60g 以上的以 10g 分为一挡。

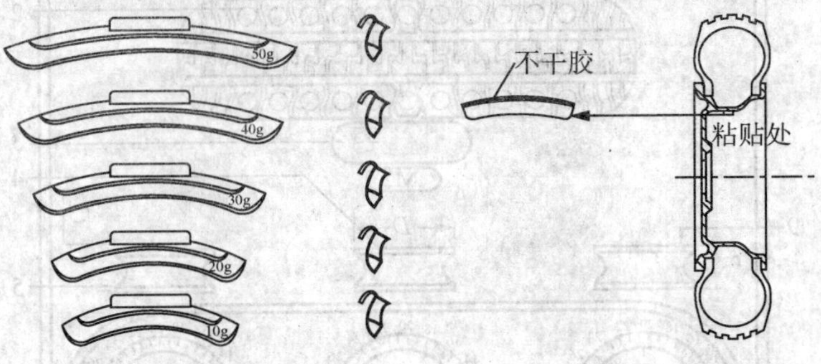

图 3.25　平衡重类型

2. 四轮定位失准

前轮定位参数失准会影响车辆的行驶稳定性。前轮定位包括前轮外倾、前轮前束、主销内倾和主销后倾 4 个要素，且不同型号的车型都有各自的参数值。如果前桥弯扭变形，主销与衬套磨损过于松旷，钢板弹簧固定松旷或错位等都会使前轮定位参数失准，从而破坏转向轮的稳定效应，引起前轮摆振。

1) 检测方法分类

汽车车轮定位的检测有静态检测法和动态检测法两种类型。静态检测法是在汽车停止的状态下，使用测量仪器对车轮定位进行几何角度的测量。动态检测是在汽车以一定车速行驶的状态下，用测量仪器或设备检测车轮定位产生的侧向力或由此引起的车轮测滑量。

车轮定位值的静态检测设备有气泡水准式、光学式、激光式、电子式和计算机式等车轮定位仪。气泡水准式定位仪由于结构简单、价格低廉和便于携带等优点，在国内获得广泛应用。计算机式车轮定位仪比较先进，目前国内外生产的定位仪多以这种类型为主，且一般为四轮定位仪，可同时检测前、后轮的定位参数。计算机式车轮定位仪由于采用微电脑技术和精密传感测量技术，并备有完整齐全的配套附件，所以具有测量准确和操作简便等优点。

2) 四轮定位检测方法

四轮定位仪可检测的项目包括前轮前束、前轮外倾角、主销后倾角、主销内倾角、后轮前束、后轮外倾角、轮距、轴距、推力角和左右轴距差等。下面以电脑式四轮定位仪为例如图 3.26 所示。并说明四轮定位仪的使用方法。

(1) 检测前的准备。

① 把汽车开上举升平台，托住车轮，把汽车举升 0.5m(第一次举升)。

② 托住车身，把汽车举升至车轮能自由转动(第二次举升)的位置。

③ 拆下各车轮，检查轮胎磨损情况，要求各轮胎磨损基本一致。

④ 检查轮胎气压，使其符合标准值。

⑤ 先进行车轮动平衡检查，动平衡完成后，将车轮装回车上。

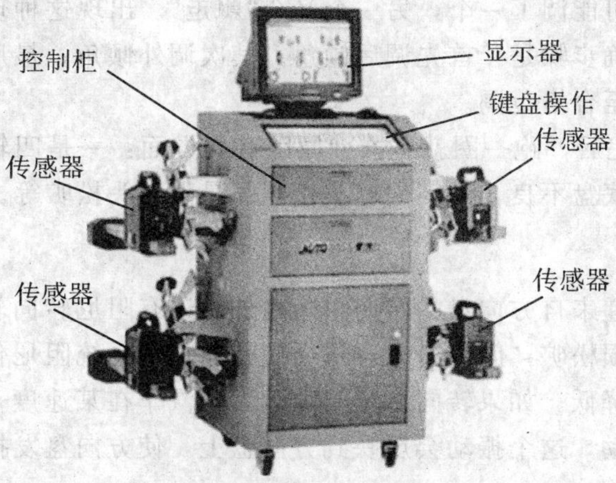

图 3.26 电脑式四轮定位仪

⑥ 检查车身高度，检查车身 4 个角的高度和减振器技术状况，如车身不平应先调平，同时检查转向系统和悬架是否松旷，如松旷则应先紧固或更换零件。

(2) 检测步骤。

① 把传感器支架安装在轮辋上，再把传感器(定位校正头)安装到支架上，并按使用说明书的规定调整。

② 开电脑主机进入测试程序，输入被测汽车的车型和生产年份。

③ 进行轮辋变形补偿，转向盘位于直驶位置，使每个车轮旋转一周，即可把轮辋变形误差输入电脑。

④ 降下第二次举升量，使车轮落到平台上，把汽车前部和后部向下压动 4～5 次，使各部位落到实处。用制动锁压下制动踏板，使汽车处于制动状态。

⑤ 将转向盘左转至电脑显示“OK”，输入左转角度数；然后将转向盘右转至电脑显示“OK”，输入右转角度数。

⑥ 将转向盘回正，电脑显示出后轮的前束及外倾角数值。调正转向盘，并用转向盘锁锁止转向盘，使之不能转动。

⑦ 将安装在 4 个车轮上的定位校正头的水平仪调到水平线上，此时电脑显示出转向轮的主销后倾角、主销内倾角、转向轮外倾角和前束的数值。电脑将比较各测量数值，得出“无偏差”、“在允许范围内”或“超出允许范围”的结论。若“超出允许范围”，按电脑提示的调整方法进行针对性调整。调整后仍不能解决问题，则应更换有关零部件。

⑧ 再次压试汽车，将转向轮左右转动，看屏幕上数值有无变化，若有变化应重新调整。

⑨ 拆下定位校正头和支架，进行路试，检查四轮定位调整的效果。

3) 四轮定位常见问题

(1) 四轮定位做补偿。除了 LUB、BMW 及 Porsch 外，所有公司的四轮定位仪都要求做补偿，以确保四轮定位测量准确。LUB、BMW 及 Porsch 要求使用特殊枕头，从其钢圈上的 4 个小洞可以直接接上轮轴，因此才不需做补偿。四轮定位不进行补偿，将大大影响测量精度。

(2) 在四轮定位调整中出现“飘走”现象。指四轮定位调整过程中，有时会很难将所有参数调至合格范围，可能调了一个，另一个又会“飘走”。出现这种现象主要是没有按照规定步骤进行调整。正确步骤是：首先调后倾角；其次调外倾角；最后调整前束角。这样会轻松地将所有参数调至合格范围。

(3) 四轮定位做完后，跑一圈就不准。原因有两方面：一是四轮定位仪不准或测量操作不规范；二是车子底盘不良，如转向球头松旷、悬架球头松旷等。

3. 转向系统故障

转向机构除了传递来自方向盘的转向扭矩之外，还有阻尼转向轮自动偏转的作用。若转向机构各配合件磨损松旷，间隙过大，将会使转向传动系统阻尼作用减弱，振动位移量加大，前轮稳定效应降低。如果转向系统间隙过大，汽车在某速度范围内行驶时，转向轮会围绕主销发生角振动，这个振动会反映到方向盘上，使方向盘发抖。

1) 故障原因

(1) 若汽车在不平坦的道路上行驶，低速情况下发生摆振，主要原因是转向系各部位配合间隙过大及转向轮定位失准。

(2) 汽车高速行驶时发生转向轮摆振，一般为车轮不平衡。

2) 检查方法

(1) 检查转向系、悬架各部件的配合间隙，如图 3.27 所示用撬棍检查球头间隙，并及时排除故障。

(2) 对转向轮定位进行检测和调整。

(3) 对转向轮进行动平衡检测。

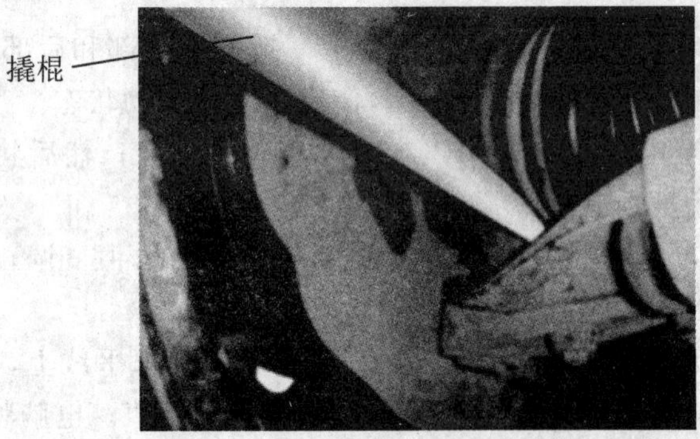

图 3.27 用撬棍检查球头间隙

4. 其他原因

1) 轮辋检查

前轮轮辋摆差过大(超过 5mm)，车轮滚动必然产生摆振，轮胎螺钉松动，也会产生前轮摆振的后果，会引起车辆高速摆头。检查方法如下。

(1) 顶起前桥，转动车轮，检查轮辋及挡圈应无裂纹和变形。

(2) 检查螺钉应齐全并紧固，扭力矩应符合规定力矩，螺纹孔磨损不应大于 1.5mm。

(3) 利用百分表检查前轮轮辋摆差不应大于 3mm，如图 3.28 所示。

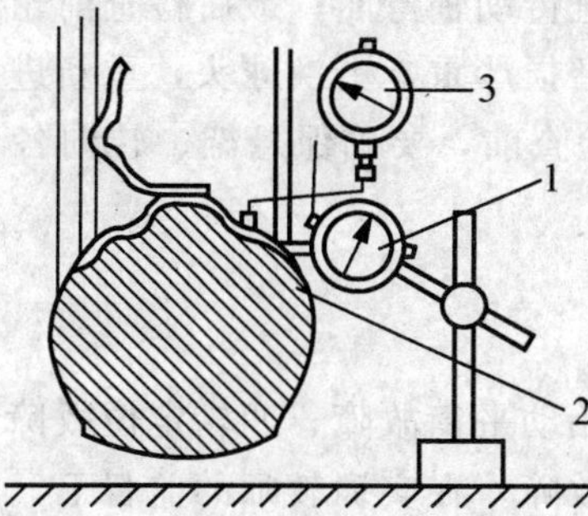

图 3.28　前轮轮辋检查

1—百分表(测量轴向偏差)；2—轮辋内侧；3—百分表(测量径向偏差)

2）轮胎跳动检查

(1) 径向跳动检查。将百分表置于胎面，如图 3.29 所示，用手缓慢转动车轮，记下百分表读数，即为轮胎的径向跳动量，规定径向跳动量不应大于 0.8mm。

(2) 轴向跳动检查。将百分表置于胎面，如图 3.30 所示，用手缓慢转动车轮，记下百分表读数，即为轮胎的轴向跳动量，规定轴向跳动量不应大于 1.2mm。

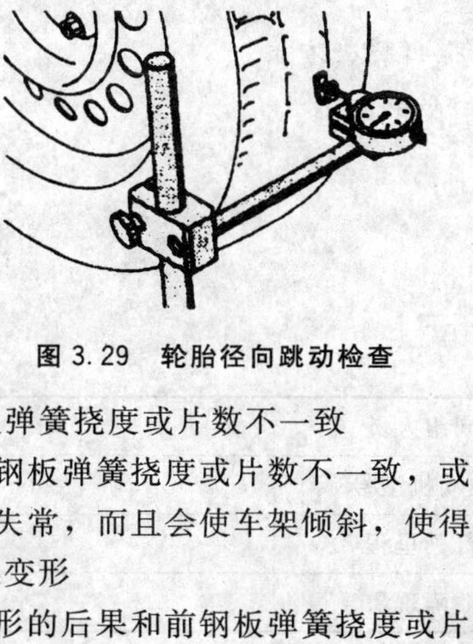

图 3.29　轮胎径向跳动检查

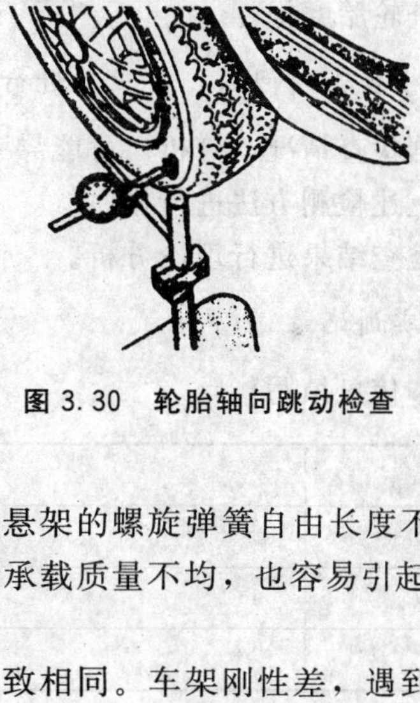

图 3.30　轮胎轴向跳动检查

3）钢板弹簧挠度或片数不一致

前左右钢板弹簧挠度或片数不一致，或麦弗逊悬架的螺旋弹簧自由长度不同。不仅会使前轮定位失常，而且会使车架倾斜，使得两前轮承载质量不均，也容易引起前轮摆振。

4）车架变形

车架变形的后果和前钢板弹簧挠度或片数不一致相同。车架刚性差，遇到颠簸，使承载重心交变游动，造成前轮摆振。

5）轮胎气压过高

轮胎气压过高，遇到颠簸便过于弹跳，再加上其他不良因素，也会引起前轮摆振。

6）货物装载不合理

货物装载过于靠后或过于偏左偏右、载物重心容易交变、游动者(如油罐车、洒水车等)，也容易引起前轮摆振。

5. 典型案例分析

(1) 现象。某辆桑塔纳 2000 时代超人轿车，在行驶时方向盘发抖，低速时较为明显，高速行驶中相对略轻。

(2) 检查。检查轮胎气压、动平衡；检查前轮毂变形或轮胎螺栓紧固情况；检查传动系统零部件安装紧固情况；检查传动轴弯曲；最后检查前轮定位，发现每次检查结果有较大变化。经检查一个转向球头磨损严重，更换球头，重新进行四轮定位，故障排除。

(3) 提示。进行四轮定位检查前，要确保悬架、转向各个零件完好，否则会影响四轮定位精度。

3.3.4 能力测试

行驶发抖故障原因包括轮胎动平衡故障、四轮定位故障、转向系统故障等。实训教师可根据实训条件设置上述相关故障。在实训教师的监督下，由学生独立完成故障的诊断与排除，或者由教师充当客户模拟一或几个场景，让学生分组完成故障排除。

场景：一辆桑塔纳 99 新秀汽车高速行驶时方向盘发抖。客户现在要求维修人员进行维修。

1. 让学生分析并说出检查步骤和方法

(1) 检查轮胎动平衡。
(2) 检查四轮定位。
(3) 检查转向系统间隙是否过大。
(4) 检查轮胎磨损。

2. 学生根据下列问题，对教师进行解释并提出解决方案

(1) 根据检查情况，分析出可能导致以上故障的原因。
(2) 将上述检测方法进行排序。
(3) 对检查结果进行理论分析。

3. 完成实训记录

(1) 基本信息填写。

日期		同组人员	
车型		发动机型号	
VIN 码		行驶里程	
年款		故障现象	

(2) 对轮胎进行胎压、花纹深度、异物检查，记录检查结果。______

______

(3) 进行轮胎动平衡检查，记录检查结果。______

______

(4) 检查转向系统、悬架间隙，记录检查结果。______

______

(5) 进行四轮定位检查，记录检查结果。______

______

(6) 故障是否排除？ 是□ 否□

故障点是：______

分析故障诊断流程。

____

（7）本次实训中存在的疑问有哪些？最大的难点是什么？

____

教师评语：______________________________

学习任务 3.4 汽车制动系统故障诊断

3.4.1 任务描述

车主描述：我的汽车刹车不太好使怎么办？

维修人员：跑偏吗？

车主回答：不仅跑偏，还发抖。

3.4.2 任务分析

制动系统故障包括跑偏、发抖、沉重、制动距离过大、制动发咬、ABS 功能失效等。不同故障现象，其原因不同，因此要把可能的故障原因都找出来，然后逐一分析，才能从中找到引起故障的关键点。制动不良故障的典型现象如图 3.31 所示。

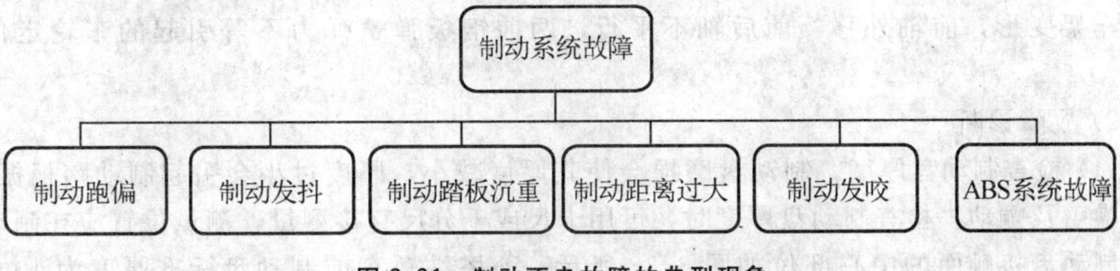

图 3.31 制动不良故障的典型现象

3.4.3 任务实施

1. 制动跑偏故障诊断

制动时左、右轮制动力不等或制动生效时间不一致，导致汽车向制动力较大或制动作用较早一侧偏驶。若汽车向左偏斜，即为右轮制动性能差；反之则为左轮制动性能差。

1）故障原因

左、右车轮制动间隙大小不等，或接触面积相差太大，或摩擦片材料不一致，或质量不同；左、右车轮制动鼓内径相差过多，或回位弹簧拉力相差很大，或轮胎气压不等；个别车轮摩擦片有油污、硬化或铆钉外露，或制动鼓失圆；车架变形，前轴外移，前后轴不平行，两前钢板弹簧弹力不等。

2）故障诊断

（1）对于普通制动系统，可根据路试轮胎拖印来判断，拖印短或没有拖印的车轮即为制动效能不良。

（2）对于气压制动系统，若某个车轮制动不灵时，应先检查制动气室。方法是：一人踏住制动踏板；另一人检查该车轮制动气室、气管或接头有无漏气，若有漏气之处，应修理；若没有漏气处，应检查制动气室推杆伸缩情况，检查是否有弯曲、变形或卡住现象；检查左、右推杆行程是否一致。

（3）对于油压制动系统，一人踏住制动踏板；另一人检查该车轮制动分泵是否有空气（打开放气螺钉），如果没有空气，而且油压正常，应检查摩擦片是否有油污、间隙过大等。

（4）将车轮架起，检查摩擦片是否有油污；检查制动间隙是否过大。

（5）踩下制动踏板并迅速抬起，看制动蹄回位是否迅速。若不能迅速回位，多为制动蹄回位弹簧拉力不足或凸轮轴卡住，应进行修理或更换。

（6）拆下制动鼓，检查是否失圆。摩擦片是否磨损过甚或硬化，铆钉头是否外露，弹簧拉力是否符合标准，调整臂凸轮轴转动是否灵活。

（7）因摩擦片材料不同而引起制动跑偏时，应换摩擦片。

2. 制动发抖故障诊断

由于左、右轮制动力不平衡，导致汽车制动时方向盘抖动，严重的车身跟随抖动较大。

1）故障原因

左、右车轮制动盘厚度差异较大，制动盘端面圆跳动超差，或摩擦片材料不一致，或质量不同；左、右车轮制动鼓内径相差过多，或回位弹簧拉力相差很大，或轮胎气压不等，车架变形，前轴外移，前后轴不平行，两前钢板弹簧弹力不等引起的车轮定位失准等。

2）故障诊断

（1）检查制动盘厚度。制动盘磨损会使其厚度减小，厚度过小会引起制动踏板振动、制动噪声及颤动。检查制动盘厚度时，可用卡尺或千分尺直接测量，测量位置应在制动衬片与制动盘接触面的中心部位如图 3.32 所示。桑塔纳轿车前制动盘标准厚度为 10mm，使用极限为 8mm。若低于极限尺寸时，应予更换。

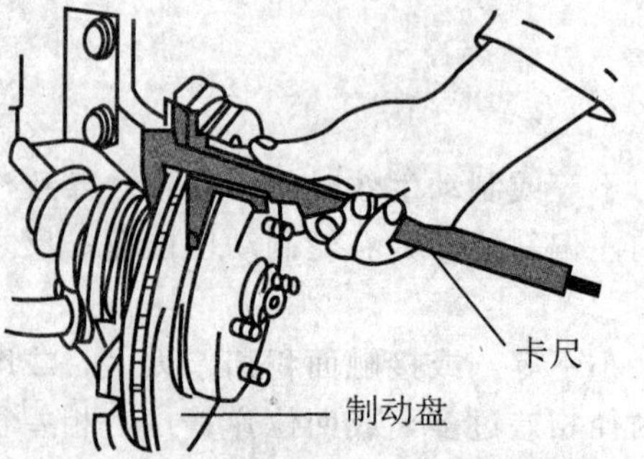

图 3.32　制动盘厚度的检查

(2) 检查制动盘端面圆跳动。制动盘的轴向跳动过大会使制动踏板抖动或使制动衬片磨损不均匀。用百分表可以检查制动盘的端面圆跳动如图 3.33 所示。轴向跳动量应不大于 0.06mm。不符合要求时，应进行机加工修复(加工后的厚度不得小于 8mm)或更换。

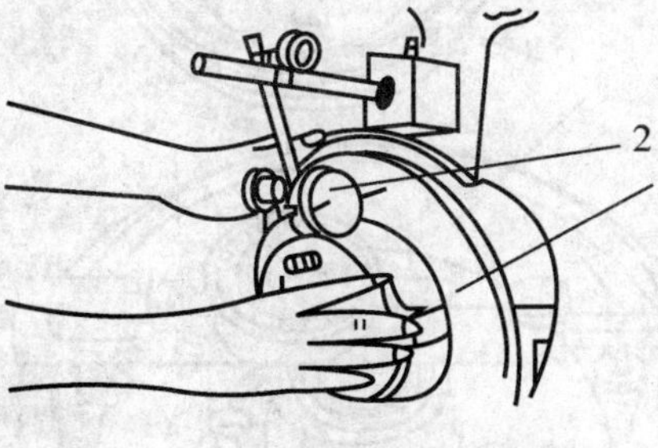

图 3.33　制动盘端面圆跳动的检查

1—制动盘；2—百分表

(3) 检查制动衬片厚度。检查制动衬片厚度时，应先将制动衬片拆下，用直尺测量。制动衬片摩擦片的厚度为 14mm(不包括底板)，使用极限为 7mm。

若车轮未拆下，外侧的摩擦片可通过轮辐上的检视孔，用手电筒目测检查。内侧摩擦片，利用反光镜进行目测如图 3.34 所示。

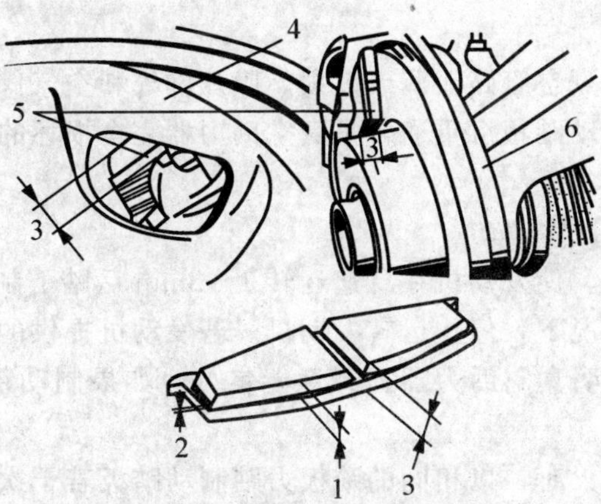

图 3.34　制动衬片厚度的检查

1—摩擦片厚度；2—摩擦片磨损极限厚度；3—制动块衬片总厚度；
4—轮辋；5—外制动衬片；6—制动盘

(4) 检查制动鼓内孔磨损情况。

① 检查制动鼓内孔有无烧损、刮痕和凹陷，若不能修磨应更换新件。

② 检查制动鼓内孔尺寸及圆度误差如图 3.35 所示。方法是用卡尺检查内孔尺寸，标准值为 Φ180mm，使用极限为 Φ181mm。用测量工具测量制动鼓内孔的圆度误差，使用极限为 0.03mm，若超过极限，应更换新件。

3. 制动踏板沉重故障诊断

对于液压制动系统，若制动踏板沉重，一般就是真空助力器出现了故障，需要检查真空助力器的密封性、真空管路是否漏气及真空单向阀。

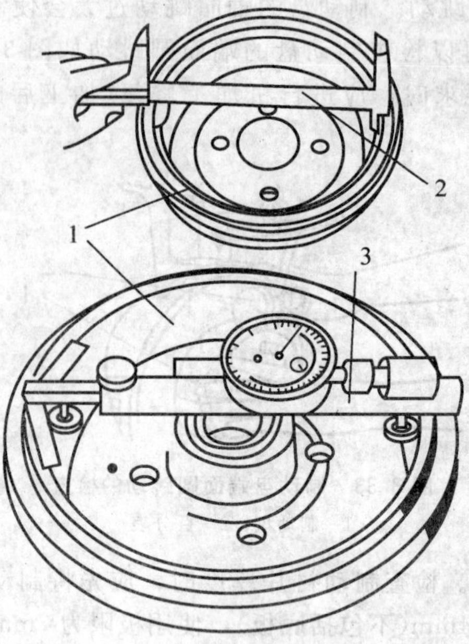

图 3.35　制动鼓内孔磨损情况检查

1—制动鼓；2—卡尺；3—测量工具

1）故障原因

进气歧管真空不足、真空管路泄漏或破损、膜片漏气和空气阀关闭不严等，都将导致真空助力器工作不良。制动踏板沉重通常是真空助力器完全损坏的重要信号。

2）故障诊断

（1）真空助力器的密封性检查。

方法一：起动发动机，使发动机在怠速运转 1～2min 后踏下制动踏板数次，并踏住踏板，保持踏板力不变的情况下，停止运转发动机。若发动机提供的真空度正常，且踏板高度在 30s 内无变化，则说明真空助力器密封性能良好。如果制动踏板有明显的回升现象，则真空助力器有漏气故障。

方法二：在发动机熄火时，以相同的踏板力踏制动踏板若干次，以消除真空助力器的全部残余真空，并确认踏板高度无变化后，踏住踏板不动，然后起动发动机，此时若制动踏板略为下沉，则说明真空助力器助力功能正常；如踏板不动，则助力器无助力作用，应首先检查真空源是否提供了一定的真空度，然后检查真空管路、单向阀及真空助力器等。

（2）真空管路检查。

① 拔下真空助力器的真空接头。

② 用拇指将真空管口堵住，起动发动机使其在怠速运转，此时若感到有强烈的吸力，则表明发动机提供的真空度足够及真空管路正常；若无强烈的吸力或根本无吸力，则应关掉发动机。

③ 检查真空管路是否损坏、卷曲、松动或堵塞，若真空管路损坏，则应予以更换。

④ 若真空管路正常，则用真空表检查发动机怠速时进气歧管的真空度如图 3.36 所示。发动机正常工作时，其真空表读数应在 40～67kPa 范围内，若真空度过小，应检查发动机进气系统是否漏气，重点检查进气歧管密封垫等部位。

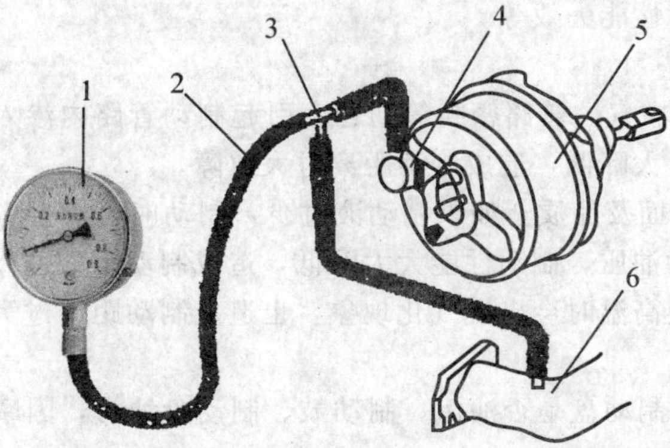

图 3.36　进气歧管的真空度检查

1—真空表；2—软管；3—三通接头；

4—单向阀；5—真空助力器；6—进气歧管

(3) 真空单向阀的检查。真空单向阀位于发动机进气歧管和真空助力器之间，发动机进气歧管的真空通过真空单向阀到达真空助力器，但真空助力器的真空不能通过该阀回流，因此，真空单向阀的作用是保证发动机停转后，真空助力器内的真空能维持一定的时间，保持一次有效的助力制动。检查方法如下。

① 将发动机怠速，再关闭发动机并等待5min，再踩踏板施加制动，至少在一个踏板行程中应有助力作用，如果在第一次踩踏板时没有助力作用，则单向阀存在泄漏故障，应进一步检查。

② 将单向阀拆下，将手动真空泵软管与单向阀真空源接口相连如图 3.37 所示。

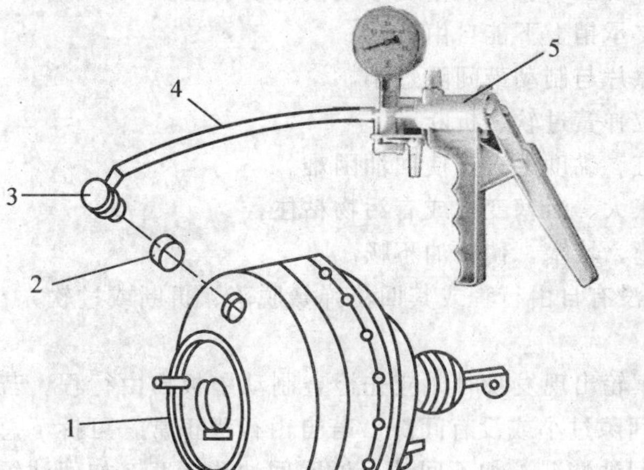

图 3.37　真空助力器的单向阀检查

1—真空助力器；2—密封圈；3—单向阀；4—软管；5—手动真空泵

③ 扳动手动真空泵手柄，给单向阀加上 50～68kPa 的真空度，在正常情况下，真空度应保持稳定。如果真空泵显示出的真空度下降，说明单向阀损坏(也可向单向阀进气歧管一端吹气，气流不能通过真空单向阀，否则应予以更换)。

4. 制动距离过大故障诊断

1) 故障原因

引起制动距离过大的原因有：制动管路内有空气、制动液缺少或脏污、制动鼓/制动盘油污和制动总泵密封性能失效等。

2）故障诊断

（1）制动管路内有空气。管路密封等问题会引起制动管路内渗入空气，进而大大降低制动油压，制动性能大大降低，造成制动距离过大故障。

（2）检查制动液液面及品质。如果制动液过少，制动时可能会引起制动管路内渗入空气，进而大大降低制动油压，制动性能大大降低，造成制动距离过大故障。

长期使用的制动液高温时会出现气化现象，也造成制动距离过大故障，故应定期更换制动液。

（3）检查制动鼓、制动盘是否油污。制动鼓、制动盘油污，因摩擦系数降低造成制动力下降，造成制动距离过大故障。

（4）检查制动总泵密封性能。制动总泵密封圈失效，从而使制动油压下降，造成制动距离过大故障。

5. 制动发咬故障诊断

放松制动踏板后，全部或个别车轮仍有制动作用，即表明制动发咬。行车中出现制动发咬且各轮制动鼓都过热时，说明总泵有故障；若个别制动鼓出现过热，说明该轮制动器工作不良。

1）故障原因

（1）踏板轴锈滞加位困难。

（2）总泵活塞回位弹簧过软、折断，皮碗发胀堵住回油孔或回油孔被污物堵塞。

（3）总泵皮碗、皮圈发胀或活塞变形或被污物卡住。

（4）制动蹄在支承销上下能自由转动。

（5）制动蹄摩擦片与制动鼓间隙过小。

（6）制动蹄回位弹簧过软、折断。

（7）制动液太脏、黏度太大，使回油困难。

（8）分泵皮碗胀大、活塞变形或有污物粘住。

（9）制动管凹瘪、堵塞，使回油不畅。

（10）制动踏板没有自由行程或其回位弹簧脱落、折断或过软。

2）故障诊断

（1）对于全部车轮出现发咬时，应先检查制动踏板自由行程。若无自由行程，一般为总泵推杆与活塞的间隙过小或没有间隙。若自由行程正常，可拆下总泵储液室螺塞，反复踩制动踏板，观察回油情况。如不回油，说明回油孔堵塞。如回油缓慢，可检查制动液是否太脏、黏度太大。如制动液清纯，则总泵皮碗、皮圈可能发胀或其回位弹簧过软，应分解总泵，做进一步检查。

（2）对于个别车轮制动器发咬，可架起该车轮，旋松分泵放气螺钉，如制动液随之急速喷出，且车轮即刻转动自如，说明该轮制动管路堵塞，分泵未能回油。如转动该轮仍发咬，可检查制动蹄摩擦片与制动鼓间隙是否太小。若上述均正常，应检查分泵活塞皮碗及制动蹄回位弹簧。

6. ABS系统故障诊断

当ABS系统发生故障时，由ABS警告灯指示。但某些故障只能在车速超过20km/h

后才能被检测到，所以检查ABS故障时，要进行路试。路试速度要超过20km/h，如果ABS功能良好，紧急制动时，制动踏板应有明显的反弹感觉，否则检查ABS系统。

1）ABS系统正常工作现象

ABS采用电子液压控制，对于有ABS的车辆，在发动机起动后，有时候会从发动机舱中传出类似碰击的声音，这是ABS进行自检的声音。当ABS起作用时，液压单元内电动机会与制动踏板振动一起产生声音，ABS工作时，因制动而引起悬架碰击声或轮胎与地面接触发出吱嘎声，这些都是正常声音。行驶在积雪或是砂石路面上，有ABS的车辆的制动距离有时候会比没有ABS车辆的制动距离长。

2）ABS系统故障诊断流程

当ABS警告灯指示系统有故障时，应及时检查维修。ABS系统故障诊断流程如图3.38所示。

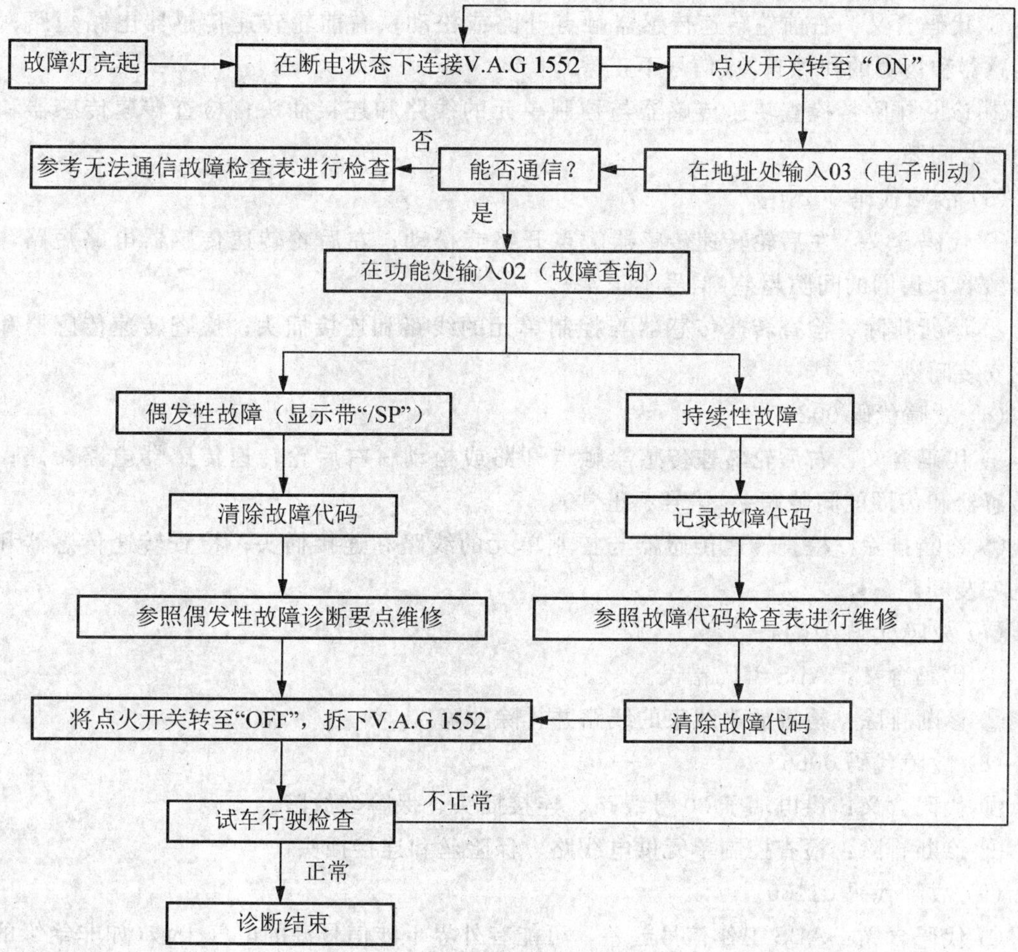

图3.38　ABS系统诊断流程

3）ABS系统故障代码

桑塔纳2000轿车采用MK20—Ⅰ型ABS系统，其故障代码及诊断方法如下。

(1) 故障代码65535。

① 代码含义：电子控制单元故障。

② 诊断排除：更换电子控制单元。

(2) 故障代码 01276。

① 代码含义：ABS 液压泵与 ABS 连接线路对正极、对地短路及开路或液压泵马达故障。

② 诊断排除：检查线路并排除故障。

(3) 故障代码 00283。

① 代码含义：右前轮转速传感器触点开路或松动；左后轮转速传感器电路短路；转速传感器和齿圈的间隙超差(信号不正常)。

② 诊断排除：检查转速传感器与控制单元的线路和连接插头；检查转速传感器和齿圈的安装间隙。

(4) 故障代码 00285。

① 代码含义：右前轮转速传感器触点开路或松动；右前轮转速传感器电路短路；转速传感器和齿圈的间隙超差(信号不正常)。

② 诊断排除：检查转速传感器与控制单元的线路和连接插头；检查转速传感器和齿圈的安装间隙。

(5) 故障代码 00290。

① 代码含义：左后轮转速传感器触点开路或松动；左后轮转速传感器电路短路；转速传感器和齿圈的间隙超差(信号不正常)。

② 诊断排除：检查转速传感器与控制单元的线路和连接插头；检查转速传感器和齿圈的安装间隙。

(6) 故障代码 00287。

① 代码含义：右后轮转速传感器触点开路或松动；右后轮转速传感器电路短路；转速传感器和齿圈的间隙超差(信号不正常)。

② 诊断排除：检查转速传感器与控制单元的线路和连接插头；检查转速传感器和齿圈的安装间隙。

(7) 故障代码 01044。

① 代码含义：ABS 编码错误。

② 诊断排除：检查插头线束的线路并排除故障。

(8) 故障代码 00668。

① 代码含义：供电端子 30 号线路、连接插头、保险丝故障。

② 诊断排除：检查控制单元供电线路、保险丝和连接插头。

(9) 故障代码 01130。

① 代码含义：ABS 工作信号超差，可能有外界干涉信号源的电气干涉(如非绝缘的点火电缆线)。

② 诊断排除：检查所有线路连接对正极或对地的短路；清除故障存储；车速大于 20km/h 的紧急制动试车。

4) ABS 系统检修的注意事项

(1) 对 ABS 修理前，应先用故障诊断仪查询故障代码，并优先进行代码故障维修。

(2) 必须先关闭点火开关，再拔 ABS 电气插头。

(3) 应先关闭点火开关，才能从蓄电池上拆下接地线。

(4) 拆卸前必须彻底清洁连接点和支承面。

(5) 拆下的零件必须放在干净的地方，并且覆盖好或者用塞子封闭。

(6) 维修过程中决不要使用含矿物油的物质，如机油或油脂。

(7) 决不要使用像汽油、稀释剂等类似的清洁剂。

(8) 拆下的液压控制单元必须小心放在专用支架上，千万不要碰坏阀体。

(9) 完成制动系统修理作业后，要对系统进行放气。

(10) 在试车中，至少进行一次紧急制动。

(11) 对于偶发性故障代码，检查时要重点检查传感器插头、轮速传感器间隙、信号齿是否有异物等。

7. 典型案例分析

(1) 现象。某辆桑塔纳 2000 时代超人轿车，汽车制动时，不按直线方向减速，而是自动向右偏驶，还伴随金属撞击异响。

(2) 检查。轮制动盘与摩擦片磨损基本一致；两前轮轮缸活塞无漏油；两前轮轮缸没有空气、软管无老化漏油现象；两前轮气压基本一致；两侧前轮摩擦片无油污；检查悬架紧固螺钉时发现左侧制动钳固定支架松动，经紧固后，故障排除。

(3) 提示。制动钳固定支架松动，横、直拉杆球头销松旷，悬挂装置紧固件松动均会导致上述故障。

3.4.4　能力测试

制动不良的故障包括：跑偏、发抖、沉重、制动距离过大、制动发咬 ABS 系统报警等。实训教师可根据实训条件设置上述相关故障。在实训教师的监督下，由学生独立完成故障的诊断与排除，或者由教师充当客户模拟一或几个场景，让学生分组完成故障排除。

场景：一辆桑塔纳 99 新秀汽车制动跑偏严重，客户现在要求维修人员进行维修。

1. 让学生分析并说出检查步骤和方法

(1) 检查制动分泵。

(2) 检查制动盘。

(3) 检查管路。

(4) 检查制动总泵。

2. 学生根据下列问题，对教师进行解释并提出解决方案

(1) 根据检查情况，分析出可能导致以上故障的原因。

(2) 将上述检测方法进行排序。

(3) 对检查结果进行理论分析。

3. 完成实训记录

(1) 基本信息填写。

日期		同组人员	
车型		发动机型号	
VIN 码		行驶里程	
年款		故障现象	

(2) 检查制动液液面，检查制动液品质，记录检查结果。

(3) 更换制动液，写出更换流程。

(4) 根据制动跑偏的诊断流程，写出检测过程及结果。

(5) 故障是否排除？　是□　否□

故障点是：

分析故障诊断流程。

(6) 本次实训中存在的疑问有哪些？最大的难点是什么？

教师评语：

学习任务 3.5　底盘常见异响故障诊断

3.5.1　任务描述

车主描述：我的汽车底盘有异响是怎么回事？

维修人员：是加减速时响吗？

车主回答：加减速时，声音加重。

3.5.2　任务分析

底盘零件异常磨损、紧固螺钉松动、旋转件动平衡失准等均会引起异响。常见底盘异响包括：离合器异响、变速器异响、驱动桥异响、传动轴异响和悬架异响等。不同故障现象，其原因不同，因此要把可能的故障原因都找出来，然后逐一分析，才能从中找到引起故障的关键点。底盘典型异响故障类型如图 3.39 所示。

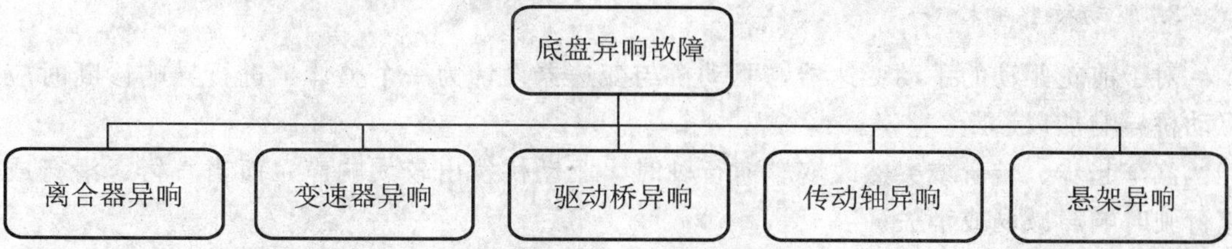

图 3.39 底盘典型异响故障类型

3.5.3 任务实施

1. 离合器异响检查

操纵离合器分离或结合时有不正常响声。

1）故障原因

分离轴承磨损严重或缺油，轴承回位弹簧过软、折断或脱落；从动盘铆钉松动或减振弹簧折断；踏板回位弹簧过软、脱落或折断等。

2）故障诊断

稍稍踩下离合器踏板，膜片弹簧与分离轴承接触，听到有“沙沙”的响声，为分离轴承响；若加油后仍响，为轴承磨损松旷或损坏，应予以更换；踩下、放松离合器踏板时，如出现间断的碰击声，为分离轴承前后滑动响(分离轴支承弹簧失效)，应更换支承弹簧；发动机一起动就有响声，将踏板提起后响声消失，为踏板弹簧失效，应更换踏板弹簧；连踩踏板，在离合器刚接触或分开时响，为从动盘铆钉松动和摩擦片铆钉外露，应修复铆钉。

2. 变速器异响检查

变速器异响主要有变速器齿轮的啮合声、轴承的运转声等。一般若在各挡都有连续响声，为轴承损坏；某挡位有连续、较尖细的响声，说明该挡齿轮出现响声；挂上该挡时，发出时有时无、沉闷的冲击声，为该挡个别齿轮折断；停车时踩下离合器踏板不响，松开离合器踏板发响，为常啮合齿轮响。应根据响声特点，着重检修相应部位。

1）故障原因

变速器第一轴、第二轴或拨叉弯曲变形，轴承、同步器毂磨损、失圆；齿轮加工精度或热处理工艺不当等造成齿轮偏磨或齿形发生变化，齿轮啮合间隙或花键毂配合间隙过大；自锁装置的凹槽、钢球磨损过甚或自锁弹簧疲劳、折断；齿轮油不足、变质、规格不符合要求或油中有杂物。

2）故障诊断

检查变速器第一轴、第二轴或拨叉是否弯曲变形，钢球、同步器毂是否磨损失圆，变形或失圆应及时更换；检查齿轮及花键毂的磨损情况，若齿形发生变化或轮齿、花键毂磨损严重，造成配合间隙过大，应更换齿轮或花键毂；检查自锁装置的凹槽、钢球及弹簧，若磨损过甚或自锁弹簧疲劳、折断应及时更换；检查齿轮油的液面高度、油液颜色，若液面偏低或油液变质应按要求补充或更换。

3. 驱动桥异响检查

对于前轮驱动的手动变速器，驱动桥与变速器设计为一个整体，进行异响诊断时应对驱动桥异响加以诊断。

汽车起步、转弯或突然改变车速行驶时，驱动桥发出较大响声，而当直行、滑行或低速行驶时响声减弱或消失。

1）故障原因

圆锥或圆柱主、从动齿轮，行星齿轮和半轴齿轮等啮合间隙过大或过小，齿面磨损严重、轮齿折断、变形或啮合印痕不符合要求；半轴齿轮与半轴的花键配合松旷，差速器壳与十字轴配合松旷或行星齿轮孔与十字轴配合松旷；后桥壳内润滑不良；圆锥滚子轴承预紧度调整不当；主减速器主动齿轮紧固螺母或从动齿轮连接螺钉松动，或驱动桥壳体、主减速器壳体变形。

2）故障诊断

检查圆锥或圆柱主、从动齿轮，行星齿轮和半轴齿轮的啮合情况，若间隙过大或过小，齿面磨损严重、轮齿折断、变形或啮合印痕不符合要求，应及时调整或更换；检查半轴齿轮与花键、差速器壳与十字轴、行星齿轮孔与十字轴的配合情况，若松旷或损坏应进行调整或更换；检查后桥壳内润滑情况，若漏油应更换垫圈，油量不足应及时补充；检查并调整圆锥滚子轴承的预紧度；检查并紧固主减速器主动齿轮和从动齿轮的连接螺母和螺钉，驱动桥壳体和主减速器壳体，若变形或损坏应及时修理。

4. 传动轴异响检查

1）汽车起步或车速变化时出现撞击声

汽车起步时，车身发抖并伴有撞击声，当改变车速时，响声更加明显。故障原因：万向节十字轴及滚针磨损松旷或滚针破碎；传动轴与滑动叉配合花键磨损过甚；各连接部分的紧固螺栓松动或中间支撑松动等。

2）汽车行驶中有异响

汽车在起步时没有异响，但在行驶中噪声严重，而且车速越快，噪声越大。当脱挡滑行时，噪声仍清晰。故障原因：中间支撑轴承位置不恰当或支架偏斜；中间支撑橡胶垫环紧固螺栓过紧或过松，橡胶垫环损坏；中间支撑轴承磨损过大或润滑不良；万向节装配过紧。

3）汽车在行驶中有异响并伴随车身振抖

汽车行驶过程中发生异响，并随着车速的提高响声增大，严重时使车身振抖。故障原因：传动轴弯曲变形；传动轴装配时未按标记装配，或平衡片脱落，或轴管凹陷，破坏了动平衡；万向节轴承磨损过大或已损坏；传动轴花键齿面与键槽配合松旷，或传动轴各连接部分的固定螺栓松动，或中间支撑的固定螺栓松动；中间支撑轴承损坏。

5. 悬架异响检查

汽车在颠簸路面行驶或高速转弯、快速起步和紧急刹车时的悬架异响。

1）故障原因

前悬架与车体连接不牢固，各杆件接头松动；前减振器工作不正常或损坏；前转向节内车轮轴承松动或损坏；前轮不平衡量过大；制动盘与制动钳间隙过小，旋转时产生制动作用；前轮定位不准确；悬架稳定杆、前轴摆臂和转向球头的连接处松旷或衬套磨损、损坏等。

2）故障诊断

检查钢板弹簧骑马螺栓是否松动以及悬架杆系的连接螺栓、螺母是否松动；检查减振器和弹性元件是否损坏、失效；上述检查若正常，则应检查转向节主销与衬套间隙、轮毂轴承间隙是否符合规定。

对于在颠簸路面异响严重的，应对下述涉及部件进行检查：钢板弹簧销、衬套、吊环等是否磨损过度及间隙增大；钢板弹簧或螺旋弹簧是否发生疲劳变形；螺旋弹簧或个别钢板是否折断，减振器是否失效；前悬架杆系连接处松动或减振器上支座是否松动；减振垫润滑是否不良；弹簧元件支座部分是否损坏、变形或前悬架杆系是否变形等。

6. 相似异响诊断方法

当车速较高、噪声较大时，有时无法确定异响部位，特别是相似异响更加难以分辨。

1）发动机异响和后桥异响

首先将汽车在平坦的路面上行驶一定的里程，使后桥的工作温度升至正常，然后当汽车行驶发出异响时，记下发动机转速，停车后，置变速器于空挡位置，再缓缓地加速，直至发动机的转速与出现异响时的车速相当时。观察有无相同异响的发生，可以重复几次，以确定异响是否是由于排气或发动机的不正常状况所引起的。

2）轮胎噪声与后桥噪声

轮胎噪声是随路面及车速而发生变化的，后桥噪声则不然。当汽车行驶在不同路面时轮胎噪声有变化。汽车在加减速时，轮胎的噪声是相同的，但后桥的噪声却有明显变化。

3）轮毂轴承异响和后桥噪声

汽车在行驶和滑行时，前轮轴承的噪声不变，如保持车速不变而稍施制动，可使轮载轴承减少部分负荷，从而可减弱噪声，即可发现噪声源。

当车速大于48km/h时，除非后轮轴严重损坏，一般情况下后轮轴承的噪声很少能听到，汽车滑行或空挡时，裂损的后轮轴承会产生“隆隆”声响，而剥蚀的后轮轴承则发出“沙沙”声响。

4）减速器圆锥主动轴承与差速器轴承异响

减速器轴承通常产生刺耳的“隆隆”声或“嘎嘎”声，声音节拍稳定，随着车速变化而变化。

减速器的圆锥主动齿轮前轴承声在汽车滑行时较大，后轴承的噪声则在行驶时较大。

5）差速器齿轮噪声

在正常直线行驶时，由于差速器半轴齿轮和行星齿轮几乎没有相对运动，所以听不到噪声。

如果汽车转弯时异响加剧，则说明是差速器半轴齿轮和行星齿轮发生异响。

7. 典型案例分析

(1) 现象。某桑塔纳2000时代超人轿车，紧急转弯或突然起步时，左侧悬架处伴随金属撞击异响，直线行驶、颠簸均正常。

(2) 检查。由于车辆直线行驶、颠簸均正常，检查减振器无漏油，检查悬架紧固螺钉无松动，根据该车紧急转弯或突然起步时伴随金属撞击异响，分析减振器与其安装的转向柱紧固螺帽松动，经紧固后，故障排除。

(3) 提示。减振器与其安装的转向柱紧固螺帽松动后，在车辆紧急转弯或突然起步时，受到侧向力，减振器在其安装的转向柱内活动，导致紧急转弯或突然起步时，左侧悬架处伴随金属撞击异响。经紧固螺帽后，故障排除。

3.5.4 能力测试

底盘异响故障包括：离合器异响、变速器异响、驱动桥异响传动轴异响和悬架异响等。实训教师可根据实训条件设置上述相关故障。在实训教师的监督下，由学生独立完成故障的诊断与排除，或者由教师充当客户模拟一或几个场景，让学生分组完成故障排除。

场景： 一辆桑塔纳 99 新秀汽车行驶在颠簸路面或急转弯时悬架有异响，客户现在要求维修人员进行维修。

1. 让学生分析并说出检查步骤和方法

(1) 检查减振器。

(2) 检查悬架各球头间隙是否过大。

(3) 检查悬架各紧固螺丝是否过松。

(4) 检查减振器与减振器筒的紧固螺帽是否松动。

(5) 检查平衡杆胶套是否松旷，紧固螺帽是否松动。

2. 学生根据下列问题，对教师进行解释并提出解决方案

(1) 根据检查情况，分析出可能导致以上故障的原因。

(2) 将上述检测方法进行排序。

(3) 对检查结果进行理论分析。

3. 完成实训记录

(1) 基本信息填写。

日期		同组人员	
车型		发动机型号	
VIN 码		行驶里程	
年款		故障现象	

(2) 描述异响的故障现象，分析可能的原因。________

____

(3) 你组是如何确定可能的故障原因的？________

____

(4) 记录相应的诊断流程。

____

____

(5) 故障是否排除？ 是□ 否□

故障点是：____

分析故障诊断流程。

____

（6）本次实训中存在的疑问有哪些？最大的难点是什么？

____

教师评语：____

小　结

（1）手动变速器常见故障有挂挡困难、跳挡、乱挡、起步发抖和异响等。造成手动变速器挂挡困难的原因有离合器分离不彻底、变速器损坏、变速操纵机构出现故障等。

（2）自动变速器常见故障有车辆不能行驶、自动变速器打滑、换挡冲击、升挡过迟、不能升挡、有前进挡无倒挡和无前进挡有倒挡等。造成变速器换挡冲击的原因有自动变速器油压过高、换挡阀卡滞、变速器控制系统故障、执行元件间隙过大和锁止离合器不能分开等故障。

（3）汽车行驶发抖故障原因有轮胎动平衡故障、四轮定位故障和转向系统等故障。

（4）四轮定位仪可检测的项目包括：前轮前束、前轮外倾角、主销后倾角、主销内倾角、后轮前束、后轮外倾角、轮距、轴距、推力角和左右轴距差等。

（5）制动系统故障包括：跑偏、发抖、沉重、制动距离过大、制动发咬、ABS功能失效等。汽车行驶过程中，若ABS警告灯亮了，说明ABS系统出现了故障。

（6）底盘零件异常磨损、紧固螺钉松动和旋转件动平衡失准等均会引起异响。常见底盘异响包括：离合器异响、变速器异响、驱动桥异响传动轴异响和悬架异响等。

（7）离合器异响的原因有：分离轴承磨损严重或缺油，轴承回位弹簧过软、折断或脱落；从动盘铆钉松动或减振弹簧折断；踏板回位弹簧过软、脱落或折断等。

（8）变速器异响主要有变速器齿轮的啮合声、轴承的运转声等。

习　题

一、选择题

1. 汽车制动侧滑与（　　）有关。

A. 制动力大小　　B. 地面附着系数

C. 制动力增长快慢　　D. 同一轴上两车轮制动力的增长快慢

2. 甲说：轮胎换位可使轮换的4个或5个轮胎的磨损均衡。乙说：不同制造厂可能推荐不同的换位方法（　　）说得对。

A. 甲对　　B. 乙对

C. 甲、乙都对　　D. 甲、乙都不对

3. 一变矩器锁止离合器在任何车速及发动机温度下都不能锁止，故障的原因可能是（　　）。

A. 变矩器锁止离合器电磁阀损坏　　B. 导轮单向离合器损坏

C. 伺服机构活塞油封泄漏　　　　　　D. 压力调节阀卡滞

4. 很多车辆的前、后悬架都安装了横向稳定杆。甲说：如果发现车辆一角的悬架行驶高度过低，横向稳定杆可能是其原因。乙说：如果车辆后部振动过大，横向稳定杆可能是其原因(　　)说得对。

A. 甲对　　　　　　B. 乙对

C. 甲、乙都对　　　　　　D. 甲、乙都不对

5. 一自动变速器所有挡位均换挡冲击，故障的原因可能是(　　)。

A. 变速器油压过高　　　　　　B. 导轮单向离合器损坏

C. 各挡执行元件油封泄漏　　　　　　D. 离合器间隙过小

二、简答题

1. 分析离合器分离不彻底为何会引起挂挡困难？
2. 分析自动变速器油压过高与换挡冲击的关系。
3. 分析制动跑偏的故障原因。
4. 简述离合器分离轴承异响的诊断方法。
5. 简述四轮定位操作过程。
6. 某辆汽车ABS警告灯亮起，简述诊断过程。
7. 简述自动变速器中制动器和离合器的检查内容。
8. 简述轮胎的检查内容和方法。

项目4

汽车电器故障诊断

学习目标

通过本项目的学习，能够掌握汽车电器常见故障的诊断方法。

能力要求

(1) 能够掌握起动机运转无力故障的检测流程及检测方法。
(2) 能够掌握照明系统故障的检测流程及检测方法。
(3) 能够掌握仪表指示故障的检测流程及检测方法。
(4) 能够掌握空调故障的检测流程及检测方法。

项目导入

在日常维修中起动机运转无力、仪表指示异常、空调不凉等故障很多，要想诊断上述故障不仅要掌握汽车电器控制原理，还要掌握故障诊断方法。本项目利用下面5个学习任务汽车电器故障诊断技术。

学习任务4.1　起动机运转无力故障诊断

4.1.1　任务描述

车主描述：我的汽车起动机运转无力，经常打不着火。

维修人员：充电后能打着火吗？

车主回答：能，但过几天故障依旧。

4.1.2　任务分析

引起起动机运转无力的原因有很多，如蓄电池亏电或损坏、起动机出故障或电路漏电故障等都会引起起动机运转无力。把可能的原因都找出来，然后逐一分析才能从中找到引起故障的关键点。起动机运转无力的因果关系如图4.1所示。

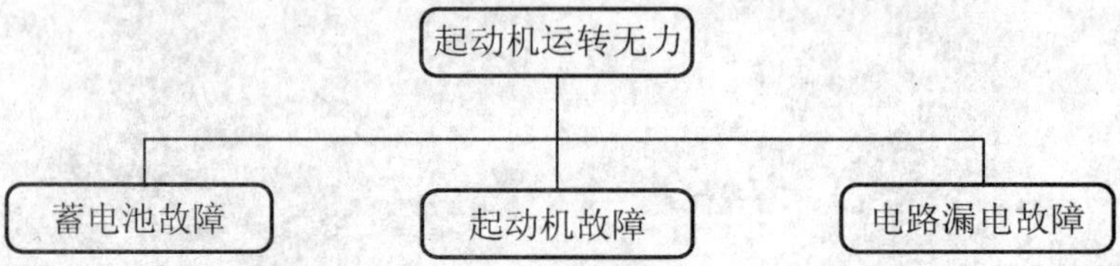

图4.1　起动机运转无力的因果关系

4.1.3　任务实施

1. 蓄电池故障

1）观察窗检查法

当起动机运转无力时，可利用观察窗对免维护蓄电池的充电状态进行直接观察，即可以直接通过观察窗观看孔中颜色如图4.2所示。当看到的为黄颜色时，说明电解液过少；当看到的为绿颜色时，说明电解液合适，且电量充足；当看到的为黑颜色时，说明电解液合适，但电量不足，需充电。注释说明一般写在蓄电池盖上。

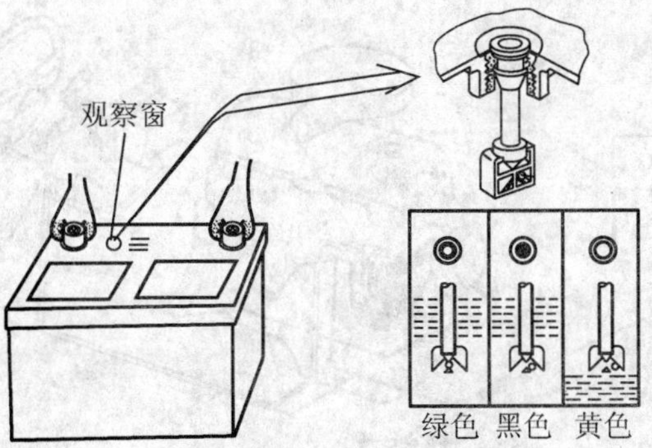

图 4.2　从观察孔图形法确认蓄电池状态

2）综合测试仪检查法

(1) 用取液管汲取电解液。

(2) 将电解液滴在测试仪测试镜片上，如图 4.3 所示(注意：水平放置测试仪)。

(3) 将测试仪迎着阳光，目视观察窗即可读取密度值。

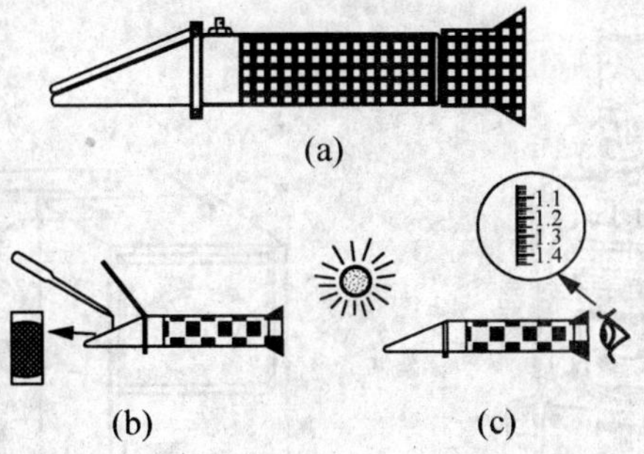

图 4.3　综合测试仪检测电解液密度

(4) 测量环境温度。

(5) 将读取密度值换算成＋25℃时的相对密度值。

(6) 参照标准分析被测蓄电池密度是否合适。

若各电池槽中的电解液密度相互之间的偏差不超过 0.02g/cm³ 时，可对蓄电池进行充电以恢复其性能；若一个或两个相邻电池槽中的电解液密度明显地下降，说明蓄电池有短路故障，应对其进行修复或更换。

3）蓄电池电压降检查法

蓄电池电解液密度与电压(有负荷时)结合可以清楚地反映蓄电池充电的情况。一般用万用表测试发动机起动瞬时的蓄电池端电压大小来判断蓄电池性能。线路连接如图 4.4 所示。方法是起动发动机的同时读取蓄电池电压值，如果低于 9V(12V 的蓄电池)时且电解液密度为放电状态，应对蓄电池充电。

4）高率放电计检查法

可用高率放电计来测量蓄电池电压(有负荷时)，若要求负载电流为 110A，则最小电压不得低于 9.6V。在测试(5～10s)过程中，若电压低于规定的数值，可能为蓄电池已放完电或损坏。高率放电计常见类型如图 4.5 所示。在检测时，蓄电池对负载电阻的放电电流可达到 100A 以上，所以高率放电计能比较准确判定蓄电池的容量和基本性能。检测方法如下。

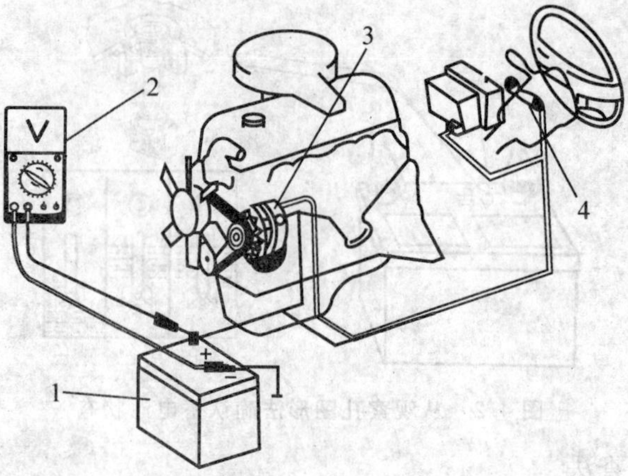

图 4.4 起动状态下端电压

1—蓄电池；2—万用表；3—发电机；4—点火开关

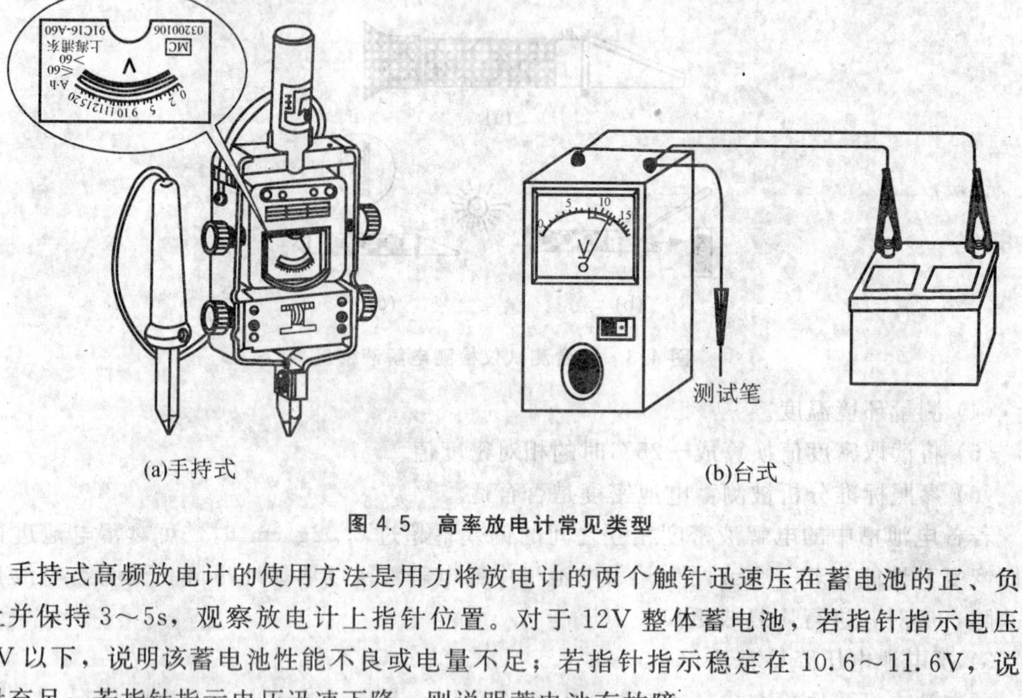

(a)手持式

(b)台式

图 4.5 高率放电计常见类型

手持式高频放电计的使用方法是用力将放电计的两个触针迅速压在蓄电池的正、负极柱上并保持 3～5s，观察放电计上指针位置。对于 12V 整体蓄电池，若指针指示电压在 9.6V 以下，说明该蓄电池性能不良或电量不足；若指针指示稳定在 10.6～11.6V，说明电量充足；若指针指示电压迅速下降，则说明蓄电池有故障。

台式高频放电计的使用方法是首先按图示将测试夹分别夹在蓄电池的正、负极柱上。此时读数显示蓄电池的空载电压值，通常显示在 11.8～13V 范围内为正常。然后按下按钮开关，蓄电池开始瞬间大电流放电，要求在 5s 内读出电压表的负载电压指示数值，若指针稳定在 10.6～11.6V，说明蓄电池存电充足，不需要充电；若指针在 9～10V，说明蓄电池存电不足，需要充电；若指针在 9V 以下，说明蓄电池严重亏电，要立即充电才能使用。

如果空载电压基本符合要求，但负载时指针迅速下降至红色区域以下，说明蓄电池已经损坏。此项测量不能连续进行，必须间隔 1min 后才可以再次检测以防止蓄电池损坏。测量电压与放电程度的关系见表 4-1。

表 4-1 蓄电池测量电压与放电程度的关系

蓄电池开路端电压/V	≥12.6	12.4	12.2	12.0	≤11.7
高率放电计检测值/V	10～12	9～10		≤9	
高率放电计检测单格值/V	1.7～1.8	1.6～1.7	1.5～1.6	1.4～1.5	1.3～1.4
放电程度/%	0	25	50	75	100

5）专用检测仪检测

对蓄电池检测时也可使用 V. A. S 1979 或 V. A. S 5033 专用检测仪，其接线方法如图 4.6 所示。使用 V. A. S 1979 或 V. A. S 5033 检测时不需拆下蓄电池。蓄电池接线也不用拆。只要按要求将夹钳夹到蓄电池接线柱上，夹钳与接线柱良好接触即可。

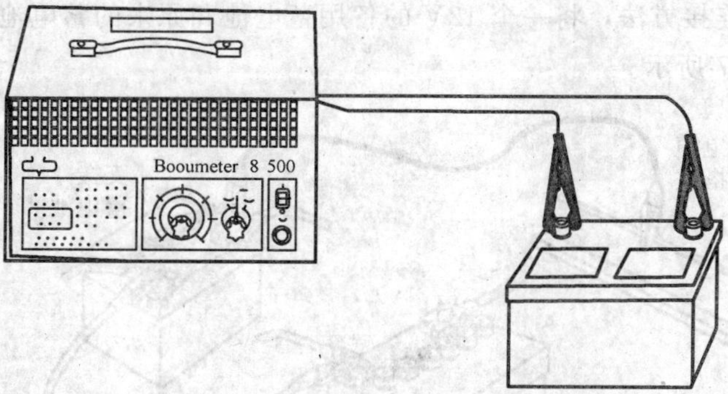

图 4.6 蓄电池专用检测工具

蓄电池的容量不同时，其负荷电流是不同的，应按检测仪要求来调整。其负荷电流和最低极限电压值见表 4-2。测试电压不可低于最低极限电压，否则说明蓄电池充电不足或损坏。

表 4-2 负荷电流和最低极限电压值

蓄电池容量/Ah	冷态检测电流/A	负荷电流/A	最低电压(极限值)/N
70	340	200	9.5
80	380	300	9.5
82	420	300	9.5
92	450	300	9.5

6）蓄电池低温输出能力检查法

为了保证蓄电池在寒冷季节使用时，具有足够的输出功率，应对蓄电池进行蓄电池低温输出能力检测，即检测蓄电池冷态电流和最低电压。对于高压缩比发动机来说，此项检测非常重要。具体方法是将万用表连接到蓄电池两端，起动发动机并读取蓄电池端电压。不同温度下的蓄电池最低起动端电压见表 4-3，对比分析被测蓄电池技术性能如何。

表 4-3 不同温度下的蓄电池最低起动端电压

最小电压/V	温度/℃	最小电压/V	温度/℃
9.6	21	9.1	-1
9.5	16	8.9	-7
9.4	10	8.7	-12
9.3	4	8.5	-18

检测过程中由于大电流流过蓄电池，其内阻压降较大。如果蓄电池正常，电压只降到最低电压。最低电压值因蓄电池容量、内阻和冷态检测电流的不同而不同。根据冷态检测电流即可了解在寒冷季节蓄电池的输出功率。

7）蓄电池跨接检查法

利用性能良好的蓄电池进行跨接起动，如果起动顺利，即可判定原车蓄电池故障，可进行充电或更换蓄电池。跨接检查法及注意事项如下。

（1）用起动电源跨接起动时，跨接电压不能超过16V，以防损坏发动机电控系统。

（2）如果跨接起动困难，起动发动机，将发动机转速提高到2000r/min，再次尝试起动。但不要长时间采用这种方法起动，以防烧毁支援车发电机。

（3）跨接线的连接方法，将一个12V的备用蓄电池和原来的蓄电池正极与正极、负极与负极相连如图4.7所示。

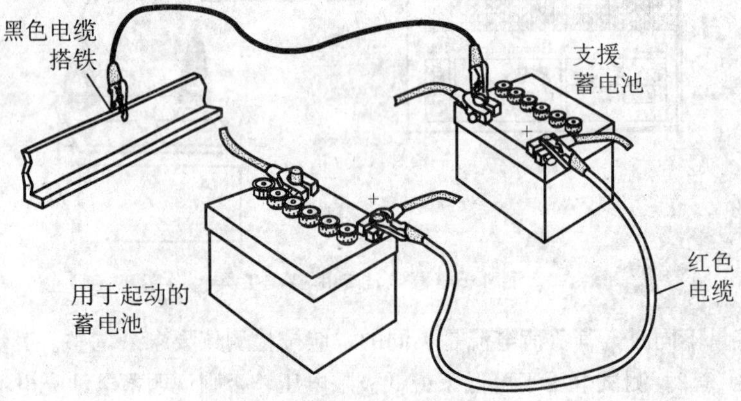

图4.7 与备用蓄电池的连接方法

2. 起动机故障

对于起动机运转无力故障，在确认蓄电池良好后就要进行起动机及其相关线路检查，检查项目及方法如下。

1）起动线路压降检查

除蓄电池故障外，起动线路松动、极柱氧化等是较为常见的引起起动机运转无力的故障。可利用相关线路压降检查法，判断松动、氧化部位，检查方法如图4.8所示。也可起动几次后用手检查线路连接部位是否发热。

图4.8 起动线路压降检查

2）起动机无负荷检测

如果线路良好，进行无负荷检测的方法和步骤如下。

（1）将起动机固定在虎钳上，如图 4.9 所示连接线路。

（2）将起动机与电源的线路按要求连接，但开关断开。

（3）接通开关，使起动机均匀运转，但不要超过 1min。

（4）记下电流表、电压表读数，并用转速表测量起动机的转速。

（5）参照标准值对比分析见表 4－4。

表 4－4　起动机空载试验参数标准

标准要求：	起动机转速在 6000～12000r/min 之间，起动电流应在 60～100A 之间
若电流大于标准值，而转速低于标准值时	说明起动机装配过紧或电枢绕组和励磁绕组内有短路或搭铁故障
若电流和转速都小于标准值	说明起动机线路中有接触不良的地方或电刷弹簧压力不足或换向器与电刷接触不良等
若转速和电流都比标准值高	说明起动机磁场线圈有短路故障
若电机不转且无电流	说明磁场线圈开路、电枢线圈开路、电刷弹簧或电刷折断

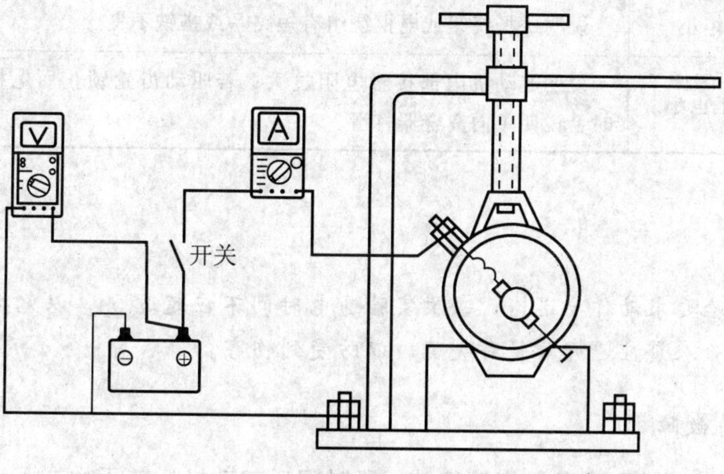

图 4.9　起动机无负荷试验

3）起动机全制动试验

起动机无负荷测试符合要求后，还要进行起动机全制动试验，以检验起动机的转矩和单向离合器的工作状态。以 QD1229 和 QD1225 起动机为例进行全制动试验，全制动试验方法如下。

（1）将起动机固定在老虎钳上，如图 4.10 所示连接线路。

（2）将起动机与电源的线路按要求连接，但开关断开。

（3）接通开关，使起动机运转，但不要超过 1min。

(4) 记下电流表、电压表读数并记录转矩。

(5) 参照标准值对比分析见表 4-5。

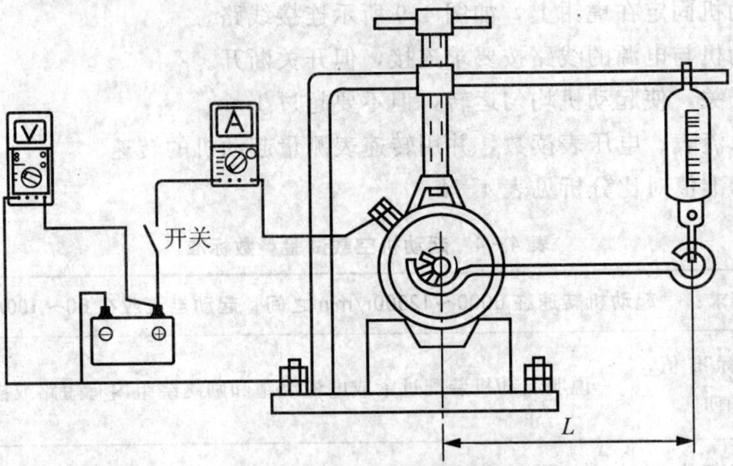

图 4.10　起动机全制动试验

表 4-5　起动机全制动试验参数标准

标准要求：起动机转速在 200～400r/min 之间，起动电压应保持在 10.5V 以上，起动电流 4 缸发动机应在 75～150A；6 缸发动机应在 100～175A；小型 V8 发动机应在 125～200A；大型 V8 发动机应在 150～300A	
若电流大，转矩小	说明磁场绕组或电枢绕组有短路，或搭铁不良
若电流小，转矩也小	说明起动机内部接触电阻过大；若驱动齿轮锁止而电枢轴有缓慢转动时，说明单向离合器打滑

注意

- 全制动试验要求动作要迅速，每次实验通电时间不应超过 5s，以免损坏起动机及蓄电池。试验人员应避开弹簧秤夹具，以防受到伤害。

3. 电路漏电故障

电路漏电故障的典型现象是车辆停驶一段时间后起动机运转无力或无法工作，确认方法是断开蓄电池负极将电流表串接进负极与搭铁线之间，将点火开关及所有用电器关闭，测量蓄电池放电电流，正常状态为放电电流低于 50mA，否则检查电路漏电。检查方法如下。

1) 插拔保险丝法

当电流大于 50mA 时存在漏电，检查方法：一人连接万用表；另一人拔保险丝(一般先从车里的开始，车门打开时加上增加的电流)。当电流有明显变化时，检查保险片所连接的电路。

2）重点部位检查法

门灯和后备箱灯是常见的漏电部位，特别是事故车由于后备箱灯关闭状态下，无法观察，常常被漏检。

后装的防盗、灯光、音响等设备，其电路的安装方面经常存在漏电现象。可断开上述电路，观察漏电电流是否与之有关联，然后进一步确定漏电范围。

4. 其他机械故障

发动机装配过紧、发动机过热引起的抱缸、曲轴抱瓦、顶缸、缸内进水等均会间接引起起动机运转故障。可通过手动盘转发动机来判断。

4.1.4 能力测试

起动机运转无力的故障原因包括蓄电池故障、充电系统故障、起动机故障、相关线路故障、机械故障等。实训教师可根据实训条件设置上述相关故障。在实训教师的监督下，由学生独立完成故障的诊断与排除或者由教师充当客户模拟一或几个场景，让学生分组完成故障排除。

场景：一辆桑塔纳99新秀汽车起动机运转无力，客户现在要求维修。

1. 让学生分析并说出检查步骤和方法

（1）检查蓄电池。
（2）检查起动机控制电路。
（3）检查起动机。
（4）检查机械系统。

2. 学生根据下列问题，对教师进行解释并提出解决方案

（1）根据检查情况，分析出可能导致以上故障的原因。
（2）将上述检测方法进行排序。
（3）对检查结果进行理论分析。

3. 完成实训记录

（1）基本信息填写。

日期		同组人员	
车 型		发动机型号	
VIN码		行驶里程	
年款		故障现象	

(2) 将蓄电池极桩紧固螺钉松开，连续使用起动机，观察故障现象，如何分析故障现象。

(3) 记录蓄电池极柱与连接线的电压降。

(4) 安装亏电的蓄电池，使用起动机，描述故障现象，如何分析故障现象。

(5) 记录蓄电池起动电压降。

(6) 设计一处电路漏电，检查蓄电池漏电电流大小，描述相应的诊断流程。

写出检测过程及重要数据。

(7) 设计一个起动无力故障，制定检测流程。

记录检测结果。

起动无力故障是否排除？　是□否□

故障点是：

分析故障诊断流程。

(8) 本次实训中存在的疑问有哪些？最大的难点是什么？

教师评语：

学习任务 4.2　充电指示灯亮故障诊断

4.2.1　任务描述

车主描述：我的汽车充电指示灯总亮。

维修人员：发动机转速提高到 2000r/min 以上时，灯还亮吗？

车主回答：亮。

4.2.2　任务分析

现代汽车多用充电指示灯来监控充电系统状态，当发动机在怠速以上转速运转时，充电指示灯常亮即可判断充电系统故障。故障原因有：发电机皮带过松、发电机故障、系统线路故障和调节器故障等。充电指示灯亮故障的因果关系如图 4.11 所示。

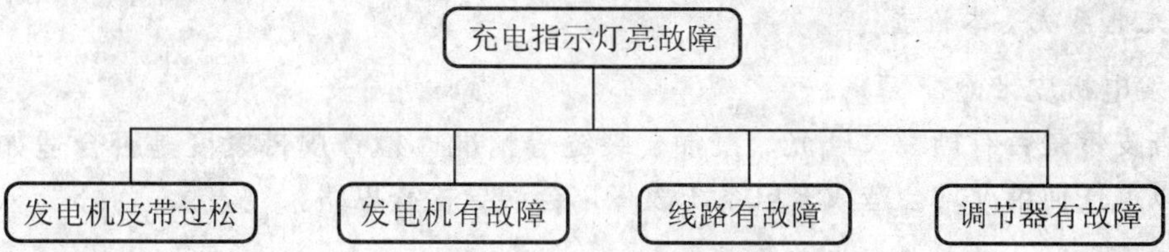

图 4.11 充电指示灯亮故障的因果关系

4.2.3 任务实施

1. 充电指示灯亮诊断流程

以桑塔纳 2000 轿车为例，充电指示灯亮，说明充电系统不发电，其检测流程如图 4.12所示。

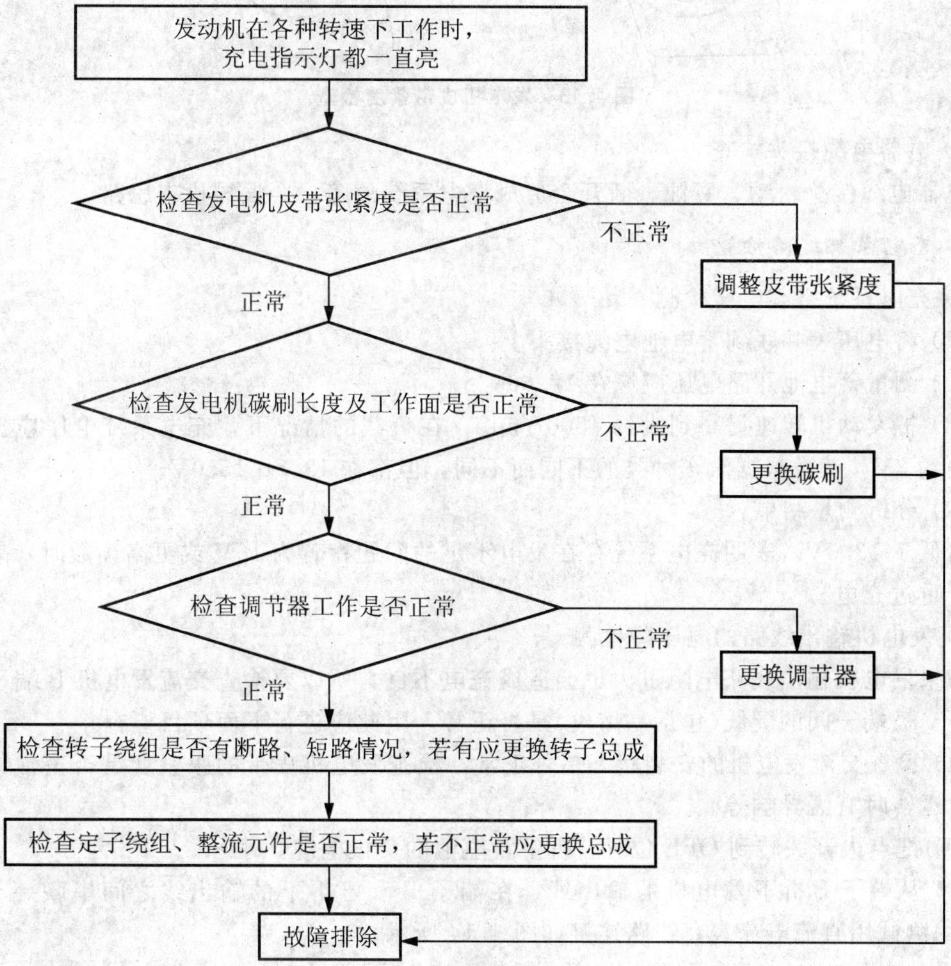

图 4.12 不发电检测流程

2. 充电系统基本检查

1）发电机皮带检查

检查皮带是否有撕裂、磨光、浸油、裂缝等情况；检查皮带紧度是否合适如图 4.13 所示。以上任何情况均会造成充电系统故障，会误导检查思路。

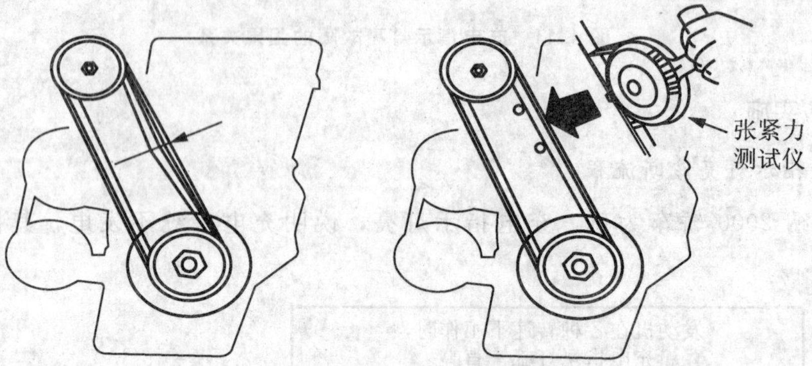

图 4.13 发电机皮带紧度检查

2）电器电缆接头检查

电器电缆接头松动、腐蚀、断开会造成充电系统故障，会误导检查思路。

3. 充电系统线路检查

1）充电系统空载电压检测

(1) 将电压表并联到蓄电池电缆接头上。

(2) 测量蓄电池开路电压应该在 12.66V。

(3) 把发动机转速提高到大约 1500r/min，在负载的情况下，充电系统电压应比开路电压高约 2V，读数根据汽车种类的不同而不同，但都在 13.5～15.0V。

(4) 分析测量结果。

若低于 13.0V，表明充电系统存在发电不足的问题；若为 16V 或更高读数时，表明出现了严重过充电。

2）发电机输出线路的电压降检测

如果发电机输出线路电阻过大也会造成充电不良，所以要检查交流发电机 B 端子和蓄电池(+)极端子间的配线(包括易熔丝)是否正常。因此应进行下面项目检查。

(1) 检查交流发电机的安装状态是否正常，检查发电机皮带的张紧度是否正常，检查发电机运转时有无异响等。

(2) 把点火开关转到 OFF 位置，拆下蓄电池的负极电缆。

(3) 从端子 B 拆下发电机的输出线，在端子 B 和已拆下的输出线之间串联一个 0～100A 的测试用直流电流表，线路连接如图 4.14 所示。

注意

- 电流表的(+)极线接到 B 端上，把电流表的(−)极线接到已拆下的输出线上。最好采用钳形电流表，这样可以不拆发电机输出线也能测量，可避免因连接不良而造成测量误差。

(4) 把一个数字式电压表接在交流发电机的端子 B 和蓄电池(+)极端子之间。

(5) 装上发动机转速表并连接蓄电池的负极电缆线。

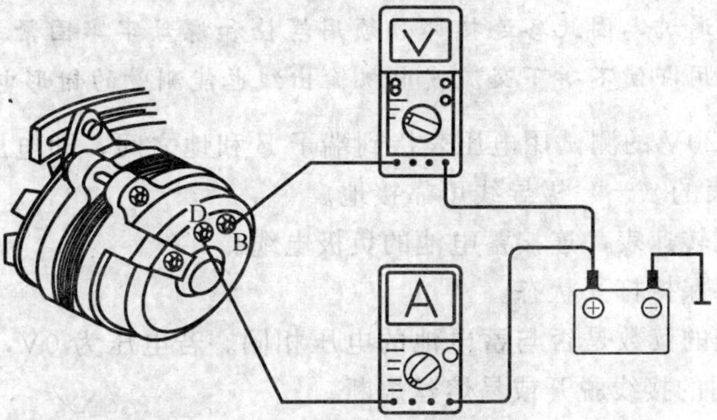

图 4.14　发电机输出线路电压降的检查接线

(6) 起动发动机，当转速为 2500r/min 的状态下，用打开或关断前灯和其他灯的方法来调整发电机的负载，使电流表指针指示在比 30A 稍高的值，慢慢地降低发动机转速使电流表的指示值为 30A 并读取此时的电压表指示值，极限值为 0.3V。

(7) 观察电压表的指示，若电压值高于极限值，可认为发电机的输出线不良，应检查发电机 B 端子和蓄电池(+)端子间的配线(包括易熔丝)。

(8) 测试结束后，先关掉全部灯，再把点火开关转到 OFF 位置；拆下蓄电池的负极电缆，拆去测试用的电流表、电压表和发动机转速表，将发电机的输出线接到发电机 B 端子，最后连接蓄电池的负极电缆。

3) 发电机输出电流的检查

检查交流发电机的输出电流能力是否正常，线路连接如图 4.15 所示，检查方法如下。

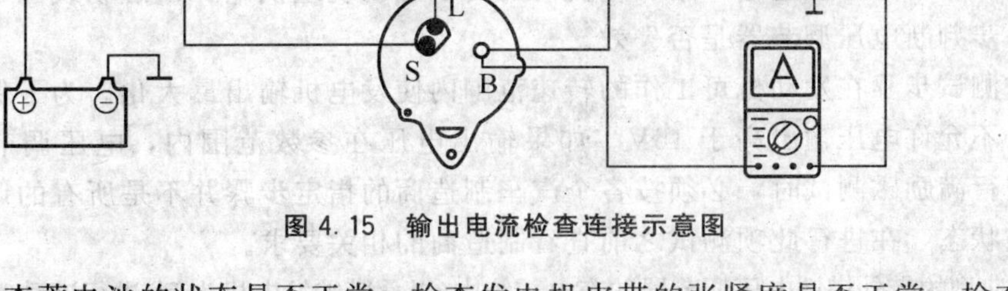

图 4.15　输出电流检查连接示意图

(1) 检查蓄电池的状态是否正常，检查发电机皮带的张紧度是否正常，检查发电机运转时有无异响等。

(2) 把点火开关转到 OFF 位置，拆下蓄电池的负极电缆。

(3) 从发电机的 B 端子拆下输出线，在 B 端子和已拆下的输出线之间串联一个 0～100A 的测试用直流电流表。

注意

- 由于有大电流通过，因此各连接部分须用螺栓和螺母牢牢固紧。切勿使用夹子固定方法。最好采用即使不拆下交流发电机输出线也能测量的钳形电流表。

(4) 把一个 0～20V 的测试用电压表接到端子 B 和地之间，即电压表的(＋)极导线接到端子 B 上，电压表的（－）极导线可靠接地。

(5) 装上发动机转速表，连接蓄电池的负极电缆。

(6) 使发动机罩保持打开状态。

(7) 检查电压表的读数是否与蓄电池的电压相同。若电压为 0V，则认为发电机 B 端子与蓄电池(＋)极间的接线脱开或易熔丝烧断。

(8) 将照明开关置于 ON 位置使前灯点亮后，起动发动机。

(9) 把前照灯调到远光束位置，暖风机开关调到最大位置，然后将发动机转速升高到 2500r/min，观察该电流表上的最大输出电流值，极限值应为额定输出电流的 70%。

注意

- 额定输出电流值在交流发电机的铭牌上。发动机起动后，由于充电电流急剧下降，因此必须快速地读取最大电流值。当交流发电机本身或周围环境温度过高时，也往往达不到规定的输出电流，此时应待交流发电机冷却后再进行试验。

(10) 电流表的读数值应大于极限值。若低于极限值而交流发电机的输出线正常时，从发动机上拆下交流发电机加以检查。

(11) 试验结束后，使发动机怠速运转。

(12) 把点火开关转到 OFF 位置，拆下蓄电池的负极电缆。

(13) 拆下测试用电流表、电压表和发动机转速表。

(14) 将发电机的输出线接到发电机的 B 端子上，再连接蓄电池负极电缆。

4. 电压调节器短路检查

在发电机实际维修中，更换电压调节器是较为常见的方法。满励磁测试方法是将电压调节器短路，用蓄电池供电电压给发电机内的转子磁场绕组供电，使磁场线圈处于满励磁状态，进一步判断电压调节器是否失效。

满励磁测试步骤在发动机可工作的转速范围内使发电机输出最大化。为了保护电器元件和电路，不允许电压输出高于 16V。如果输出电压在参数范围内，电压调节器就是坏的。注意进行满励磁测试时，必须按各个汽车制造商的指定步骤并不是所有的调压器可以达到满励磁状态，在进行此项测试之前查看制造商的相关要求。

在一个典型的带外搭铁电压调节器的充电系统中(以桑塔纳发电机为例)进行满励磁状态测试。

(1) 把电压调节器拆下。

(2) 在 F 接头和“－”接头之间使用短路线连接如图 4.16 所示。

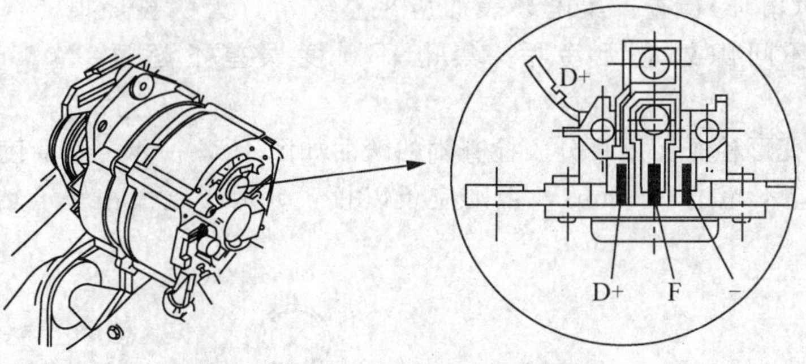

图 4.16 电压调节器短路检查

(3) 再将电压调节器装回，进行测试。

(4) 起动发动机并提高转速，如果电流输出在参数范围内，则表示电压调节器失效。

5. 发电机检查

发电机拆解后，先用布或棉纱蘸适量清洗剂擦洗转子绕组、定子绕组、电刷及其他机件，然后再检测转子、定子的电阻值及绝缘电阻。为了取得较准确的测量数值，建议使用数字式万用表测量。

1) 检查转子

(1) 转子绕组(磁场绕组)短路与断路检查。用万用表检测两集电环之间电阻，应符合技术标准如图 4.17 所示。若阻值为∞，则说明断路；若阻值过小，则说明短路。一般 12V 发电机转子绕组电阻约为 3.5～6Ω，24 V 的约为 15～21Ω。

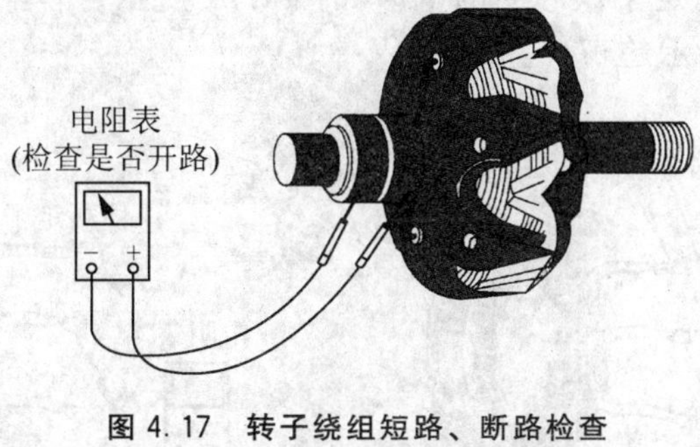

图 4.17 转子绕组短路、断路检查

(2) 转子绕组搭铁检查。即检查转子绕组与铁芯(或转子轴)之间的绝缘情况。用万用表电阻最大挡检测两集电环与铁芯(或转子轴)之间的电阻，如图 4.18 所示若表针有偏转，则说明有搭铁故障，正常应指示∞。

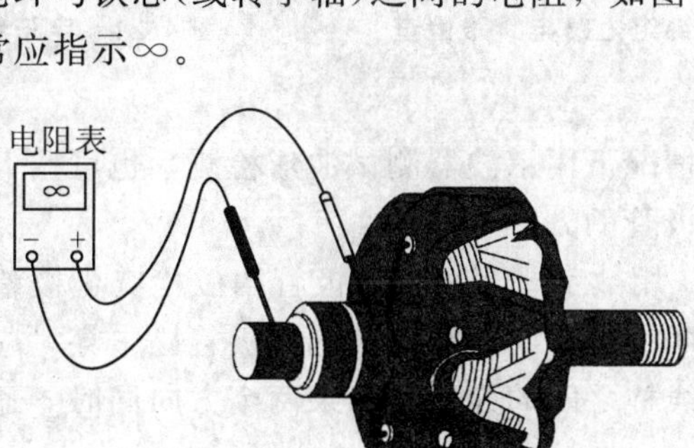

图 4.18 转子绕组搭铁检查

(3) 集电环(滑环)检查。集电环表面应平整光滑，无明显烧损，否则用 00 号纱布打磨。两集电环间隙处应无污垢。集电环圆度误差不超过 0.025mm，厚度不小于 1.5mm。

(4) 转子轴变形检查。用百分表检查轴的弯曲如图 4.19 所示。弯曲度不超过 0.05mm (径向圆跳动公差不超过 0.1mm)，否则应予以校正。爪形磁极在转子轴上应固定牢靠、间距相等。

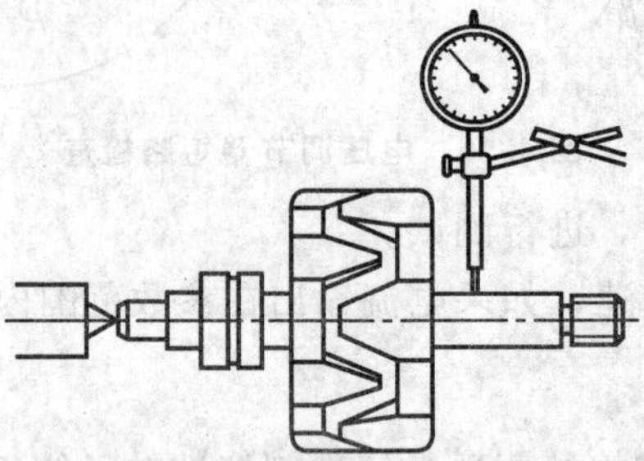

图 4.19　转子轴变形检查

2) 检查定子

(1) 定子绕组短路与断路检查。用万用表检测定子绕组 3 个接线端，两两相测如图 4.20 所示。正常时阻值小于 1Ω 且相等；指针不动或阻值过大，说明断路；阻值过小(近似等于 0Ω)，说明短路。

(2) 定子绕组搭铁检查。即检查定子绕组与定子铁芯间绝缘情况。用万用表电阻最大挡检测定子绕组接线端与定子铁芯间的电阻如图 4.21 所示。若绝缘电阻≤100kΩ，则说明有搭铁故障，正常应指示趋于∞。

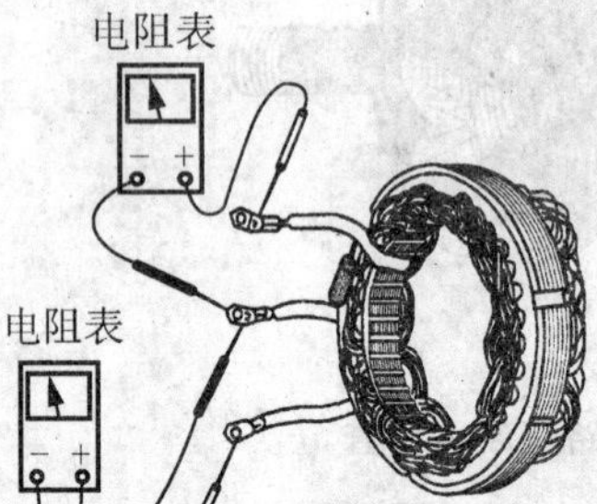

图 4.20　定子绕组短路与断路检查

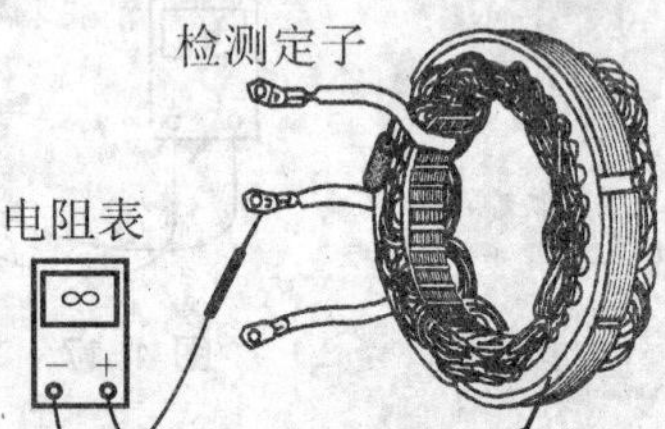

图 4.21　定子绕组搭铁检查

3) 检查整流器二极管

二极管可在不解体的情况下用示波器测试波形检测，也可用万用表解体检测。下面介绍用万用表测试整流器二极管的方法。

(1) 用数字式万用表。用数字式万用表二极管挡位检查正极整流器与定子线圈引线接线柱之间是否导通，如果两个方向同时导通，则二极管已击穿，应更换整流器组件。检查负极整流器与定子线圈接线柱之间的导通，如果两个方向同时导通，则二极管已击穿，应更换整流器组件。

(2) 用指针式万用表。当使用指针式万用表检测二极管时，根据二极管的阻值应选择正确的挡位，通常使用 R×1 或 R×10 挡，测量正向电阻值，一般为几十欧；反向电阻值，一般为几十千欧以上。若正反向电阻值一大一小差异很大，说明二极管良好；若正反向电阻均为∞，说明断路；若均为 0 Ω，说明短路。

4）检查电刷组件

电刷表面不得有油污且应在电刷架中活动自如；电刷磨损不得超过原高度的 1/2(或电刷磨损到磨损极限标记线时)如图 4.22 所示，否则应更换电刷。

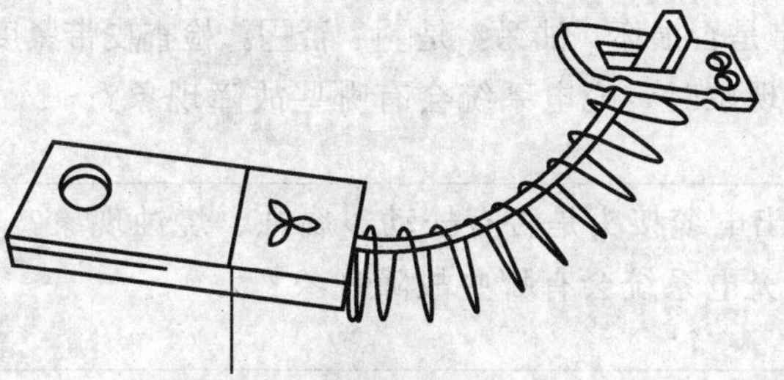

图 4.22　检查电刷组件

5）其他零件检查

(1) 检查轴承轴向和径向间隙均不应大于 0.20mm，滚珠、滚道无斑点。

(2) 使发动机怠速运转，通过听诊器或起子诊断轴承转动时有无异响。

(3) 检查前后端盖、皮带轮等应无裂损、变形，绝缘垫应完好。

4.2.4　能力测试

发电机故障包括不发电故障、发电电压不足故障和发电电压过高故障等。实训教师可根据实训条件设置充电系统故障，如可设计发电机皮带过松、调节器故障、电刷磨损过度故障和滑环磨损等故障。在实训教师的监督下，由学生独立完成故障的诊断与排除或者由教师充当客户模拟一或几个场景，让学生分组完成故障排除。

场景：某辆汽车夜间行驶或很多电器同时打开时，蓄电池电能会很快耗尽，而且当发动机加速时，还伴随严重的皮带异响。客户已经更换了蓄电池，但行驶几天后故障现象重新出现，客户现在要求维修人员诊断维修。

1. 让学生分析并说出检查步骤和方法

(1) 检查蓄电池的开路电压。

(2) 观察发动机运转时充电指示灯的变化。

(3) 检查发电机皮带是否正常。

(4) 发动机怠速时急加油，听发电机皮带发出的声音是否正常。

2. 学生根据下列问题，对教师进行解释并提出解决方案

(1) 根据检查情况，分析出可能导致以上充电系统故障的原因。

(2) 在进行充电系统测试之前要先进行什么检测？

(3) 对检查结果进行理论分析。

3. 完成实训记录

(1) 基本信息填写。

日 期		同组人员	
车 型		发动机型号	
VIN 码		行驶里程	
年款		故障现象	

(2) 检查蓄电池电压，检测结果为________V。是否正常？　是□　否□

(3) 检查发电机皮带是否损坏、油污？是□　否□。检查皮带紧度是否正常？是□　否□

若有皮带紧度过松现象时，充电系统会有哪些故障现象？

____

(4) 检查发电机输出电缆接头是否有松动、腐蚀、烧蚀现象？是□　否□

若有上述现象时，充电系统会有哪些故障现象？

____

(5) 使发动机转速提高到大约 1500r/min 时，在无负载的情况下，检查充电系统电压，为________V。是否正常？是□　否□

(6) 起动发动机，将发动机转数提高到 1500～2000r/min。利用车载用电器给发电机加载至发电机输出额定电流，电压表读数为________V，是否正常？是□　否□

如果过低，说明什么问题？________________________

(7) 用示波器测出充电系统二极管波形并画出波形。

____

根据波形分析整流元件的工作状态是________________________

(8) 本次实训存在的疑问有哪些？最大的难点是什么？

____

教师评语：________________________________

学习任务 4.3　照明系统故障诊断

4.3.1　任务描述

车主描述：我的汽车前照灯没有远光灯了，近光灯照射位置有点太近。

维修人员：超车功能正常吗？

车主回答：不正常。

4.3.2　任务分析

汽车照明系统包括前照灯和雾灯等。本学习任务以前照灯没有远(近)光的故障诊断过程为例进行学习。前照灯没有远(近)光的故障原因有远光灯丝故障、相关保险丝故障、相关线路故障、变光开关故障和照射位置调整故障等。把可能的故障原因都找出来，然后逐一分析才能从中找到引起故障的关键点。前照灯故障的因果关系如图 4.23 所示。

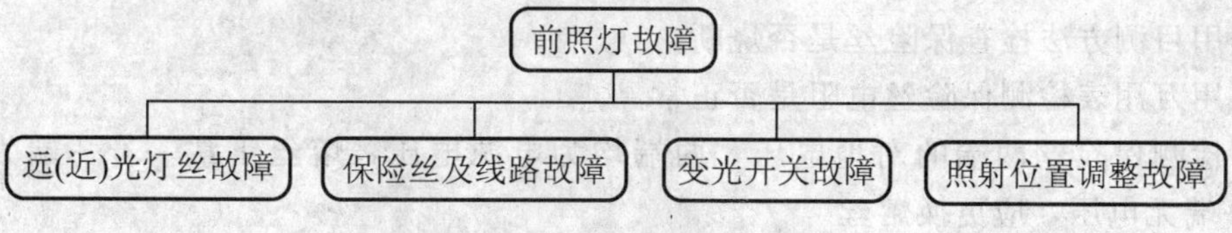

图 4.23 前照灯故障的因果关系

4.3.3 任务实施

1. 灯丝故障

1）灯丝故障确认方法

(1) 用目测方法检查灯丝是否烧断或用万用表检测灯丝电阻是否正常。

(2) 检测灯泡供电电压，如果供电电压正常但灯光没亮，应更换灯泡。

2）灯泡的更换方法

(1) 拆下影响灯座拆装的部件。

(2) 拆下灯座外的橡胶罩，拆下连接器锁扣并脱开前照灯线束连接器，松开线束如图 4.24所示。

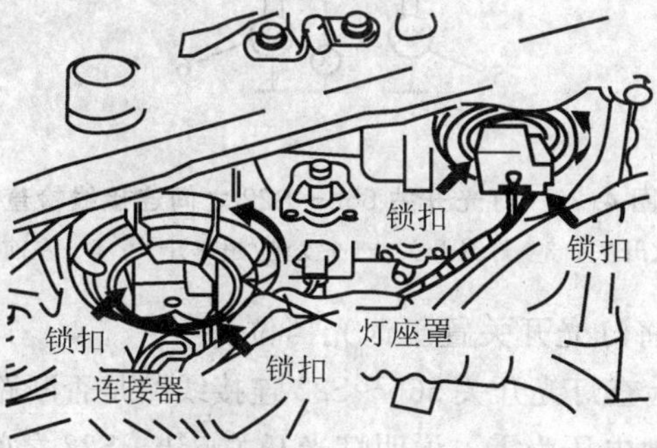

图 4.24 前照灯灯泡拆卸

(3) 拆下灯泡固定弹簧并拉出灯泡。

(4) 灯泡更换后，应将灯座罩牢固装好。

(5) 拆换灯泡时正确的方法为手握灯泡插头以防污损灯泡表面如图 4.25 所示。

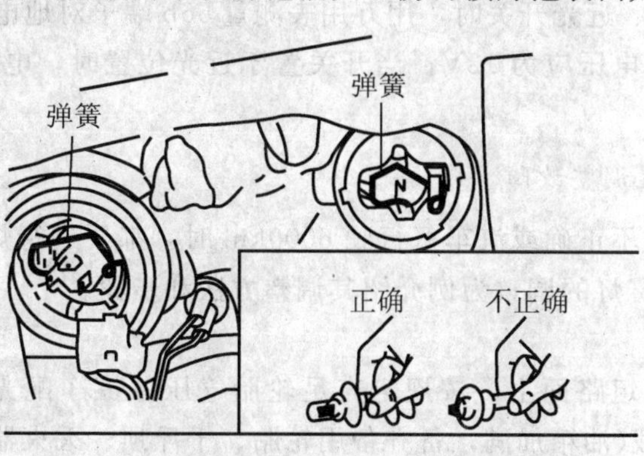

图 4.25 拆换灯泡时正确的方法

2. 保险丝及线路故障

1）保险丝检查

（1）用目测方法检查保险丝是否烧断。

（2）用万用表检测保险丝电阻是否正常。

（3）检测保险丝两端的对地电压，两端均为电源电压，熔丝正常。若一端为电源电压，另一端无电压，应更换熔丝。

2）线路检查

检查灯光开关56b～S22之间线路是否有断路如图4.26所示。方法如下。

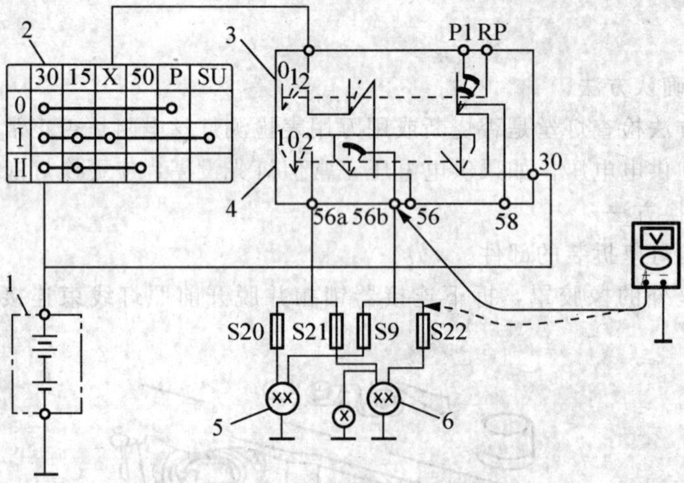

图4.26 灯光开关56b～S22之间连接线检查

1—蓄电池；2—点火开关；3—灯光开关；4—变光/超车开关；5—左前照灯；6—右前照灯

（1）打开点火开关，将灯光开关置于远光挡位。

（2）用万用表电压挡检查灯光开关56b～S22连接线路是否断路，这两点对地电压都应为电源电压。如果S22点对地电压为零，说明灯光开关56b～S22之间连接线路有断路。

（3）用同样方法检查其他线路。

3. 变光开关故障

用万用表检查变光开关各个端子对地电压，看看是否与正确变化规律相符。以检查56b端子为例，转换远、近光开关时，用万用表测量56b端子对地电压如图4.27所示。当开关置于远光位置时，电压应为12V；当开关置于近光位置时，电压应为0V，否则说明变光开关有故障。

4. 前照灯照射位置调整故障

当前照灯照射位置不正确或汽车每行驶6000km时，都要进行灯光调整。下面以桑塔纳2000轿车前照灯和雾灯的调整为例介绍其调整方法和步骤。

1）前照灯检查

（1）将汽车停在平坦路面上，按规定充足轮胎气压并擦净配光镜，车上负载为后座1人或70kg重物或空载（油箱加满，备齐备用轮胎、千斤顶、灭火器和随车工具等）。

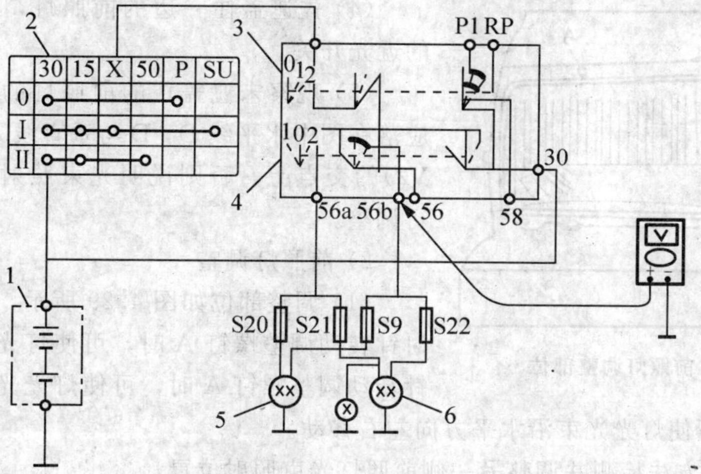

图 4.27 变光开关故障确认方法

1—蓄电池；2—点火开关；3—灯光开关；4—变光/超车开关；5—左前照灯；6—右前照灯

(2) 在离前照灯 10m 处挂一个幕布(或利用一块白墙)，在屏幕上画出两条水平线，高位水平线 H－H 与前照灯基准中心等高，低位水平线 D－D 与水平线 H－H 的距离为 10cm。

(3) 在屏幕上画出 3 条垂直线，中心垂直线 V－V 与左右前照灯等距中分线同面，另两条垂直线 V1－V1、V2－V2，分别与左右前照灯基准中心线同面如图 4.28 所示。

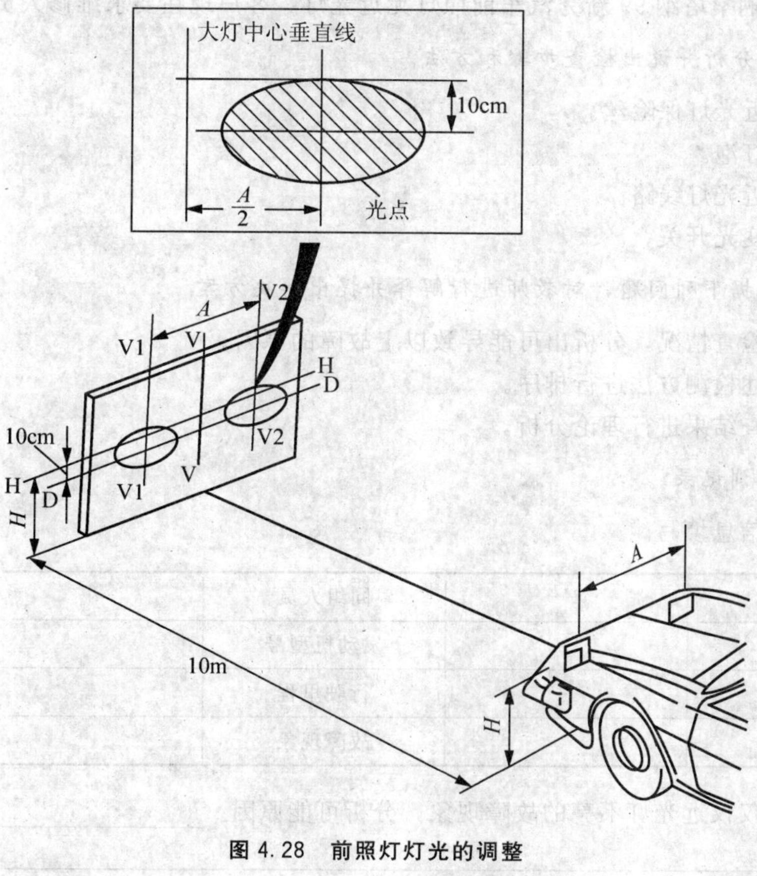

图 4.28 前照灯灯光的调整

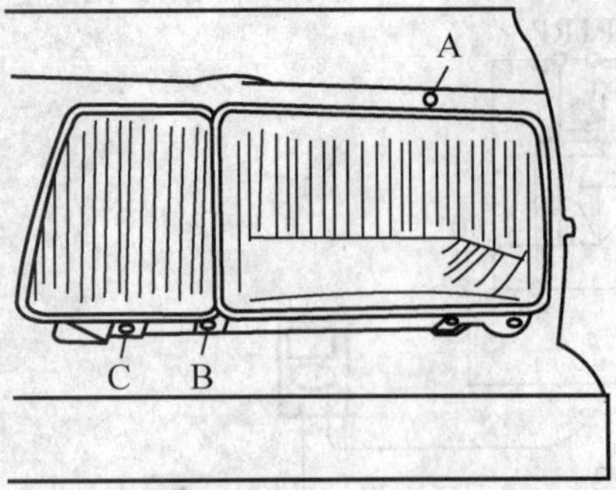

图 4.29 前照灯调整部位

(4) 先遮盖住一边的前照灯，然后打开前照灯的近光开关。

(5) 观察未遮盖住的前照灯的近光灯光束中心应落在图中水平线 D—D 与垂直线 V1—V1(或 V2—V2)的交点上，否则说明光束照射位置偏斜，应进行调整。

2) 前照灯调整

(1) 调整部位如图 4.29 所示，用十字形旋具顺时针转动调整螺钉 A 时，可使灯光光束降低；逆时针转动调整螺钉 A 时，可使灯光光束升高；转动调整螺钉 B 时，可使灯光光束沿水平方向左右移动。

(2) 用同样方法检测并调整另一侧前照灯光束照射位置。

4.3.4 能力测试

前照灯故障包括没有远光故障、没有近光故障、单侧灯光亮度不够故障、灯光照射位置不良故障等。实训教师可根据实训条件设置上述相关故障。在实训教师的监督下，由学生独立完成故障的诊断与排除或者由教师充当客户模拟一或几个场景，让学生分组完成故障排除。

场景：一辆桑塔纳 99 新秀汽车前照灯无近光灯，客户现在要求维修人员进行维修。

1. 让学生分析并说出检查步骤和方法。

(1) 检查近光灯保险丝。

(2) 检查灯泡。

(3) 检查近光灯线路。

(4) 检查变光开关。

2. 学生根据下列问题，对教师进行解释并提出解决方案

(1) 根据检查情况，分析出可能导致以上故障的原因。

(2) 将上述检测方法进行排序。

(3) 对检查结果进行理论分析。

3. 完成实训记录。

(1) 基本信息填写。

日 期		同组人员	
车 型		发动机型号	
VIN 码		行驶里程	
年款		故障现象	

(2) 对于仅仅远光灯不亮的故障现象，分析可能原因。______

(3) 你是如何确定灯泡故障的？＿＿＿＿＿＿＿＿＿＿＿＿＿＿＿＿＿＿＿＿＿

＿＿＿＿＿＿＿＿＿＿＿＿＿＿＿＿＿＿＿＿＿＿＿＿＿＿＿＿＿＿＿＿＿＿＿＿

(4) 你是如何确定线路故障的？＿＿＿＿＿＿＿＿＿＿＿＿＿＿＿＿＿＿＿＿＿

＿＿＿＿＿＿＿＿＿＿＿＿＿＿＿＿＿＿＿＿＿＿＿＿＿＿＿＿＿＿＿＿＿＿＿＿

(5) 故障是否排除？　是□　否□

故障点是：＿＿＿＿＿＿＿＿＿＿＿＿＿＿＿＿＿＿＿＿＿＿＿＿＿＿＿＿＿＿

分析故障诊断流程。

＿＿＿＿＿＿＿＿＿＿＿＿＿＿＿＿＿＿＿＿＿＿＿＿＿＿＿＿＿＿＿＿＿＿＿＿

＿＿＿＿＿＿＿＿＿＿＿＿＿＿＿＿＿＿＿＿＿＿＿＿＿＿＿＿＿＿＿＿＿＿＿＿

(6) 本次实训中存在的疑问有哪些？最大的难点是什么？

＿＿＿＿＿＿＿＿＿＿＿＿＿＿＿＿＿＿＿＿＿＿＿＿＿＿＿＿＿＿＿＿＿＿＿＿

教师评语：＿＿＿＿＿＿＿＿＿＿＿＿＿＿＿＿＿＿＿＿＿＿＿＿＿＿＿＿＿＿

学习任务 4.4　仪表指示异常故障诊断

4.4.1　任务描述

车主描述：我的汽车油表与实际油量不符。

维修人员：其他仪表指示正常吗？

车主回答：没注意。

4.4.2　任务分析

汽车仪表主要包括水温表、燃油表、车速表和转速表等。仪表系统故障主要是指示出现故障，原因主要与仪表本身、传感器和仪表稳压器等有关。把可能的故障原因都找出来，然后逐一分析才能从中找到引起故障的关键点。汽车仪表指示故障的因果关系如图 4.30 所示。

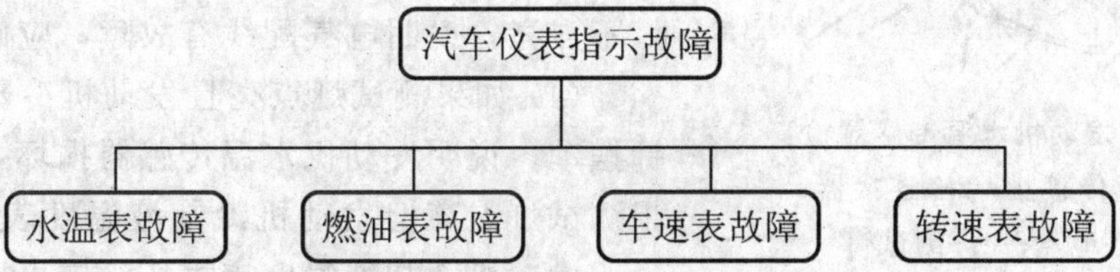

图 4.30　汽车仪表指示故障的因果关系

4.4.3 任务实施

1. 水温表故障

1）故障检测流程

发动机冷却液温度表的检测流程如图 4.31 所示。

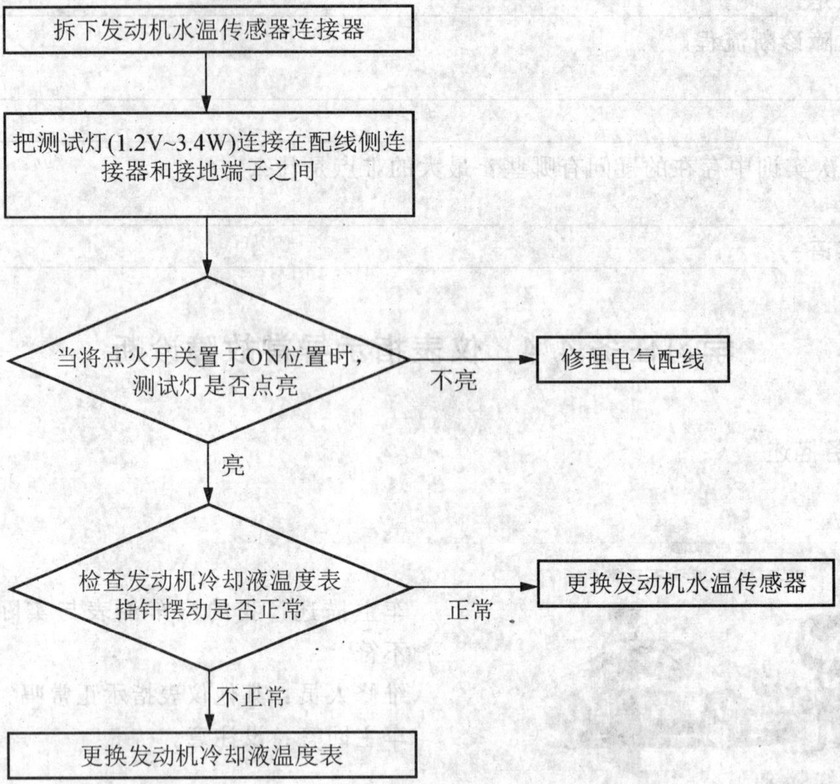

图 4.31　发动机冷却液温度表的检测流程

2）诊断方法

（1）拆下发动机水温传感器线束连接器如图 4.32所示。

（2）把测试灯连接在配线侧连接器和接地端子之间。

（3）当将点火开关置于 ON 位置时，如果测试灯不点亮，说明电气配线有故障，应修理。

（4）如果测试灯点亮且发动机冷却液温度表指针摆动，说明发动机水温传感器损坏，应更换；如果测试灯点亮但发动机冷却液温度表指针不摆动，说明发动机冷却液温度表损坏，应更换。

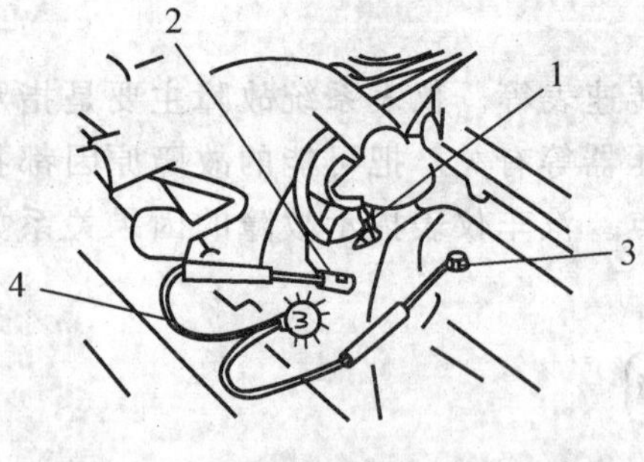

图 4.32　发动机水温传感器检查

1—水温传感器；2—连接器；3—搭地点；4—测试灯

3）部件检测

（1）检查发动机冷却液温度传感器。首先将发动机冷却液排出，再拆下发动机冷却液温度传感器，然后把组件侵入70℃的水中，测量电阻，与标准值对照，如果不符则更换传感器。中华车冷却液温度传感器在70℃时的阻值为104±13.5Ω。方法和要求参考学习任务2.1。

(2) 检查发动机冷却液温度表电阻。用万用表测量各端子之间的电阻值如图4.33所示，测量时千万不要触碰到印制电路板。以中华车为例电源与接地之间阻值为137Ω，电源与发动机冷却液温度表之间阻值为77Ω，发动机冷却液温度表与接地之间阻值为112Ω。

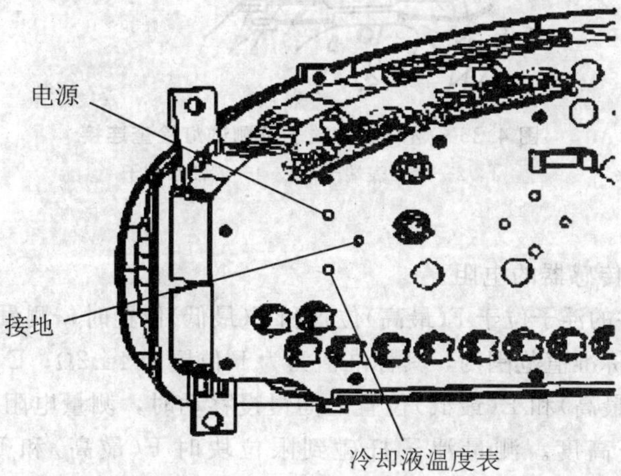

图4.33　测量各端子之间的电阻值

2. 燃油表故障

1) 故障检测流程

燃油表的检测流程如图4.34所示。中华车燃油表的端子及测试灯检查连接如图4.35所示。

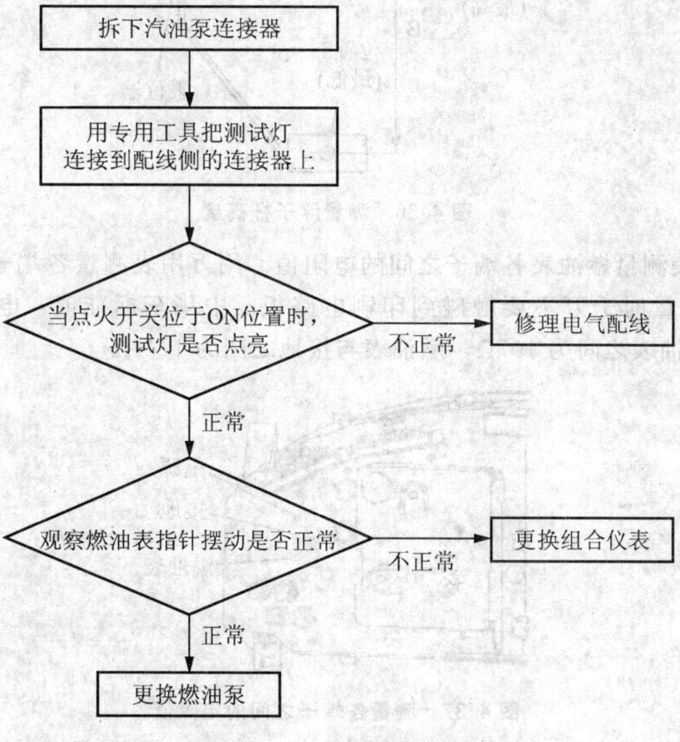

图4.34　燃油表的检测流程

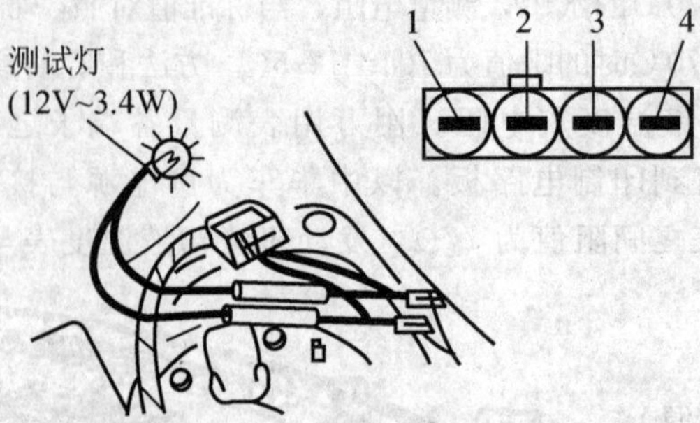

图 4.35 燃油表的端子及测试灯检查连接

1、2—燃油表端子；3、4—燃油泵端子

2）部件检测

(1) 检查燃油表传感器的电阻。

① 当燃油表组件的浮子位于 F(最高)位置和 E(最低)位置时，测量燃油表的端子 1 和端子 2 之间阻值是否在标准值范围内，其标准值为为 F 位置为 4±2Ω；E 位置为 112±7Ω。

② 当浮子在 F(最高)和 E(最低)位置之间慢慢移动时，测量电阻值是否平稳地变化。

(2) 测量浮子杆高度。测量浮子杆碰到限位块时 F(最高)和 E(最低)时的高度如图 4.36所示，即测量图中 A 和 B 的数值并参照标准值分析所测数值是否在允许的范围内。中华车标准值为：A 为 27.5mm；B 为 158.8mm。

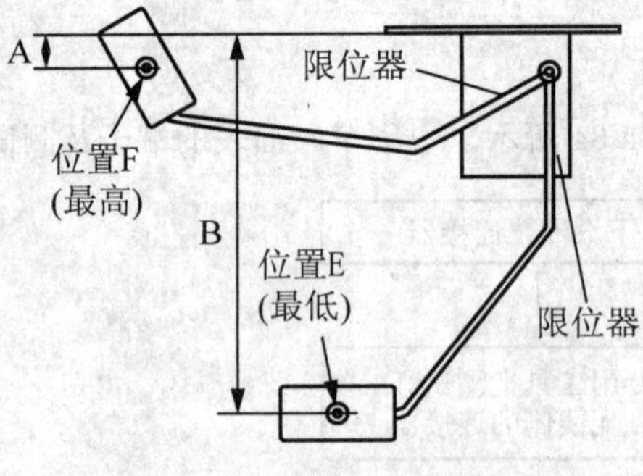

图 4.36 测量浮子杆高度

(3) 用万用表测量燃油表各端子之间的电阻值。用万用表测量各端子之间的电阻值如图 4.37 所示。测量时千万不要触碰到印刷电路板。中华车标准值：电源与接地之间为 137Ω，电源与燃油表之间为 107Ω，燃油表与接地之间为 114Ω。

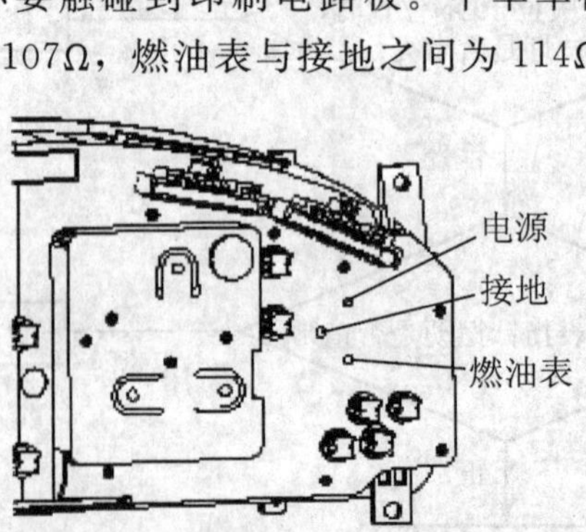

图 4.37 测量各端子之间的电阻值

3. 车速表故障

1) 车速表精度检查

(1) 将轮胎压力调整到规定大小。

(2) 将汽车放在车速试验台上如图 4.38 所示。

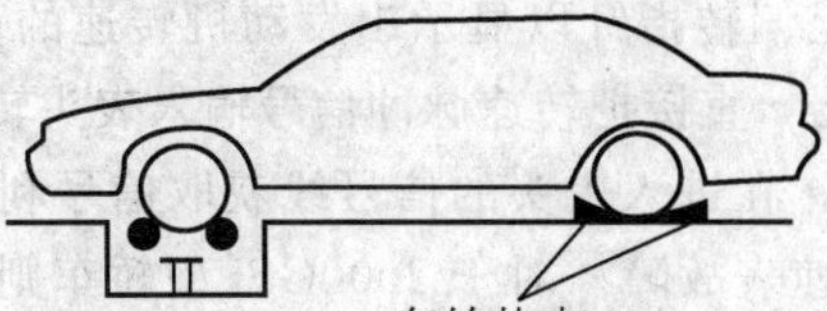

图 4.38 将汽车放在车速试验台上

(3) 检查驻车制动器是否已经调整正确。

(4) 为防止汽车移动，应将汽车左右固定，并用链条或钢丝绳系住后部，务必固紧链条或钢丝绳的端部。

(5) 检查车速表指示范围是否在标准值范围内，中华车车速表标准值见表 4-6。

表 4-6 中华车车速表标准值

标准值/km/h	允许值范围/km/h
40	41.33～46.93
60	62～68
80	82.66～89.06
120	124～131.2

注意

- 在检查时，不要突然操作离合器或急速地提高(或降低)速度。

2) 部件检查

以中华车车速表传感器的检查方法为例介绍基本方法。

(1) 拆下车速传感器，如图 4.39 所示连接一个 3～10kΩ 的电阻。

(2) 转动车速传感器轴，确认端子 1～2 之间应有一个电压。

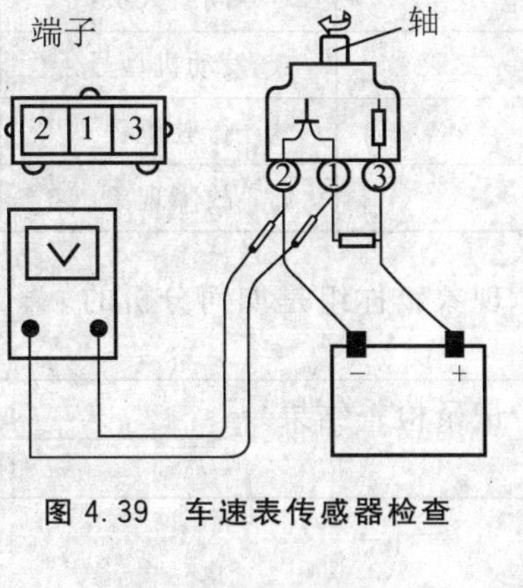

图 4.39 车速表传感器检查

4. 转数表故障

现代汽车发电机转数表有的用点火线圈一次电流中断时，产生的脉冲信号，有的用曲轴位置传感器的转数信号。桑塔纳 2000 型轿车采用电子发动机转速表，其中 2000GLi 型轿车是从点火线圈中获得一次电流中断时，产生的脉冲信号在点火线圈中转换成电压脉冲，经数字集成电路计算后，在表头上偏转指针以显示出发动机转速的；2000GSi 型轿车则是由安装在飞轮侧的发动机转速传感器，直接把转速脉冲信号输入表头转换成发动机转速信号的。

当发动机转速表故障时，在进入表头的信号线获取信号利用示波器检查信号波形即可判断故障是信号原因还是转速表故障。对于 2000GSi 型轿车则利用解码器进入数据流功能检查发动机转速数据，如果没有，检查曲轴位置传感器及相关线路。

4.4.4 能力测试

汽车仪表故障包括仪表无指示故障、仪表指示不准故障等。实训教师可根据实训条件设置上述相关故障。在实训教师的监督下，由学生独立完成故障的诊断与排除或者由教师充当客户模拟一或几个场景，让学生分组完成故障排除。

场景： 一辆桑塔纳 99 新秀汽车发机水温表与燃油表指示均不准确，车主已经更换了水温传感器、燃油表传感器，但故障依旧未能排除。客户现在要求维修人员进行维修。

1. 让学生分析并说出检查步骤和方法

(1) 检查燃油表。

(2) 检查水温表。

(3) 检查仪表稳压电路。

(4) 检查相关线路。

2. 学生根据下列问题，对教师进行解释并提出解决方案

(1) 根据检查情况，分析出可能导致以上故障的原因。

(2) 将上述检测方法进行排序。

(3) 对检查结果进行理论分析。

3. 完成实训记录

(1) 基本信息填写。

日期		同组人员	
车 型		发动机型号	
VIN 码		行驶里程	
年款		故障现象	

(2) 对于模拟场景的故障现象，你组是如何分析的。________________

____

(3) 检查水温表传感器，记录检查结果。________________

____

(4) 检查汽油表传感器，记录检查结果。____

____

(5) 检查仪表稳压器输出电压，记录检查结果。________________________________

____

(6) 测试车速表传感器波形，记录正常或故障波形。

____

(7) 设置一个仪表故障，分组进行排除。故障是否排除？　是□　否□

故障点是：____

____

分析故障诊断流程。____

(8) 本次实训中存在的疑问有哪些？最大的难点是什么？

____

教师评语：____

学习任务4.5　空调制冷不佳故障诊断

4.5.1　任务描述

车主描述：我的汽车空调冷气不够。

维修人员：压缩机工作吗？

车主回答：工作。

4.5.2　任务分析

汽车空调制冷系统故障包括不制冷、冷气不足等，本学习任务以冷气不足为例进行学习。空调冷气不足主要与制冷剂量、空调皮带紧度、压缩机压力、发动机冷却系统和空调控制系统等诸多因素有关。把可能的故障原因都找出来，然后逐一分析才能从中找到引起故障的关键点。空调制冷不佳的因果关系如图4.40所示。

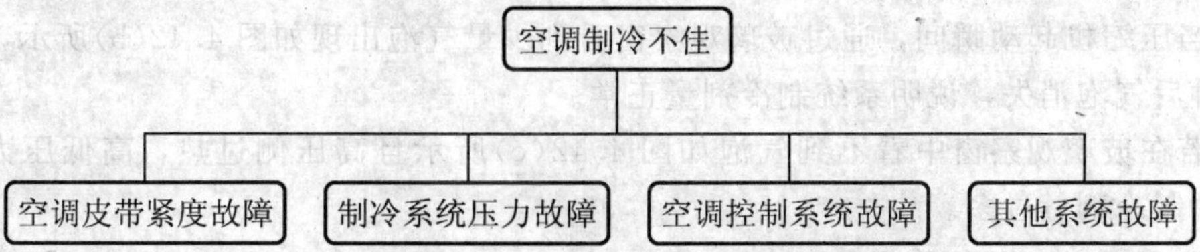

图4.40　空调制冷不佳的因果关系

4.5.3 任务实施

1. 空调皮带紧度检查

压缩机传动带张力过低会造成空调泵打滑、制冷剂流量减少，降低冷却性能。可通过空调皮带紧度测试仪或用简易方法如图 4.41 所示，对空调皮带紧度进行检查。如果紧度异常，应进行调整。

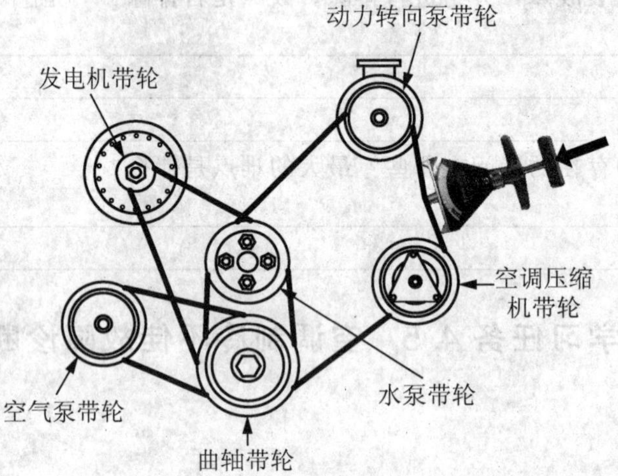

图 4.41 压缩机传动带张力的检查

2. 制冷系统压力检查

1）检查制冷剂是否有泄漏

最简单的方法是目视检查。制冷剂常见泄漏部位可能是所有连接部位、冷凝器表面及蒸发器表面被损坏处、膨胀阀进出口连接处、压缩机轴封和前后盖密封垫等。上述部位一旦出现油渍，一般说明此处有制冷剂泄漏(但压缩机前轴封处漏油可能是轴承漏油)，应尽快采取措施修理。

2）检查制冷量是否正常

(1) 通过观察窗来检查制冷剂量。玻璃观察窗位于储液干燥器的液态侧，即出口侧或位于液相管中的任何一个位置上。从玻璃观察窗很容易判断制冷系统内的制冷剂量多少如图 4.42 所示。当系统工作正常时，从玻璃观察窗中可以观察到制冷剂液流稳定、无气泡。

① 通过玻璃观察窗看到流动的制冷剂中，有连续大量的气泡出现如图 4.42(a)所示，说明系统内制冷剂量不足，应补充制冷剂。

② 当压缩机起动瞬间，通过玻璃观察窗看到少量气泡出现如图 4.42(b)所示，空调运行几秒钟后气泡消失，说明系统制冷剂量正常。

③ 若在玻璃观察窗中看不到气泡如图 4.42(c)所示且高压侧过热，高低压力均过高时，说明制冷剂量过多。

注意

- 在寒冷天气，玻璃观察窗中连续不断地出现气泡是正常的。

(2) 通过高低压压力来检查制冷剂量。目前很多汽车空调系统没有观察窗，制冷剂量的检查要通过歧管压力表进行诊断和分析如图 4.43 所示。

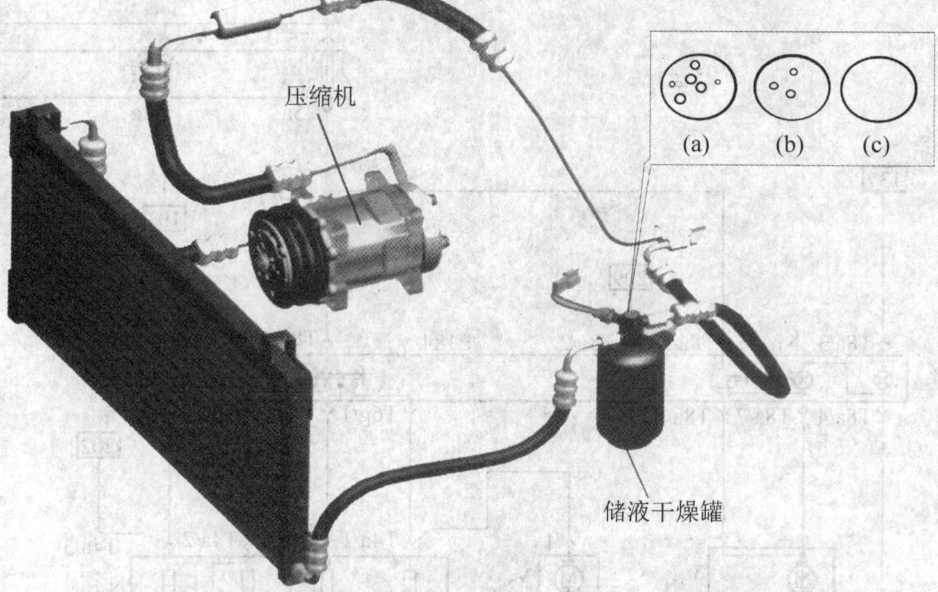

图 4.42 通过观察窗检查制冷剂量

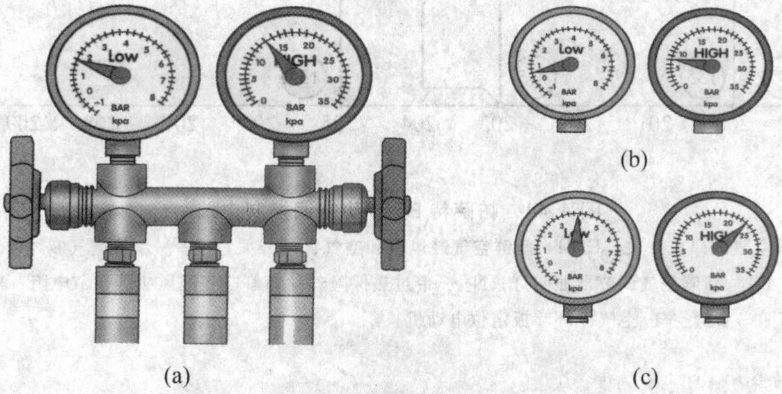

图 4.43 歧管压力表检测制冷剂量

① 当高、低压力指示值均正常如图 4.43(a) 所示，并且出风口温度较低时，说明制冷剂量正常。

② 当高、低压力指示值都低于正常值如图 4.43(b) 所示，并且出风口温度较高时，说明制冷剂量不足。

③ 当高、低压力指示值都高于正常值如图 4.43(c) 所示，并且出风口温度较高时，说明制冷剂量过多。

3. 空调控制系统故障

自动空调控制单元上装有故障存储器，用故障诊断仪可读取故障代码。帕萨特 B5 自动空调控制单元为 J255，主要作用是监控传感器或部件上出现故障时，将相关故障码存储到故障存储器中，显示单元 E87，在点火后大约闪光 15s，以提示驾驶员尽快维修。故障代码由 5 位的识别数字组成。以上海帕萨特 B5 自动空调系统常见故障码为例，并对照自动空调控制电路如图 4.44 所示进行诊断分析。

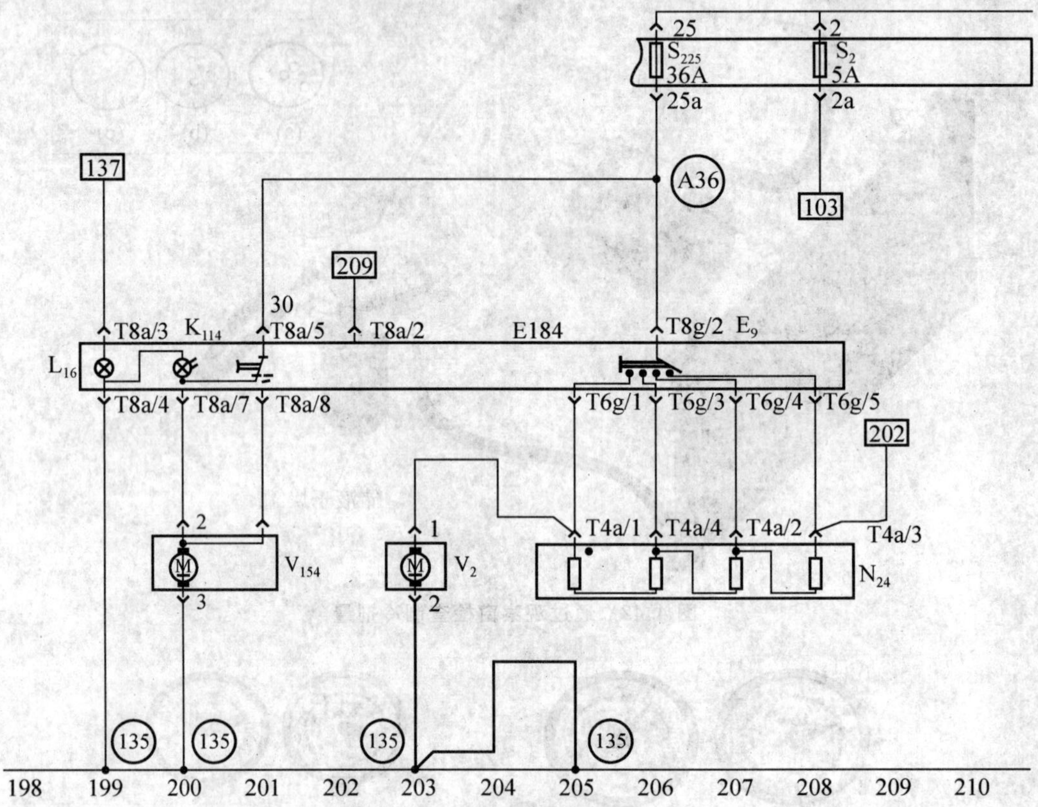

图 4.44　帕萨特 B5 自动空调控制电路

E_9—新鲜空气鼓风机开关；E184—新鲜空气鼓风机和空气循环开关；K_{114}—新鲜空气鼓风机和空气循环工作警告灯；L_{16}—新鲜空气调节器照明灯；N_{24}—带过热保险丝的新鲜空气鼓风机的调节电阻；V_2—新鲜空气鼓风机；V_{154}—新鲜空气/空气循环叶板定位电动机

1）故障码 65535

(1) 代码含义。通往空调控制单元 J255 的线路和插接件断路或短路，控制单元损坏。

(2) 诊断排除。

① 检查线路和插接件。

② 通过读取测量数据块来检验控制单元 J255。

③ 更换控制单元 J255 并进行 07—控制单元编码和 04—调整到初始位置。

2）故障码 01297

(1) 代码含义。表示脚部空间出风口温度传感器 G192 断路/对正极短路或接地后短路。

(2) 诊断排除。

① 通过“读取测量数据块”检查 G192。

② 检查线路和插接件。

③ 更换 G192。

3）故障码 00532

(1) 代码含义。表示电压信号太大或信号太小。

(2) 诊断排除。

① 通过“读取测量数据块 08”检查电源电压(端子 15 上的电压)。

② 检查控制单元的线路和插接件。

③ 检查三相发电机。

4）故障码 00538

(1) 代码含义。表示基准电压信号太大或信号太小。

(2) 诊断排除。

① 检查控制单元的插接件及导线。

② 相继拔开所述部件的插接件，清除故障代码并重新查询。如果不再出现“基准电压”这一故障，就须更换相应的伺服电机，因为一旦接上插座，它就会引起故障。

③ 更换控制单元并进行 07－控制单元编码和 04－调整到初始位置。

5）故障码 01296

(1) 代码含义。表示中间出风口温度传感器 G191 断路/对正极短路或接地后短路。

(2) 诊断排除。

① 通过“读取测量数据块”检查 G191。

② 根据电路图检查线路和插接件。

③ 更换 G191。

6）故障码 00792

(1) 代码含义。表示空调装置的压力开关 F129 损坏或插接件断路/短路，电机冷却不足。

(2) 诊断排除。

① 通过“读取测量数据块”检查 F129。

② 根据电路图检查导线和插接件。

③ 检查电机的冷却。

④ 更换 F129。

7）故障码 00779

(1) 代码含义。表示外界温度传感器 G17 断路/对正极短路或接地后短路。

(2) 诊断排除。

① 通过“读取测量数据块”检查 G17。

② 根据电路图检查导线和插接情况。

③ 更换 G17。

8）故障码 00787

(1) 代码含义。表示新鲜空气吸气道温度传感器 G89 对正极短路/断路或接地后短路。

(2) 诊断排除。

① 通过“读取测量数据块”检查 G89。

② 根据电路检查导线和插接情况。

③ 更换 G89。

9）故障码 00603

（1）代码含义。表示脚部空间/除霜器伺服电机 V85 有故障。

（2）诊断排除。

① 通过“读取测量数据块”检查 V85。

② 根据电路图检查导线和插接情况。

③ 更换 V85 并进行 04－初始设置。

10）故障码 01206

（1）代码含义。表示停止时间信号有故障。

（2）诊断排除。

① 通过“读取测量数据块”检查停止时间。

② 根据电路图检查导线和插接件。

③ 更换控制单元 F255 并进行 07－控制单元编码和 04－初始设置。

11）故障码 00281

（1）代码含义。表示行驶速度传感器 G68 有故障。

（2）诊断排除。

① 通过“读取测量数据块”检查 G22 的信号。

② 根据电路图检查导线和插接件。

③ 更换速度测量仪 G22(表示故障是由速度测量仪 G22 的传感器发现的，不是由行驶速度传感器 G68 发现的)。

12）故障码 00797

（1）代码含义。表示阳光入射的光电传感器 G107 断路/对正极短路或接地后短路。

（2）诊断排除。

① 通过“读取测量数据块”检查 G107。

② 根据电路图检查导线和插接件。

③ 更换 G107。

13）故障码 01271

（1）代码含义。表示温度调节活门的伺服电机 V68 有故障。

（2）诊断排除。

① 通过“读取测量数据块”检查 V68。

② 根据电路图检查导线和插接件。

③ 安装时检查伺服电机 V68 的终端位置。

④ 更换 V68 并进行 04－初始设置。

14）故障码 01272

（1）代码含义。表示总活门的伺服电机 V70 有故障。

(2) 诊断排除。

① 通过"读取测量数据块"检查 V70。

② 根据电路图检查导线和插接件。

③ 更换 V70 并进行功能 04—初始设置。

15) 故障码 01273

(1) 代码含义。表示新鲜空气鼓风机 V2(带有新鲜空气鼓风机的控制单元 J126)故障。

(2) 诊断排除。

① 通过"读取测量数据块"检查 J126。

② 根据电路图检查导线和插接件。

③ 更换 J126 和 V2。

16) 故障码 01274

(1) 代码含义。表示风滞压力活门伺服电机 V71 有故障。

(2) 诊断排除。

① 通过"读取测量数据块"检查 V71。

② 根据电路图检查导线和插接件。

③ 更换 V71 并进行功能 04 初始设置。

帕萨特 B5 自动空调在使用中最常见的故障现象是制冷出现不良。当出现制冷不良时，应参照诊断流程如图 4.45 所示进行正确诊断分析。

4. 其他系统故障

1) 冷凝器阻塞

长期行驶在灰土路面或经常跑夜车会造成冷凝器沉积污垢、杂物，造成空气流通不畅，降低冷却性能。

2) 蒸发器阻塞

车厢内清洁度不够或使用里程较多的车辆，大量灰尘会造成蒸发器沉积污垢、杂物，造成空气流通不畅，降低冷却风量，进而影响制冷能力。

3) 冷却风扇故障

冷却风扇故障会影响冷凝器的冷却，如果冷却强度过小就会引起发动机水温过高，进而影响制冷剂的冷却，空调制冷能力就会受到很大影响。起动空调后如果电动风扇不能起动应进行风扇控制系统检查。

4) 电磁离合器打滑

电磁离合器线圈电阻值、电磁离合器转子与衔铁间隙均能影响其吸合力，如果其吸合力过小就会引起电磁离合器打滑，进而影响制冷剂的流动，空调制冷能力就会受到很大影响。起动空调后如有离合器打滑现象应进行下面检查。

(1) 电磁离合器线圈电阻检测。用外接电源直接驱动电磁离合器或用万用表检查电磁离合器线圈电阻如图 4.46 所示。标准值参照相关维修手册。

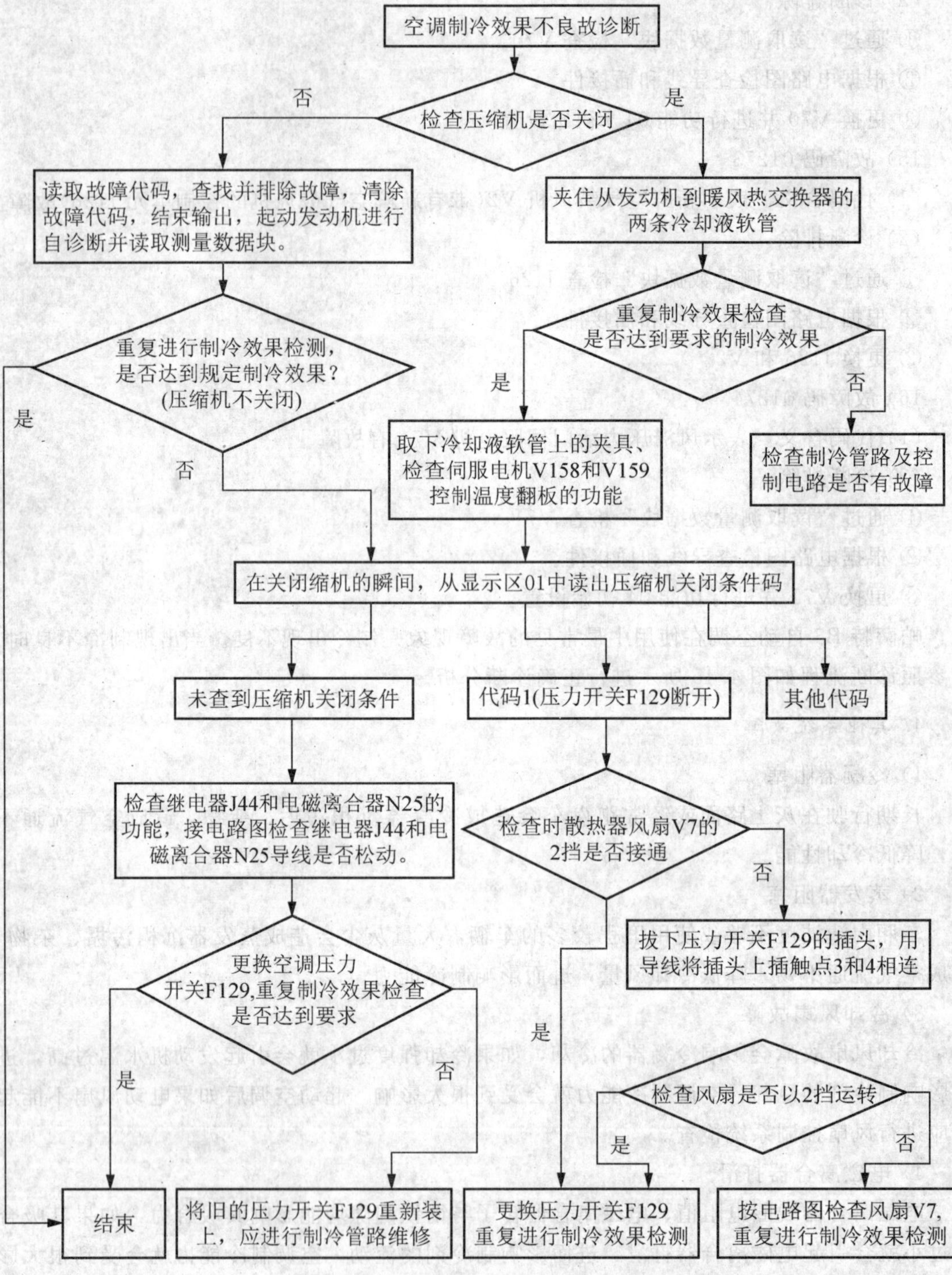

图 4.45　自动空调制冷不良诊断流程

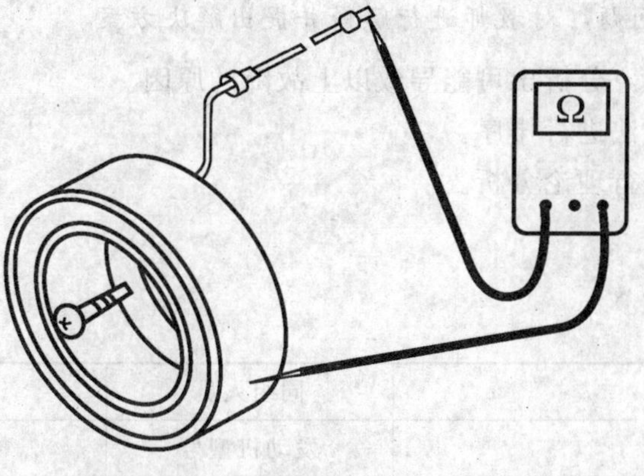

图 4.46　电磁离合器线圈电阻检测

(2) 电磁离合器转子与衔铁间隙检测。转子与衔铁之间的间隙应确保在离合器断电时无碰擦，通电时无打滑(离合器刚接合时除外)，测量离合器间隙应使用非磁性塞尺如图 4.47 所示。

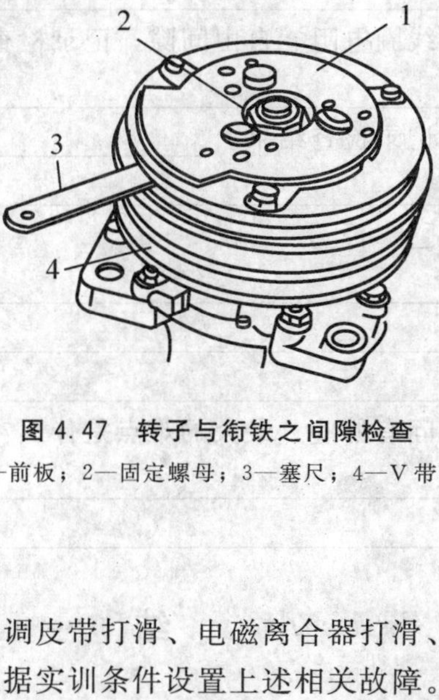

图 4.47　转子与衔铁之间隙检查

1—前板；2—固定螺母；3—塞尺；4—V 带轮

4.5.4　能力测试

空调不凉故障原因包括空调皮带打滑、电磁离合器打滑、制冷剂过多或过少和空调控制系统故障等。实训教师可根据实训条件设置上述相关故障。在实训教师的监督下，由学生独立完成故障的诊断与排除或者由教师充当客户模拟一或几个场景，让学生分组完成故障排除。

场景：某辆桑塔纳 99 新秀汽车空调凉度不够，客户现在要求维修人员进行维修。

1. 让学生分析并说出检查步骤和方法

(1) 检查空调皮带紧度。

(2) 检查电磁离合器及其控制电路。

(3) 检查系统压力。

(4) 检查控制电路。

2. 学生根据下列问题，对教师进行解释并提出解决方案

(1) 根据检查情况，分析出可能导致以上故障的原因。

(2) 将上述检测方法进行排序。

(3) 对检查结果进行理论分析。

3. 完成实训记录

(1) 基本信息填写。

日期		同组人员	
车型		发动机型号	
VIN 码		行驶里程	
年款		故障现象	

(2) 检查空调皮带紧度，记录检查结果。______

(3) 检查空调电磁离合器线圈电阻、自由间隙，记录检查结果。______

(4) 检查空调系统压力，记录检查结果。______

(5) 故障是否排除？ 是□ 否□

故障点是：______

分析故障诊断流程。______

(6) 本次实训中存在的疑问有哪些？最大的难点是什么？

______

教师评语：______

小 结

(1) 起动机运转无力的故障诊断应从蓄电池亏电或损坏检查、起动机故障检查或线路上故障检查等方面着手，逐一排除所有可能原因才能从中找到故障点。

(2) 汽车充电指示灯常亮的故障诊断应从发电机皮带张紧力检查、发电机故障检查、系统线路故障检查和调节器故障检查等方面着手，逐一排除所有可能原因才能从中找到故障点。

(3) 前照灯没有远(近)光的故障诊断应从远光灯丝故障检查、相关保险丝检查相关线路故障检查、变光开关故障检查和照射调整保障等方面着手，逐一排除所有可能原因才能从中找到故障点。

(4) 汽车仪表主要包括水温表、燃油表、车速表和转速表等。仪表系统故障主要是指示出现故障，原因主要与仪表本身、传感器和仪表稳压器有关。

(5) 汽车空调制冷系统故障包括不制冷、冷气不足等，空调冷气不足主要与制冷剂量、空调皮带紧度、压缩机压力、发动机冷却系统和空调控制系统等诸多因素有关。

习 题

1. 简述起动机运转无力故障诊断流程。
2. 简述充电指示灯常亮故障诊断流程。
3. 简述前照灯远光不亮故障诊断流程。
4. 简述燃油表指示不准故障诊断流程。
5. 简述汽车空调制冷不佳故障诊断流程。

项目5

汽车检测站检测

学习目标

通过本项目的学习，能了解检测站的任务、类型和组成。了解安全环保性能检测、综合检测的设备及检测项目。

能力要求

(1) 了解检测站的任务、类型及组成。

(2) 了解安全环保性能检测的设备及检测项目。

(3) 了解综合性能检测的设备及检测项目。

项目导入

汽车检测站是利用现代的检测设备和检测方法，对汽车实施不解体综合检测的机构。它能在室内检测出车辆的各种参数并诊断出可能出现的故障，为全面地、准确地评价汽车的使用性能和技术状况提供可靠的依据。本项目包括3个学习任务：检测站介绍、安全环保性能检测和综合性能检测。

学习任务5.1　检测站介绍

1. 检测站的任务

(1) 对在用运输车辆的技术状况进行检测诊断。

(2) 对汽车维修行业的维修车辆进行质量检测。

(3) 接受委托，对车辆改装、改造、报废及其有关新工艺、新技术、新产品和科研成果等项目进行检测，提供检测结果。

(4) 接受公安、环保、商检、计量和保险等部门的委托，并对其进行有关项目的检测，提供检测结果。

2. 检测站的类型

1) 检测站按服务功能分类

汽车检测站可分为安全检测站、维修检测站和综合检测站3种。

(1) 安全检测站是按照国家规定的车检法规，定期检测车辆中与安全和环保有关的项目，以保证汽车安全行驶，并将污染降低到允许的限度。这种检测站对检测结果往往只显示“合格”、“不合格”两种，而不作具体数据显示和故障分析，因而检测速度快，生产效率高。检测合格的车辆凭检测结果报告单办理年审签证，在有效期内准予车辆行驶。

(2) 维修检测站主要是从车辆使用和维修的角度，担负车辆维修前、后的技术状况检测。它能检测车辆的主要使用性能，并能进行故障分析与诊断。

(3) 综合检测站既能担负车辆管理部门的安全环保检测，又能担负车辆使用、维修企业的技术状况诊断，还能承接科研或教学方面的性能试验和参数测试。这种检测站检测设备多、自动化程度高和数据处理迅速准确。

2) 检测站按规模不同分类

汽车检测站可分为大、中、小3种类型。大型检测站检测线多、自动化程度高、年检能力大，且能检测多种车型。中型检测站至少有两条检测线。小型检测站主要指那些服务对象单一的检测站，如规模不大的安全检测站和维修检测站。

3) 检测站按检测线自动化程度不同分类

汽车检测站可分为手动式、全自动式和半自动式3种类型。

(1) 手动检测站由人工手动控制检测过程，从各单机配备的指示装置上读数，笔录检测结果或由单机配备的打印机打印检测结果，因此工作人员多、检测效率低、读数误差大，多适用于维修检测站。

(2) 全自动检测站利用微机控制系统，除车辆的外观检查工位仍需人工检查外，能自动控制其他所有工位上的检测过程，使设备的起动与运转、数据采集、分析判断、存储、显示和集中打印报表等全过程实现自动化。由于全自动检测站自动化程度高、检测效率高、能避免人为的判断错误，因此获得广泛应用，目前国内外的安全检测站多为这种形式。

(3) 半自动检测站的自动化程度或范围介于手动和全自动检测站之间，一般是在原手动检测站的基础上将部分检测设备(如侧滑试验台、制动试验台、车速表试验台等)，与微机联网以实现自动控制；而另一部分检测设备(如烟度计、废气分析仪、前照灯检测仪、声级计等)，仍然手动操作。当微机联网的检测设备因故不能进行自动控制时，各检测设备仍可手动使用。

3. 检测站的组成

汽车检测站主要由一条至数条检测线组成。对于独立而完整的检测站，除检测线外，还应包括停车场、清洗站、泵气站、维修车间、办公区和生活区等设施。

(1) 安全检测站一般由一条至数条安全环保检测线组成。有两条以上安全环保检测线时，一般一条为大、小型汽车通用自动检测线；另一条为小型汽车的专用自动检测线，有的还配备一条新规检测线(供新车登录、检测之用)和一条柴油车排烟检测线。

(2) 维修检测站一般由一条至数条综合检测线组成。

(3) 综合检测站一般由安全环保检测线和综合检测线组成，可以各为一条，也可以各为数条。国内交通系统的检测站多为综合检测站。

学习任务 5.2　安全环保性能检测

1. 检测设备

手动和半自动的安全环保检测线，一般由外观检查(人工检查)工位、侧滑制动车速表工位和灯光尾气工位等组成。全自动安全环保检测线分为三工位、四工位和五工位。五工位一般是汽车资料输入及安全装置检查工位、侧滑制动车速表工位、灯光尾气工位、车底检查工位、综合判定及主控制室工位。国产五工位全自动安全环保检测线如图 5.1 所示。安全环保检测线的检测项目是固定的，便于流水作业，检测效率高。

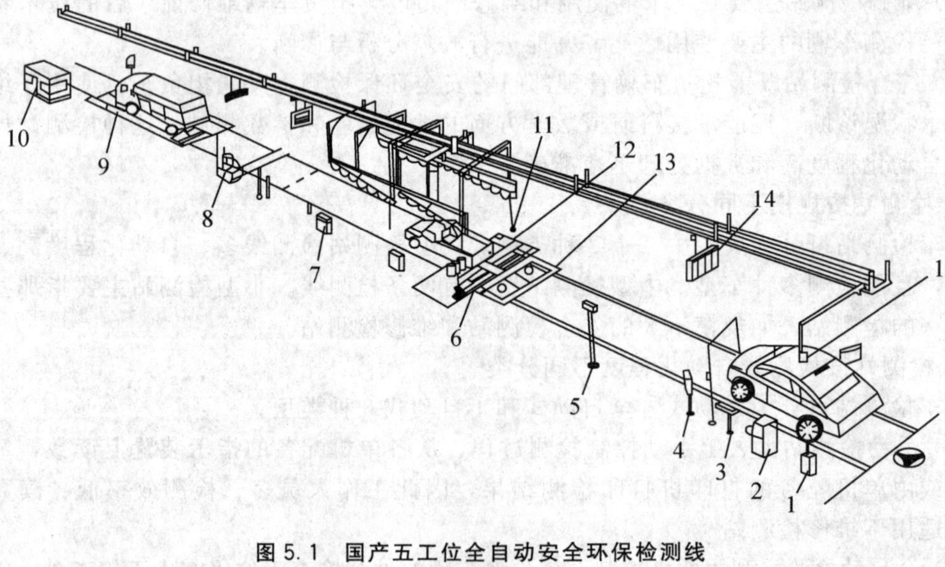

图 5.1　国产五工位全自动安全环保检测线

1—烟度计；2—汽车资料登录微机；3—安全装置检查不合格项目输入键盘；4—烟度计检验程序指示器；5—电视摄像机；6—制动试验台；7—废气分析仪；8—前照灯检测仪；9—车底检查工位；10—主控制室；11—车速表检测申报开关；12—车速表试验台；13—侧滑试验台；14—检验程序指示器；15—进线指示灯

2. 检测项目

按照国家标准《机动车运行安全技术条件》(GB 7258—2004)的要求，安全检测站主要承担新车上牌前的初次检验，在用车辆的定期检验(年检)，维修车、改装车的临时检验，特殊用途车辆的特殊性能检验等。主要检测内容包括与行车安全有关的灯光检测、制动检测、侧滑检测等项目，与环保相关的检测项目，如汽车尾气排放和噪声的检测等。安全检测站主要检测Ⅰ位检测项目、设备及要求见表5-1。

表5-1 安全检测站主要检测Ⅰ位检测项目、设备及要求

检测工位	主要检测项目	设备名称	功能及要求
汽车资料输入及安全装置检查工位(L工位)	汽车上部的灯光和安全装置等项目的外观检查	进线指示灯	控制进线车辆，绿灯进，红灯停
		汽车资料登录微机	登录汽车资料，并发送给主控制微机
		工位测控微机	担负工位检测过程监控，数据采集处理等项工作
		检验程序指示器	指示工位检测程序，下达操作指令，显示检测结果，引导车辆前进
		轮胎自动充气机	按设定的轮胎气压自动充气
		轮胎花纹测量器	测量轮胎花纹深度
		检测手锤	检查各连接件、车架等是否松动或开裂
		不合格项目输入键盘	将车上、车下外观检查中的不合格项目报告主控制微机
		监察电视及摄像机	供主控制室监察地沟及整个检测线的工作情况
侧滑制动车速表工位(ABS工位)	侧滑检测轴重检测制动检测车速表检测	侧滑试验台	检测转向轮侧滑量
		轴重计或轮重仪	检测各轴轴重
		制动试验台	检测各轮拖滞力、制动力和驻车制动力
		车速表试验台	检测车速表指示误差
		车速表检测申报开关或遥控器	当试验车速达40km/h时按下此开关或遥控器，微机采集此时的实际车速数据
		光电开关	当车轮遮挡光电开关时，光电开关产生的信号输入微机，报告车辆到位，微机安排检测开始
		反光镜	供驾驶员观察车轮到达试验台或停车线的位置

续表

检测工位	主要检测项目	设备名称	功能及要求
灯光尾气工位(HX工位)	前照灯检测 排气检测喇叭 声级检测	前照灯检测仪	检测前照灯发光强度和光轴偏斜量
		排气分析仪	检测汽油车排气中的CO和HC浓度
		烟度计	检测柴油车排气中的自由加速烟度
		声级计	检测喇叭声级
		停车位置指示器	指引汽车在灯光尾气工位停车线上准确停车
车底检查工位(P工位)	车辆底部外观检查	地沟内举升平台	使地沟内的检测人员在高度上处于较有利的工作位置
		对讲话筒及扬声器	用于地沟上下的通话联系
		地沟内报警灯或报警器	报告车辆到达车底检查工位
综合判定及主控制室工位	对各工位检测结果进行综合判定后，打印检测结果报告单	主控制微机	安排检测程序，对照检测标准，综合判定并存储、打印检测结果
		打印机	打印检测结果报告单
		控制台	主控制微机、键盘、显示器、打印机、监察电视等均安放在控制台上，是全线的控制中心
		主控制键盘	当微机系统出现故障不能使用时，可通过主控制键盘对各工位实施控制，以不间断检测工作
		稳压电源和不间断电源	稳定电压，不间断供电

学习任务5.3 综合性能检测

1. 检测设备

汽车综合性能(automotive multiple－function)是指在用汽车动力性、安全性、燃料经济性、使用可靠性、排气污染物和噪声以及整车装备完整性与状态、防雨密封性等多种技术性能的组合。

汽车综合性能检测站(automotive multiple－function test station)是指按照规定的程序、方法，通过一系列技术操作行为，对在用汽车综合性能进行检测(验)评价工作并提供检测数据、报告的社会化服务机构，简称综检站。

汽车综合检测站按职能分类，可分为A级站、B级站、C级站3种类型，检测要求及检测项目见表5-2。

表 5-2　汽车综合检测站检测要求及检测项目

检测站类型	检测要求	检测项目
A级站	能全面承担汽车技术状况检测、车辆技术等级评定检测、维修质量检测和接受有关部门委托对汽车及相关项目进行检测的汽车综合性能检测站	车辆的制动、侧滑、灯光、转向、前轮定位、车速、车轮动平衡、底盘输出功率、燃料消耗、发动机功率和点火系状况以及异响、变形、噪声、废气排放等
B级站	能承担汽车技术状况检测和维修质量检测的汽车综合性能检测站	车辆的制动、侧滑、灯光、转向、车轮动平衡、燃料消耗、发动机功率和点火系状况以及异响、变形、噪声、废气排放等
C级站	能承担在用车辆技术状况检测的汽车综合性能检测站	车辆的制动、侧滑、灯光、转向、车轮动平衡、燃料消耗、发动机功率以及异响、变形、噪声、废气排放等

全能综合检测线设有包括安全环保检测线主要检测设备在内的比较齐全的工位，这种检测线的检测设备多，检测项目齐全，与安全环保检测线互不干扰，因而检测效率相对较高，但建站费用也高。它是以外观检查及车轮定位工位、制动工位和底盘测功工位组成的三工位全能综合检测线如图 5.2 所示。

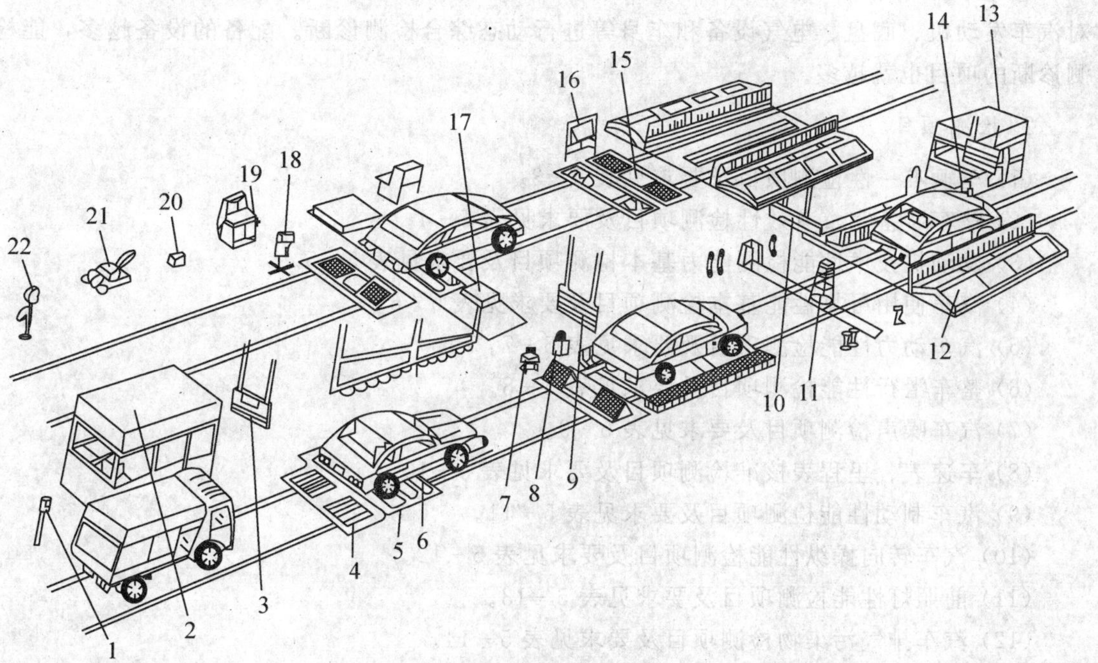

图 5.2　全能综合检测线

1—进线指示灯；2—进线控制室；3—L 工位检验程序指示器；4、15—侧滑试验台；5—制动试验台；6—车速表试验台；7—烟度计；8—排气分析仪；9—ABS 工位检验程序指示器；10—HX 工位检验程序指示器；11—前照灯检测仪；12—地沟系统；13—主控制室；14—P 工位检验程序指示器；16—前轮定位检测仪；17—底盘测功工位；18、19—发动机综合测试仪；20—机油清净性分析仪；21—就车式车轮平衡仪；22—轮胎自动充气机

(1) 外观检查及车轮定位工位。

① 主要设备。轮胎自动充气机、轮胎花纹测量器、检测手锤、地沟内举升平台、地沟上举升器、就车式车轮平衡机、声发射探伤仪、侧滑试验台、四轮定位仪或车轮定位检测仪和转向盘自由转动量检测仪、转向盘转向力检测仪、传动系游动角度检测仪和底盘间隙检测仪等。

② 检测项目。车上车底外观检查、就车检测调整车轮不平衡量、对转向节枢轴等安全机件进行探伤、检测前轮侧滑量和最大转向角、检测前轮和后轮定位参数、检测转向盘自由转动量和转向盘转向力、检测传动系游动角度和检测轮毂轴承等处的松旷量等。

(2) 制动工位。

① 主要设备。轴重计或轮重仪、制动试验台等。

② 检测项目。检测各轴轴重、检测各轮制动拖滞力和制动力及按制动曲线分析制动过程、检测驻车制动力等。

(3) 底盘测功工位。

① 主要设备。底盘测功试验台、发动机综合参数测试仪、电控系统检测仪、电器综合测试仪、气缸压力测试仪或气缸压力表、气缸漏气量(率)测试仪、真空表或真空测试仪、油耗计、五气体分析仪、烟度计、声级计、机油清净性分析仪、发动机无负荷测功仪、发动机异响分析仪、传动系异响分析仪和温度计等。

② 检测项目。本工位能模拟汽车道路行驶，因而可组织较多的检测设备同时或交叉对汽车发动机、底盘、电气设备和车身等进行动态综合检测诊断。配备的设备越多，能检测诊断的项目也就越多。

2. 检测项目

(1) 车辆唯一性检测项目及要求见表 5-3。

(2) 整车装备完整有效性检测项目及要求见表 5-4

(3) 发动机技术性能检测能力基本检测项目及要求见表 5-5。

(4) 汽车使用可靠性能基本检测项目及要求见表 5-6。

(5) 汽车动力性能检测项目及要求见表 5-7。

(6) 整车滑行性能检测项目及要求见表 5-8。

(7) 汽车噪声检测项目及要求见表 5-9。

(8) 车速表、里程表核准检测项目及要求见表 5-10。

(9) 汽车制动性能检测项目及要求见表 5-11。

(10) 汽车转向操纵性能检测项目及要求见表 5-12。

(11) 前照灯性能检测项目及要求见表 5-13。

(12) 汽车排气污染物检测项目及要求见表 5-14。

(13) 汽车悬架特性性能检测项目及要求见表 5-15。

(14) 客车防雨密封性检测项目及要求见表 5-16。

表 5-3　车辆唯一性检测项目及要求

检测项目				检测方式	电脑控制及管理
1	车牌号码/颜色/车主(单位)	7	驱动型式	人工检验	人工录入检测结果
2	整备质量或座位数	8	燃油类别		
3	车型类别/整车外廓尺寸	9	车身颜色		
4	厂牌型号和出厂编号(或 VIN 代码)	10	制动型式		
5	车架号码/悬架型式	11	车辆轴数		
6	发动机型式/号码	12	前照灯制式		

表 5-4　整车装备完整有效性检测项目及要求

序号	项目或参数	检验方式	仪器设备及主要技术要求			电脑控制及管理方式
			名　称	测量范围	允许误差	
1	车容、漆面	人工使用量具实施测量与检验	—	—	—	人工录入检测结果
2	后、侧、下视镜					
3	车门、行李舱门、车窗及门窗玻璃					
4	车门手把、车门锁、行李舱锁					
5	安全门、安全窗、安全带、灭火器					
6	刮水器、洗涤器					
7	灯光、仪表、信号装置及控制					
8	车内地板					
9	车身外缘对称部位左右差		钢卷尺(铅锤)	0～5000mm	±0．15mm	
10	车身对称部位高度差					
11	左右轴距差			0～20000mm		
12	挡泥板		—	—	—	
13	轮胎气压		轮胎气压表		±2%	
14	备胎		—	—	—	
15	轮胎规格及胎冠花纹深度		轮胎花纹深度尺		±0．02mm	
16	牵引车与挂车连接机构		—	—	—	
17	可见螺栓、管、线的紧固					
18	漏油、漏水、漏气、漏电					
19	离合器操纵装置自由行程		钢直尺	0～500mm	±0．15mm	
20	行车制动系统操纵装置自由行程					
21	应急制动系统操纵装置自由行程					
22	驻车制动系统操纵装置自由行程					

表 5-5 发动机技术性能检测能力基本检测项目及要求

序号	检测项目或参数	检验方式	仪器设备及主要技术要求：名称	仪器设备及主要技术要求：测量范围	仪器设备及主要技术要求：允许误差	电脑控制及管理方式
1	起动、燃料供给、润滑、冷却、排气系统机件齐全及功能	人工检验	—	—	—	人工录入检测结果
2	柴油机停机装置及功能					
3	发动机功率	仪器有线连接、规定工况采样、数据自动处理、记忆、输出	发动机综合性能检测仪	应符合 JT/T 503 和 JJG 013 的规定		
4	最低稳定转速					
5	最高转速					
6	单缸转速降					
7	相对气缸压力					
8	点火提前角					
9	触点闭合角					
10	分电器重叠角					
11	供(喷)油提前角					
12	火花塞点火电压					
13	起动电流					
14	起动电压					
15	气缸压力	人工检验	气缸压力表	0～50MPa	±2%	
16	机油污染指数		润滑油质分析仪	0～10	±0.1%	

表 5-6 汽车使用可靠性能基本检测项目及要求

序号	检测项目或参数		检验方式	仪器设备及主要技术要求：名称	仪器设备及主要技术要求：测量范围	仪器设备及主要技术要求：允许误差	电脑控制及管理方式
1	发动机异响	敲缸	人工检验	—	—	—	人工录入检测结果
		活塞销					
		连杆轴瓦					
		曲轴轴瓦					
		气门敲击					
		其他					
2	底盘异响	离合器					
		变速器					
		传动轴					
		主减速器					
3	总成紧固螺钉、铆钉	发动机(离合器)紧固	人工辅以扭力扳手及专用手锤检验	—	—	—	
		底盘传动系紧固					
		转向装置紧固					
		悬架装置紧固					
		轮胎螺栓紧固					
		备胎紧固					
		车轴U型螺栓紧固					
		油箱螺栓紧固					
		制动器紧固					

续表

检测项目或参数			检验方式	仪器设备及主要技术要求			电脑控制及管理方式
				名　称	测量范围	允许误差	
4	主要部件间隙	车轮轮毂	人工辅以地沟或专用设备检验	底盘间隙观察仪	—	—	人工录入检测结果
		传动轴万向节					
		传动轴过桥轴承					
		传动轴滑动槽					
		转向横直拉杆球头					
		转向节主销					
		钢板弹簧衬套					
		减振器杆件衬套					
		传动轴跳动量					
		承载轴（桥）裂纹					
5	主要部件缺陷	转向系杆件（臂）裂纹	人工辅以手锤检验	—	—	—	
		悬架弹性组件裂纹及位移					
		车架裂纹					
		制动管路磨损、老化、龟裂					

表5-7　汽车动力性能检测项目及要求

检测项目或参数		检验方式	仪器设备及主要技术要求			电脑控制及管理方式
			名　称	测量范围	允许误差	
1	校正驱动轮输出功率	台架程控测试	汽车底盘测功机	应符合 JT/T 445 和 JJG 653 的规定		受控
		人工采集测试现场环境要素	大气压力表	80～170kPa	应符合气象测试仪表要求	人工录入气象要素，电脑自动换算校正系数
			温度计	−50～+100℃		
			湿度计	0～100%		
2	整车外特性曲线	自动跟踪采样	汽车底盘测功机	应符合 JT/T 445 和 JJG 653 的规定		受控
3	加速性能	台架程控测试				
4	加速性能曲线	自动跟踪采样				

表5-8　整车滑行性能检测项目及要求

检测项目或参数		检验方式	仪器设备及主要技术要求			电脑控制及管理方式
			名　称	测量范围	允许误差	
1	滑行距离	台架程控测试或路试	汽车底盘测功机	应符合 JT/T 445 和 JJG 653 的规定		人工录入或受控
2	滑行时间					
3	滑行阻力	道路试验	拉力计	0～10kN	±2%	人工录入

表 5-9　汽车噪声检测项目及要求

检测项目或参数		检验方式	仪器设备及主要技术要求			电脑控制及管理方式
			名　称	测量范围	允许误差	
1	车辆定置噪声	场地检测或道路试验	声级计	应符合 JJG 188 的规定		人工录入检测结果
2	客车车内噪声					
3	驾驶员耳旁噪声					
4	喇叭声级	仪器程控测试仪				受控

表 5-10　车速表、里程表核准检测项目及要求

检测项目或参数		检验方式	仪器设备及主要技术要求			电脑控制及管理方式
			名　称	测量范围	允许误差	
1	车速表示值误差	台架程控测试仪	汽车车速表检验台	应符合 GB/T13563 和 JJG909 的规定		受控
2	里程表示值误差		汽车底盘测功机	应符合 JT/T445 和 JJG653 的规定		

表 5-11　汽车制动性能检测项目及要求

检测项目或参数		检验方式	仪器设备及主要技术要求			电脑控制及管理方式
			名　称	测量范围	允许误差	
1	轴(轮)重量	台架程控测试仪	轴(轮)重仪	应符合 JJG 907 的规定		受控
2	整备质量变化率					
3	制动力		滚筒反力式制动检验台或平板式制动检验台	滚筒式应符合 GB/T1 3564 和 JJG 906 的规定 平板式应符合 GB/T 11798.9 的规定		
4	前轴制动力因数、整车制动力因数					
5	制动力平衡因数					
6	车轮阻滞力因数					
7	驻车制动力					
8	制动协调时间					
9	制动力特性曲线	自动跟踪扫描				
10	轮产生最大制动力时的踏板力	监控	制动踏板力计	应符合 JJG 008 的规定		人工录入或受控
11	产生最大驻车制动力时的操纵力		驻车制动操纵力计	0～1kN	±3.0%	
12	驻车距离	道路试验	标准坡道	应符合 GB 7258 的规定		人工录入
13	制动距离		非接触速度计或五轮仪	应符合 JJG 02 的规定		
14	制动减速度		制动性能测试仪	0～10s	±1%	
15	制动跑偏量		标准试验车道	应符合 GB 7258 的规定		
16	ABS 防抱制动性能	台架程控或道路试验	ABS 防抱制动检验台	应符合 JT/T 510 的规定		受控

表 5-12 汽车转向操纵性能检测项目及要求

检测项目或参数			检验方式	仪器设备及主要技术要求			电脑控制及管理方式
				名称	测量范围	允许误差	
1		转向自动回正能力	道路试验	人工检验	—	—	人工录入或受控
2		转向盘自由转动量	人工辅以仪器测试	转向盘转向力转角仪	应符合 JJG007 的规定		
3		转向盘操纵力					
4		转向轮最大转角		转向轮转角仪	左右各 50°	±1°	
5		转向轮侧滑量		侧滑检验台	应符合 JT/T 507 JJG 908 的规定		
6	车轮定位	转向轮前束值/张角	人工辅助作业	前轮定位仪或四轮定位仪	前轮定位仪应符合 JT/T 504 的规定 四轮定位仪应符合 JT/T 505 的规定		
		转向轮外倾角					
		转向轮主销内倾角					
		转向轮主销后倾角					
		后轮外倾角					
		后轮前束值/张角					
		推进角					
		车轮轮距					
		转向 20°的张角					

表 5-13 前照灯性能检测项目及要求

检测项目或参数		检验方式	仪器设备及主要技术要求			电脑控制及管理方式
			名称	测量范围	允许误差	
1	基准中心高度	程控测试仪	前照灯检测仪	应符合JT/T 508 或 JJG 745 的规定		人工录入或受控
2	远光光强					
3	远光光束中心垂直方向上、下偏角					
4	远光光束中心水平方向左、右偏角					
5	近光光束中心垂直方向上、下偏角					
6	近光光束中心水平方向左、右偏角					

表 5-14　汽车排气污染物检测项目及要求

检测项目或参数			检验方式	仪器设备及主要技术要求			电脑控制及管理方式
				名　称	测量范围	允许误差	
1	点燃式发动机	怠速工况法 CO、HC	仪器程控测试仪	排气分析仪	应符合 JT/T 386 \ JJG 688 的规定		人工录入或受控
		双怠速工况法 CO、HC					
		加速模拟工况法 CO、HC、NO	仪器、设备程控测试仪	汽车底盘测功机和排气分析仪	应符合 GB 18285 的规定		
2	压燃式发动机	烟度	仪器程控测试仪	滤纸式烟度计	应符合 JJG 847 的规定		
		光吸收系数		不透光烟度计	应符合 JT/T 506 \ JJG 976 的规定		

表 5-15　汽车悬架特性性能检测项目及要求

检测项目或参数		检验方式	仪器设备及主要技术要求			电脑控制及管理方式
			名　称	测量范围	允许误差	
1	吸收率	台架程控测试	悬架装置检测台	应符合 JT/T448 的规定		受控
2	左右轮吸收率差					
3	悬架特性曲线					
4	悬架效率					
5	左右轮悬架效率差					

表 5-16　客车防雨密封性检测项目及要求及要求

检测项目或参数	检验方式	仪器设备及主要技术要求			电脑控制及管理方式
		名　称	测量范围	允许误差	
客车与密封性	人工辅以装置测试仪	喷淋装置	应符合 GB/T 12480 的规定		人工录入检测结果

小　结

(1) 汽车检测站是利用现代的检测设备和检测方法，对汽车实施不解体综合检测的机构。它能在室内检测出车辆的各种参数，并诊断出可能出现的故障，为全面、准确评价汽车的使用性能和技术状况提供可靠的依据。

(2) 检测站按服务功能可分为安全检测站、维修检测站和综合检测站 3 种；检测站按规模不同可分为大、中、小 3 种类型；检测站按检测线自动化程度不同可分为手动式、全自动式和半自动式 3 种类型。

(3) 汽车检测站主要由一条至数条检测线组成。对于独立而完整的检测站，除检测线外，还应包括停车场、清洗站、泵气站、维修车间、办公区和生活区等设施。

(4) 手动和半自动的安全环保检测线，一般由外观检查(人工检查)工位、侧滑制动车速表工位和灯光尾气工位等组成。

(5) 全自动安全环保检测线分为三工位、四工位和五工位。五工位一般是汽车资料输入及安全装置检查工位、侧滑制动车速表工位、灯光尾气工位、车底检查工位、综合判定及主控制室工位。

(6) 按照国家标准《机动车运行安全技术条件》(GB 7258—2004)的要求，安全检测站主要承担新车上牌前的初次检验，在用车辆的定期检验(年检)，维修车、改装车的临时检验，特殊用途车辆的特殊性能检验等。

(7) 安全检测站主要检测内容包括与行车安全有关的灯光检测、制动检测和侧滑检测等项目。与环保相关的检测项目，如汽车尾气排放和噪声的检测等。

(8) 汽车综合性能检测站是指按照规定的程序、方法，通过一系列技术操作行为，对在用汽车综合性能进行检测(验)评价工作并提供检测数据、报告的社会化服务机构，简称综检站。按职能分类，可分为A级站、B级站、C级站3种类型。

习　　题

1. 汽车检测站的任务是什么？有哪几种类型？
2. 安全环保检测线的一般工艺流程是什么？
3. 安全环保性能检测项目有哪些？
4. 综合性能检测项目有哪些？
5. 安全环保性能检测站检测诊断设备有哪些？

附录　汽车强制性检验项目及依据标准

项目代号	检验项目	依　据	备　注
01	轻型汽车排放污染物	GB 18352.3－2005	—
02	曲轴箱排放物	GB 18352.3－2005	—
		GB 11340－2005	
03	蒸发排放物	GB 18352.3－2005	—
		GB 14763－2005	
04	怠速排放	GB 18352.3－2005	—
		GB 18285－2005	
05	压燃式发动机和装用压燃式发动机的车辆排气污染物	GB 17691－2005	—
06	压燃式发动机和装用压燃式发动机的车辆排气可见污染物	GB 3847－2005	—
07	车用汽油机排气污染物	GB 14762－2008	—
08	前照灯配光性能	GB 4599－2007	—
		GB 21259－2007	
09	前雾灯配光性能	GB 4660－2007	—
10	后雾灯配光性能	GB 11554－2008	—
11	前位灯配光性能	GB 5920－2008	—
12	后位灯配光性能	GB 5920－2008	—
13	前示廓灯配光性能	GB 5920－2008	—
14	后示廓灯配光性能	GB 5920－2008	—
15	制动灯配光性能	GB 5920－2008	—
16	高位制动灯配光性能	GB 5920－2008	—
17	制动灯/后位灯配光性能	GB 5920－2008	—
18	汽车倒车灯配光性能	GB 15235－2007	—
19	前转向信号灯配光性能	GB 17509－2008	—
20	后转向信号灯配光性能	GB 17509－2008	—
21	侧转向信号灯配光性能	GB 17509－2008	—

续表

项目代号	检验项目	依　据	备　注
22	前回复反射器	GB 11564－2008	—
23	侧回复反射器	GB 11564－2008	—
24	后回复反射器	GB 11564－2008	—
25	三角形回复反射器	GB 11564－2008	—
26	汽车外部照明和信号装置安装规定	GB 4785－2007	弯道照明检验方法待研究，前照灯调光装置条款具有 24 个月过渡期，此两条款要求暂不执行
27	前照灯光束照射位置及发光强度	GB 7258－2004	—
28	汽车正面碰撞乘员保护	GB 11551－2003	—
29	汽车和挂车后下部防护装置	GB 11567.2－2001	—
30	汽车和挂车侧下部防护装置	GB 11567.1－2001	—
31	汽车护轮板	GB 7063－1994	防滑链无技术规格标准，相关内容正在修订中，第 3.7 条款暂不执行
32	驾驶员前方视野	GB 11562－1994	—
33	后视镜性能	GB 15084－2006	—
34	后视镜安装要求	GB 15084－2006	—
35	风窗玻璃除霜系统功能	GB 11556－1994	—
36	风窗玻璃除雾系统功能	GB 11555－1994	—
37	风窗玻璃刮水器洗涤器性能	GB 15085－1994	—
38	车速表	GB 15082－2008	—
39	操纵件、指示器及信号装置的标志	GB 4094－1999	—
40	机动车喇叭性能	GB 15742－2001	—
41	机动车喇叭装车特性	GB 15742－2001	—
42	汽车外部凸出物	GB 11566－1995 GB 20182－2006	
43	汽车坐椅系统强度	GB 15083－2006	—

续表

项目代号	检验项目	依　据	备　注
44	汽车坐椅头枕	GB 11550－1995 GB 15083－2006	—
45	门锁静载荷	GB 15086－2006	—
46	VIN 审查	GB 16735－2004	—
47	汽车制动系统	GB 12676－1999 GB 21670－2008	—
48	汽车转向系统	GB 17675－1999	—
49	汽车内饰材料的燃烧特性	GB 8410－2006	能够满足式样尺寸(100mm×356mm)的内饰材料应进行检验
50	无线电骚扰特性	GB 14023－2006	—
51	加速行驶车外噪声	GB 1495－2002	—
52	客车结构	GB 13094－2007 GB/T 19950－2005 GB/T 16887－2008	—
53	汽车外廓尺寸	GB 1589－2004	—
54	成年成员用安全带和约束系统	GB 14166－2003	—
55	安全带安装固定点	GB 14167－2006	—
56	汽车号牌板(架)及其位置	GB 15741－1995	—
57	防止汽车转向机构对驾驶员伤害	GB 11557－1998	转向机构向后窜动量试验在正面碰撞试验时进行了类似检验，相关内容正在修订中，该条款暂不执行
58	侧翻稳定角	GB 7258－2004	—
59	燃油系统及排气管	GB 7258－2004	—
60	汽车标记	GB 7258－2004 GB 13392－2005	—
61	安全玻璃	GB 9656－2003	当安全玻璃具有认证标记时可不提供检验报告
62	—	—	—
63	非氟制冷剂标记	机汽发(97)099 号	—

续表

项目代号	检验项目	依　据	备　注
64	侧标志灯配光性能	GB 18099－2000	—
65	三角警告牌	GB 19151－2003	荧光材料耐候性测试方法有待研究，5.13 条款暂不执行
66	汽车燃油箱安全性能	GB 18296－2001	—
67	驻车灯配光性能	GB 18409－2001	—
68	保护车载接收机的无线电骚扰特性(刮水电机)	GB 18655－2002	—
69	保护车载接收机的无线电骚扰特性(闪光继电器)	GB 18655－2002	—
70	保护车载接收机的无线电骚扰特性(暖风电机)	GB 18655－2002	—
71	保护车载接收机的无线电骚扰特性(整车)	GB 18655－2002	对于 M1、N1 车辆应在整车上完成雨刮器电机、闪光继电器、暖风电机的检验。因标准正在修订，拟改为推荐性标准，暂不进行合格判定
72	轻型客车结构安全要求	GB 18986－2003	—
73	客车坐椅及其车辆固定件强度	GB 13057－2003	—
74	轻型汽车燃油消耗量	GB 19578－2004 GB 20997－2007	—
75	侧面碰撞乘员保护	GB 20071－2006	—
76	后碰燃油系统安全	GB 20072－2006	—
77	污染控制装置耐久性	GB 18352.3－2005 GB 17691－2005 GB 14762－2008 GB 20890－2008	—
78	低温冷起动排放	GB 18352.3－2005	—
79	车载诊断(OBD)系统	GB 18352.3－2005 GB 17691－2005 GB 14762－2008	—
80	门铰链	GB 15086－2006	—

续表

项目代号	检验项目	依　据	备　注
81	汽车防抱制动性能	GB/T 13594—2003	04的挂车可以按照A类或B类的要求进行检验和判定；短暂抱死时间：同一轴，单个车轮抱死，短暂抱死时间限值为300ms；如果有两个及以上的车轮同时出现抱死，则短暂抱死时间限值为200ms
82	危险货物运输车辆	GB 21668—2008 GB 20300—2006	—
83	汽车防盗装置	GB 15740—2006	—
84	制动软管	GB 16897—1997	—
85	汽车轮胎	GB 9743—2007 GB 9744—2007	当汽车轮胎具有认证标记时可不提供检验报告
86	LPG/NG钢瓶	GB 17259—1998 GB 17258—1998	—
87	门锁耐惯性力	GB 15086—2006	—
88	滑动门	GB 15086—2006	—
89	汽车前后端保护	GB 17354—1998	—
90	汽车罩盖锁系统	GB 11568—1999	—
91	后牌照灯配光性能	GB 18408—2001	—
92	昼间行驶灯	GB 23255—2009	—
93	汽车用前照灯清洗器	GB 21260—2007	—
94	车身反光标志	GB 23254—2009	—
95	车身反光标识安装和粘贴要求	GB 23254—2009	—
96	发动机净功率	GB/T 17692—1999	—
97	机动车安全运行强制性项目	GB 7258—2004	暂执行该标准第4.1、4.3、4.5.1.2、4.5.1.3、4.5.2、4.5.3、4.5.4、4.6、4.7、4.8.3、4.8.4、4.8.5、6.9、7.2.11、8.2.6、8.2.7、8.2.8、8.3.7、8.3.9、8.4.3、8.4.6、8.4.7、8.5.1.2、8.5.4、8.5.5、9.1.6、9.1.8、10.2.2、10.2.3、11.2、11.6.3、11.6.6、11.9、11.11、12.1.1、12.1.2、12.2.2、12.7.4、12.7.5、12.7.6、12.8、12.9、12.11、12.15、12.17、13、14.3、14.5条

参考文献

[1] 娄云，杨洪庆．汽车检测与诊断技术[M]．北京：北京大学出版社，2010.
[2] 张建俊．汽车诊断与检测技术[M]．北京：人民交通出版社，2007.
[3] 董继明．汽车检测与诊断技术[M]．北京：机械工业出版社，2006.
[4] 仇雅莉．汽车检测诊断技术与设备[M]．北京：电子工业出版社，2005.
[5] 邹小明．汽车检测与诊断技术[M]．北京：人民交通出版社，2006.
[6] 吴兴敏．汽车检测与诊断技术[M]．北京：中国人民大学出版社，2008.
[7] 陈焕江．汽车检测与诊断(上下册)[M]．2版．北京：机械工业出版社，2006.
[8] 胡光辉．汽车故障诊断技术[M]．北京：电子工业出版社，2006.
[9] 曹建国．汽车故障诊断与检测技术[M]．重庆：重庆大学出版社，2003.
[10] 张松青．汽车检测与诊断技术[M]．北京：北京理工大学出版社，2008.
[11] 刘仲国．现代汽车检测与故障诊断[M]．北京：人民交通出版社，2006.
[12] 曹家喆．现代汽车检测诊断技术[M]．北京：清华大学出版社，2006.
[13] 赵福堂．现代汽车检测诊断与维修[M]．北京：北京理工大学出版社，2005.
[14] 李春明．汽车故障诊断方法与维修技术[M]．北京：北京理工大学出版社，2004.
[15] 徐元强．汽车发动机检测诊断技术[M]．北京：电子工业出版社，2006.
[16] 张广辉，张宏坤．汽车故障诊断技术[M]．北京：高等教育出版社，2005.

北京大学出版社高职高专机电系列教材

序号	书号	书名	编著者	定价	出版日期
1	978-7-301-10464-2	工程力学	余学进	18.00	2006.1
2	978-7-301-10371-9	液压传动与气动技术	曹建东	28.00	2006.1
3	978-7-301-11566-4	电路分析与仿真教程与实训	刘辉珞	20.00	2007.2
4	978-7-5038-4863-6	汽车专业英语	王欲进	26.00	2007.8
5	978-7-5038-4864-3	汽车底盘电控系统原理与维修	闵思鹏	30.00	2007.8
6	978-7-5038-4868-1	AutoCAD 机械绘图基础教程与实训	欧阳全会	28.00	2007.8
7	978-7-5038-4866-7	数控技术应用基础	宋建武	22.00	2007.8
8	978-7-5038-4937-4	数控机床	黄应勇	26.00	2007.8
9	978-7-301-13258-6	塑模设计与制造	晏志华	38.00	2007.8
10	978-7-301-12182-5	电工电子技术	李艳新	29.00	2007.8
11	978-7-301-12181-8	自动控制原理与应用	梁南丁	23.00	2007.8
12	978-7-301-12180-1	单片机开发应用技术	李国兴	21.00	2007.8
13	978-7-301-12173-3	模拟电子技术	张　琳	26.00	2007.8
14	978-7-301-09529-5	电路电工基础与实训	李春彪	31.00	2007.8
15	978-7-5038-4861-2	公差配合与测量技术	南秀蓉	23.00	2007.9
16	978-7-5038-4865-0	CAD/CAM 数控编程与实训(CAXA 版)	刘玉春	27.00	2007.9
17	978-7-5038-4862-9	工程力学	高　原	28.00	2007.9
18	978-7-5038-4869-8	设备状态监测与故障诊断技术	林英志	22.00	2007.9
19	978-7-301-12392-8	电工与电子技术基础	卢菊洪	28.00	2007.9
20	978-7-5038-4867-4	汽车发动机构造与维修	蔡兴旺	50.00(1CD)	2008.1
21	978-7-301-13260-9	机械制图	徐　萍	32.00	2008.1
22	978-7-301-13263-0	机械制图习题集	吴景淑	40.00	2008.1
23	978-7-301-13264-7	工程材料与成型工艺	杨红玉	35.00	2008.1
24	978-7-301-13262-3	实用数控编程与操作	钱东东	32.00	2008.1
25	978-7-301-13261-6	微机原理及接口技术(数控专业)	程　艳	32.00	2008.1
26	978-7-301-12386-7	高频电子线路	李福勤	20.00	2008.1
27	978-7-301-13383-5	机械专业英语图解教程	朱派龙	22.00	2008.3
28	978-7-301-12384-3	电路分析基础	徐　锋	22.00	2008.5
29	978-7-301-13572-3	模拟电子技术及应用	刁修睦	28.00	2008.6
30	978-7-301-13575-4	数字电子技术及应用	何首贤	28.00	2008.6
31	978-7-301-13574-7	机械制造基础	徐从清	32.00	2008.7
32	978-7-301-13657-7	汽车机械基础	郜　茜	40.00	2008.8
33	978-7-301-13655-3	工程制图	马立克	32.00	2008.8
34	978-7-301-13654-6	工程制图习题集	马立克	25.00	2008.8
35	978-7-301-13573-0	机械设计基础	朱凤芹	32.00	2008.8
36	978-7-301-13582-2	液压与气压传动	袁　广	24.00	2008.8
37	978-7-301-13662-1	机械制造技术	宁广庆	42.00	2008.8
38	978-7-301-13661-4	汽车电控技术	祁翠琴	39.00	2008.8
39	978-7-301-13658-4	汽车发动机电控系统原理与维修	张吉国	25.00	2008.8
40	978-7-301-13653-9	工程力学	武昭晖	25.00	2008.8
41	978-7-301-14139-7	汽车空调原理及维修	林　钢	26.00	2008.8
42	978-7-301-13652-2	金工实训	柴增田	22.00	2009.1
43	978-7-301-14656-9	实用电路基础	张　虹	28.00	2009.1
44	978-7-301-14655-2	模拟电子技术原理与应用	张　虹	26.00	2009.1
45	978-7-301-14453-4	EDA 技术与 VHDL	宋振辉	28.00	2009.2
46	978-7-301-14470-1	数控编程与操作	刘瑞已	29.00	2009.3
47	978-7-301-14469-5	可编程控制器原理及应用(三菱机型)	张玉华	24.00	2009.3
48	978-7-301-12385-0	微机原理及接口技术	王用伦	29.00	2009.4
49	978-7-301-12390-4	电力电子技术	梁南丁	29.00	2009.4
50	978-7-301-12383-6	电气控制与 PLC(西门子系列)	李　伟	26.00	2009.6
51	978-7-301-13651-5	金属工艺学	柴增田	27.00	2009.6
52	978-7-301-12389-8	电机与拖动	梁南丁	32.00	2009.7
53	978-7-301-12391-1	数字电子技术	房永刚	24.00	2009.7
54	978-7-301-13659-1	CAD/CAM 实体造型教程与实训(Pro/ENGINEER 版)	诸小丽	38.00	2009.7

序号	书号	书名	编著者	定价	出版日期
55	978-7-301-15378-9	汽车底盘构造与维修	刘东亚	34.00	2009.7
56	978-7-301-13656-0	机械设计基础	时忠明	25.00	2009.8
57	978-7-301-12387-4	电子线路 CAD	殷庆纵	28.00	2009.8
58	978-7-301-12382-9	电气控制及 PLC 应用(三菱系列)	华满香	24.00	2009.9
59	978-7-301-15692-6	机械制图	吴百中	26.00	2009.9
60	978-7-301-15676-6	机械制图习题集	吴百中	26.00	2009.9
61	978-7-301-16898-1	单片机设计应用与仿真	陆旭明	26.00	2010.2
62	978-7-301-15578-3	汽车文化	刘　锐	28.00	2009.8
63	978-7-301-15742-8	汽车使用	刘彦成	26.00	2009.9
64	978-7-301-16919-3	汽车检测与诊断技术	娄　云	35.00	2010.2
65	978-7-301-17122-6	AutoCAD 机械绘图项目教程	张海鹏	36.00	2010.5
66	978-7-301-17079-3	汽车营销实务	夏志华	25.00	2010.6
67	978-7-301-17148-6	普通机床零件加工	杨雪青	26.00	2010.6
68	978-7-301-16830-1	维修电工技能与实训	陈学平	37.00	2010.7
69	978-7-301-13660-7	汽车构造(上册)——发动机构造	罗灯明	30.00	2010.8
70	978-7-301-17398-5	数控加工技术项目教程	李东君	48.00	2010.8
71	978-7-301-17573-6	AutoCAD 机械绘图基础教程	王长忠	32.00	2010.8
72	978-7-301-17324-4	电机控制与应用	魏润仙	34.00	2010.8
73	978-7-301-17557-6	CAD/CAM 数控编程项目教程(UG 版)	慕　灿	45.00	2010.8
74	978-7-301-17609-2	液压传动	龚肖新	22.00	2010.8
75	978-7-301-17569-9	电工电子技术项目教程	杨德明	32.00	2010.8
76	978-7-301-17679-5	机械零件数控加工	李　文	38.00	2010.8
77	978-7-301-17608-5	机械加工工艺编制	于爱武	45.00	2010.8
78	978-7-301-17696-2	模拟电子技术	蒋　然	35.00	2010.8
79	978-7-301-17707-5	零件加工信息分析	谢　蕾	46.00	2010.8
80	978-7-301-17712-9	电子技术应用项目式教程	王志伟	32.00	2010.8
81	978-7-301-17730-3	电力电子技术	崔　红	23.00	2010.9
82	978-7-301-17711-2	汽车专业英语图解教程	侯锁军	22.00	2010.9
83	978-7-301-17821-8	汽车机械基础项目化教学标准教程	傅华娟	40.00	2010.10
84	978-7-301-17877-5	电子信息专业英语	高金玉	26.00	2010.10
85	978-7-301-17532-3	汽车构造(下册)——底盘构造	罗灯明	29.00	2011.1
86	978-7-301-17958-1	单片机开发入门及应用实例	熊华波	30.00	2011.1
87	978-7-301-18188-1	可编程控制器应用技术项目教程(西门子)	崔维群	38.00	2011.1
88	978-7-301-17694-8	汽车电工电子技术	郑广军	33.00	2011.1
89	978-7-301-18322-9	电子 EDA 技术(Multisim)	刘训非	30.00	2011.1
90	978-7-301-18357-1	机械制图	徐连孝	27.00	2011.1
91	978-7-301-18143-0	机械制图习题集	徐连孝	20.00	2011.1
92	978-7-301-18144-7	数字电子技术项目教程	冯泽虎	28.00	2011.1
93	978-7-301-18470-7	传感器检测技术及应用	王晓敏	35.00	2011.1
94	978-7-301-18477-6	汽车维修管理实务	毛　峰	23.00	2011.3
95	978-7-301-17894-2	汽车养护技术	隋礼辉	24.00	2011.3
96	978-7-301-18471-4	冲压工艺与模具设计	张　芳	39.00	2011.3
97	978-7-301-18630-5	电机与电力拖动	孙英伟	33.00	2011.3
98	978-7-301-18519-3	电工技术应用	孙建领	26.00	2011.3
99	978-7-301-18852-1	机电专业英语	戴正阳	28.00	2011.5
100	978-7-301-18850-7	汽车电器设备原理与维修实务	明光星	38.00	2011.5
101	978-7-301-18770-8	电机应用技术	郭宝宁	33.00	2011.5
102	978-7-301-18494-3	汽车发动机电控技术	张　俊	46.00	2011.6
103	978-7-301-19027-2	汽车故障诊断技术	明光星	25.00	2011.6
104	978-7-301-18520-9	电子线路分析与应用	梁玉国	34.00	2011.7

电子书(PDF 版)、电子课件和相关教学资源下载地址：http://www.pup6.com/ebook.htm，欢迎下载。
欢迎免费索取样书，请填写并通过 E-mail 提交教师调查表，下载地址：http://www.pup6.com/down/教师信息调查表 excel 版，欢迎订购。
欢迎投稿，并通过 E-mail 提交个人信息卡，下载地址：http://www.pup6.com/down/zhuyizhexinxika.rar。
联系方式：010-62750667，laiqingbeida@126.com，linzhangbo@126.com，欢迎来电来信。